인문사회와 과학기술의 융합

상상과 증명, 그리고 소통

문진 포럼 문진총서 04

인문사회와
과학기술의
융합

상상과 증명, 그리고 소통

문진연구센터 이덕환 엮음

교육과학기술부 · 한국연구재단 · (사)대한화학회

서강대학교출판부

문진총서 04

인문사회와 과학기술의 융합
상상과 증명, 그리고 소통

초판발행 | 2013년 2월 22일
엮 은 이 | 문진연구센터 이덕환
발 행 인 | 이종욱
편 집 인 | 우찬제
발 행 처 | 서강대학교 출판부
등록번호 | 1978년 9월 28일 제313-2002-170호

주 소 | 서울특별시 마포구 신수동 1번지
전 화 | (02) 705-8212
팩 스 | (02) 705-8612

ISBN 978-89-7273-223-5 94080

값 18,000원

* 이 책은 교육과학기술부 · 한국연구재단 · (사)대한화학회의 지원으로 제작되었음.

| 서문 |

인문학적 상상력과 과학적 합리성, 그리고 소통

상상과 증명

융합이 우리 사회가 추구하는 가장 중요한 목표로 자리를 잡았다. 특히 인간의 문제를 고민하는 인문학과 자연과 인간의 정체를 확인하려는 자연과학의 융합이 중요하다는 목소리가 높아지고 있다. 인류 문명의 두 기둥에 해당하는 인문학과 자연과학이 서로에게 등을 돌리고 있는 상황은 우리 모두에게 결코 바람직하지 않다는 인식 때문이다. 그렇다고 인문학과 자연과학을 합쳐서 다시 하나로 만들어야 한다는 뜻은 아니다. 인문학과 자연과학의 같은 점과 다른 점을 분명하게 파악해서 서로의 정체성을 더욱 분명하게 만들고, 동시에 상호보완적인 역할을 강화해야 한다는 뜻으로 받아들여야만 한다.

인문학의 가장 핵심적인 특징은 '상상'(想像)이고, 자연과학의 가장 대표적인 특징은 논리적 '증명'(證明)이다. 인문학적 상상에는 아무런 한계가 있을 수 없다. 우리의 생각은 오감(五感)을 통해 얻은 경험에서 비롯되는 것이 일반적이다. 우리는 경험을 통해 세상을 인식하고, 그런 인식이 우리 생각의 기반이 된다는 뜻이다. 심지어 우리가 경험을 통해 직접 경험한 것만이 세상에 존재한다는 극단적인 주장도 있었다. 경험의 범위가 좁으면 생각의 범위도 좁을 수밖에 없는 것도 그런 이유 때문이다. 그렇다고 우리의 생각이 언제나 우리의 경험에만 한정되는 것은 아니다. 우리 눈으로 한 번도 직접 본 적이 없는 코끼리의 모습을 떠올리는 상상(想像)도 우리에게 중요한 지적 활동이다. 그런 상상은 우리의 생각과 경험을 살찌워주는 역할도 한다.

우리의 상상은 이야기로 형상화된다. 우리의 역사·현재·미래에 대한 모든 이야기가 우리의 상상에서 시작된다. 할아버지와 할머니의 구수한 옛날이야기는 물론이고 거창한 신화와 전설도 모두 우리의 상상 속에서 만들어진 이야기다. 우리의 현실에 대한 인식도 상상을 통해 완성된다. 사실 우리의 직접적인 경험을 통한 인식의 범위는 지극히 제한적이다. 다른 사람을 통한 간접 경험이나 직접 확인하지 못한 이야기도 우리의 인식에 무시할 수 없는 영향을 미친다. 결국 우리의 현실 인식은 이야기를 기반으로 하는 상상을 통해서만 완성된다. 상상은 개인과 사회를 연결시켜주는 다리의 역할도 하고, 개인의 다양한 경험을 서로에게 연결시켜주는 역할도 한다. 그런 뜻에서 인류 문명의 발전과 인간의 진화가 모두 우리의 상상에 의해 진행된다고 할 수 있다. 오늘날 우리에게 인문학적 상상력이 강조되는 것도 그런 이유 때문이다.

철저하게 통제된 실험적 증거를 바탕으로 하는 논리적 '증명'이 인류 문명에 미친 영향력도 무시할 수 없다. 증명의 엄청난 영향력은 17세기 근대 과학혁명을 통해 분명하게 확인이 되었다. 밤하늘에 반짝이는 별들에 대한 논리적이고 과학적인 접근에서 얻은 결론은 우리가 우주의 중심에 살고 있는 것이 아니라는 놀라운 것이었다. 결국 논리적 증명을 기반으로 하는 과학적 합리주의와 실용적 기술의 개발은 인류 전체의 삶을 완전히 바꿔버렸다.

그렇다고 상상의 가치가 완전히 사라져버린 것은 절대 아니다. 오늘날에도 상상은 새로운 문화적 가치를 창출해내는 가장 중요한 수단으로 그 역할을 다하고 있다. 오히려 기술이 놀라운 수준으로 발달함에 따라 우리의 상상은 더욱 다양한 방법으로 형상화할 수 있게 되었고, 상상의 범위와 영향력도 더욱 넓어지고 있다. 그러나 과연 인류 문명과 문화의 발전에 기여할 수 있는 창조적 상상력을 의도적으로 육성하는 일이 현실적으로 가능한 것인지에 대해서는 더 많은 고민이 필요하다.

정치와 문화의 소통

오랜 권위주의 시대를 마감하고 우리 모두가 원하던 사회적 민주화를 달성한 오늘날 우리 사회는 소통의 단절로 심각한 어려움을 겪고 있다. 다양한 의견과 주장이 서로 충돌하면서 나타나는 분열과 갈등이 이제는 우리 사회의 발전을 가로막는 걸림돌로 작용하고 있는 현실은 우리 모두에게 몹시 당혹스러운 것이다. 더욱이 민주화와 함께 밀어닥친 세계화의 물결이 문제를 더욱 악화시키고 있다. 우리 사회 안에서의 소통 단절로 신음하는 우리에게 우리와는 전혀 다른 문화적 배경을 가진 낯선 사회와의 소통은 더욱 어려운 과제임에 틀림이 없다.

오늘날 우리 사회는 소통의 규범적 측면과 기능적 측면에서 모두 심각한 어려움을 겪고 있다. 우리 사회에서 민주화가 빠르게 진행되면서 원활한 소통을 가능하게 만들기 위한 심각한 고민이나 노력을 할 수 있는 기회가 없었다고 할 수밖에 없다. 그런 사실은 정치적 소통의 경우에 더욱 분명하게 나타난다. 정치적 소통에 참여하는 주체들이 자신들의 사회적 역할이나 기능에 심각한 혼란을 겪고 있다.

사회적 합의를 목표로 하는 소통은 절제와 양보를 전제로 한다. 서로 충돌하는 자유와 이익을 추구하는 이익 집단들 사이의 소통이 쉽지 않은 것도 그런 이유 때문이다. 결국 공동의 이익을 찾아내기 위한 숙의민주주의나 성찰적 민주주의의 전통이 절실하게 요구된다. 분단과 전쟁으로 시작되었고, 정치적 이념이나 이데올로기의 지평이 지극히 한정되어 있는 우리 사회에서 정치적 소통은 지극히 어려운 사회적 과제일 수밖에 없는 셈이다. 자신의 가치관을 지나치게 높이 평가하고 순결성에 집착하는 우리의 독특한 사회적 전통이 정치적 소통을 더욱 어렵게 만드는 요인이 되기도 한다. 집단주의적 경직성도 우리 사회의 소통을 어렵게 만들고 있다.

원활한 소통을 가능하게 만들기 위해서는 서로에 대한 최소한의 신뢰관계가 반드시 필요하다. 서로 신뢰하지 않는 관계에서는 처음부터 원만한 소통을 기대할 수 없는 법이다. 서로 인정할 수 있는 절대적 진리를 확보할 수 없는 사회적 소통의 경우에는 절차의 정당성이 존중되어야만 한다. 절차의 정당성마저도 인정받지 못하는 상황에서는 어떠한 소통도 불가능하다. 사회 지도층이 앞장서서 절차의 중요성을 실천적으로 보여줄 수 있어야만 원만한 정치적 소통을 기대할 수 있게 된다.

언어의 중요성도 무시할 수 없는 요소다. 언어에는 객관적 사실에 근거를 둔 명제가 담겨 있어야만 한다. 객관적 사실이 결여된 공허한 선동적 구호는 소통에 필요한 언어라고 할 수 없다. 그런 뜻에서 우리가 절박하게 해결하고 싶어 하는 소통의 어려움은 우리의 경박하고 선정적인 언어 현실에서 그 원인을 찾을 수도 있을 것이다. 자신의 입장을 정교하게 체계화해서 정확한 언어로 표현할 수 있는 능력을 갖춰야만 논리적 합의가 가능해진다.

세계화의 거센 물결 속에서 문화적 소통도 우리가 관심을 가져야 할 심각한 사회적 과제다. 우리 사회의 경제적 발전이 문화적 소통에 대한 필요성을 더욱 증폭시키고 있다. 이미 우리 사회는 다문화 사회로 변해버렸다. 더 이상 단일민족의 우수성을 강조할 수 없는 상황이다. 우리가 감당하기 어려울 정도의 빠른 속도로 쏟아져 들어오는 다양한 문화적 특성을 제대로 소화해서 우리 것으로 만들어야만 한다. 교통과 통신의 발달에 따른 문화적 소통 요구에 대한 적극적인 대책도 필요하다. 다양한 문화적 소통의 소용돌이 속에서 과연 우리의 문화적 정체성을 어떻게 지켜나갈 것인지에 대한 심각한 고민도 필요하다.

2012년 12월

문진연구센터 이덕환

| 차례 |

문 진 포 럼 1

상상과 증명

토론자 (가나다순)

김무경 (서강대, 사회학)
엄정식 (서강대, 철학)
이대일 (명지대, 디자인))
이덕환 (서강대, 화학)
이승종 (서울대, 화학공학)
이형구 (조각가)
장지상 (학술진흥재단, 경제)
정대현 (이화여대, 철학)
정민 (한양대, 국문학)
진형준 (홍익대, 불문학)
최재천 (이화여대, 생태학)
홍사종 (미래사상연구소 대표)

때 / 곳

2008년 7월 2일
문진연구센터 회의실

엄정식 : 기존에 우리가 '과학기술 인간을 만나다'라는 주제로 서로 만나는 모임을 가졌다면, 이 모임은 '이제 우리는 만나서 무엇을 할 것인가', '과학과 사회가 좀 더 농도 있게 무언가를 같이 해볼 수 있지 않을까'에 초점을 맞춘 일보 전진한 모임이라 하겠습니다. 제가 생각하기에도 융합이라는 말까지는 너무 사치스런 표현이고 그 전 단계 정도까지인데, 오늘 이 자리에서는 우리가 만나서 무엇을 할 수 있는지 구체적인 주제를 가지고 만나보았습니다. 많은 기대 없이, 결과를 의도하지 않고, 열린 마음으로 편한 이야기를 할 때 의외의 수확이 있지 않을까 기대를 해봅니다. 우리 모임은 그 어떤 작위적인 기획 의도가 없습니다. '상상과 증명'이라는, 서로 상충하는 것처럼 보이는 두 가지에 대한 이야기가 이루어질 때 어떤 즐거운 일이 있을까 기대해보면서 오늘 모임을 시작하겠습니다.

상상이란 무엇인가?

진형준 : 저는 상상이 인간의 다원성에 토대를 두고 있다고 봅니다. 그것은 유기적 사유이며 합리와 비합리의 사이에 있습니다.

정대현 : 세상을 살면서 우리는 많은 지각을 하는데, 지각을 그대로 떠올리는 것도 상상이지만 '여러 지각들을 새롭게 배합하여 떠올리는 것'도 일반적으로 상상이라고 하는 것 같습니다. 인문학과 자연과학의 융합은 아니더라도 여러 방향성을 열어놓고 봤을 때, 상상은 인간의 어떠한 지적인 활동에서도 일어나고 있다고 생각

합니다. 인문학을 곧 상상력으로 구분 짓는 선생님들이 계십니다. 그분들이 생각하시는 것처럼 상상이 인문학의 중요한 재산일 수는 있지만, 인문학의 규정적 특징은 아니라고 봅니다. 동물과는 달리 인간의 아이들은 한두 살짜리조차 "이게 뭐야?" 하고 묻습니다. 이는 의미의 세계에서 일어난 것으로 상상력이 작동한 것입니다. 또 저는 상상과 증명은 대비되는 개념이 아니라 상보적 관계에 있지 않나 싶습니다.

이형구 : 꼭 예술 분야가 아니더라도 여러 분야에서 창조성은 필요합니다. 저는 창조가 곧 '발상의 전환'이라고 생각합니다. 아이디어가 곧 창조력인 것이지요. 하지만 우리 사회에는 창의적인 상상을 방해하는 좋지 않은 문제들이 편재되어 있습니다. 창조적 상상력을 키워주지 못하는 교육, 사회 시스템들이 그것입니다.

김무경 : 상상력이라는 이름 자체만으로 지금까지의 사회학과는 다른 여러 전망을 열어줄 수 있지 않을까요? 이는 이미 역사학 · 철학 · 문학 등에서 나타나고 있는 흐름입니다. 지금도 미국에서는 실증주의적 전통이 지배적이기는 하지만 그것에서 벗어나려는 시도가 이루어지고 있습니다. 이미지와 상상력의 사회학, 즉 다른 사회학으로 가는 출발로서 상상력이 필요하다고 생각합니다. 그러한 실증주의적 전통의 반대편에 문화철학이 있는데, 이는 억압의 전통에 대한 복권의 일환입니다.

홍사종 : 저는 이야기가 모든 상상력의 출발이 아니었을까 생각해봤습니다. 그것이 문학 · 역사 · 철학 · 종교로 진화하고 오늘날 영화 ·

드라마 등으로 전환되고 있습니다.

상상력이 중요하다고 하니까 사람들은 오늘날에만 상상력이 중요하다고 생각하는 경향이 있어요. 그러나 원래 인류는 상상을 하면서 짐승과 구분되었으며, 인간의 모든 행동은 상상력에서 비롯된 것입니다. 결국은 상상력이 인류의 진화를 도왔다고 할 수 있고, 상상력의 산물은 문명이 되었습니다.

그 당시 인간이 가진 무한대의 상상력은 기술적인 측면으로 구현이 되지 못했지만, 이제는 상황이 많이 달라졌습니다. 이제는 이야기 자체가 사업이 되는 시대입니다. 따라서 이제는 누가 먼저 상상하느냐가 경쟁력의 관건이 되었습니다. 아이디어가 현실로 상용화되기 쉬워짐에 따라 생산의 핵심 동력이 되었고, 정보혁명이 곧 이야기혁명이 된 것입니다.

정　민 : 상상은 이제 현대 사회의 핵심동력으로 누가 먼저 그것을 발전시키느냐가 관건이 되었습니다. 상상력이 이제 우리의 전방위적 생활에 압박을 하기 시작한 것입니다. 상상을 열 필요가 있고, 상상을 통해 미지의 세계는 가지(可知)의 세계가 될 수 있을 것입니다.

상상력, 교육 가능한 것인가?

최재천 : 요즘 너무도 상상력, 상상력 하다 보니, 상상력을 갑자기 풍부하게 해줄 수 있는 기발한 교육법을 말하는 사람들이 많은데, 상상력이라는 것이 그렇게 갑자기 나타날 수 있는 속성을 가진 것인지, 아니면 그런 노력을 하다보면 우리의 상상력이 신장되어서

뭔가 새로운 것이 나올 수 있는 것인지 의문이 듭니다.

진형준 : 상상력이 뭔지 이론적으로 배우는 것은 가능하기도 하고 가능하지 않기도 합니다. 현상을 해석할 때에도 역시 상상력이 필요한데요, 상상력은 곧 주관적인 가치판단이 들어간 것이기도 합니다. 주관적 인식으로서 그러한 상상력은 객관적 지식 체제에서 인정받지 못해왔습니다. 물론 주관으로 인한 오류 가능성은 있습니다. 하지만 어차피 세상은 주관적인 가치 부여로 살 수밖에 없고, 따라서 인식이 전환될 필요가 있습니다. 철학의 영역이건 과학의 영역이건 상상력이 구체적으로 실천적인 방향에서 경쟁력을 가질 수 있도록 폭넓게 상상력을 규정해보면 어떨까요?

이야기가 돈이 될 수도, 상상력이 돈이 될 수도 있는 그런 사회가 왔습니다. 상상력과 다원화 사이에 무한 경쟁을 증폭시키는 그런 사회에서 우리는 살고 있어요. 상상력이 필요하고 풍부한 상상력이 대접받는 시대라는 것도 분명하지만 세상은 점점 다원화되고 복잡화되어 가고 있습니다. 사유는 더 단순해지고 상상력은 결핍되고 있어요. 궁극적으로는 물질 가치에 상상이 종속되어서는 안 된다고 생각합니다.

정대현 : 가르칠 수 있고, 가르칠 수밖에 없다고 생각합니다. 저는 동서양 이전의 모든 시대가 절대주의 시대, 획일주의 시대였다고 생각합니다. 그때 학문은 영원한 진리였습니다. 상상력이란 이성을 벗어난 것이었지요. 따라서 '상상력의 시대'라는 말의 배경에는 학문 개념의 변화가 담겨 있다고 생각합니다. 이제 이성적이고 합리적인 구조가 될 수 있다고 생각합니다. 시대가 바뀌면서 절

대주의에서 다원주의로 변화하였습니다. 영원한 전수는 다원주의 시대에는 없습니다. 눈이 닿는 모든 것이 상상이고, 상상력은 길러질 수 있습니다.

홍사종 : 상상력을 늘릴 수는 없습니다. 수렴적인 사람이 있고 상상력이 뛰어난 사람이 있습니다. 수렴적 사고를 하는 사람은 시험을 잘 치는 능력 등이 뛰어납니다. 이런 사람들에게 한 발짝도 더 나갈 수 없는 섬이라고 생각하고 떠오르는 이야기를 하라고 했더니, 상당수가 '고립'이라고 말합니다. 그렇다면 섬에 가서 섬을 바라본다면 어떨까요? 교수님들도 학생들을 가르치는 것이지 철학적 사유를 발전시키는 것은 아니라고 봅니다. 역사를 발전시키는 것은 상상력이 뛰어난 사람입니다. 사회조직을 잘 이끌어 나가는 것은 수렴적인 사고를 하는 사람들이구요. 그래서 저는 상상력이 제일 중요하다고 봅니다. 물론 모두가 상상을 해야 하는 것은 아닙니다. 뿐만 아니라 상상력은 현실에 뿌리 내리지 않으면 공상에 지나지 않습니다.

이대일 : 저는 상상력과 창의적 상상력이 목적성을 통해 억압적 기제로 작용될 가능성이 있다고 생각합니다. 또 한 가지 문제는 조금 전 정대현 교수님이 지적해주셨던 것인데, 상상이라는 것은 문학적인 것에도, 과학적인 것에도 내재된 것이라고 봅니다.

이형구 : 상상력이 교육에 의해 학습될 수 있을까요? 저는 학습되어지지 못한다고 봅니다. 물론 어느 정도까지는 교육이 가능할 것입니다. 그러나 그것이 획일화되면 독특한 것이 사라지게 됩니다. 어

느 정도까지는 교육에 의해서 가능할 것 같지만, 제가 생각할 때는 아닙니다. 상상력은 누구나 다 가지고 있습니다. 제가 이야기하는 것은 좀 더 창의적인 상상력입니다. 윤리 · 도덕에서 벗어날 수도 있고, 주관, 차별화, 비현실, 보이지 않는 것을 시각화하는 것과 관련됩니다. 미술학도를 보았을 때 배우는 그림들이 똑같습니다. 오히려 다른 전공자들이 와서 훨씬 잘 하는 경우가 많아요. 차라리 길거리에서 더 배울 것이 있다고 봅니다.

김무경 : 개인과 사회는 연결되어 있습니다. 상상과 증명은 말하자면 객관의 세계를 우리의 주관으로 표현하고 있는 것이 아닌가 생각합니다. 상상은 한편으로는 개인과 사회, 개인이나 상호 간의 다양한 경험들을 연결시켜주는 것입니다. 이런 것이 상상이 아닐까요? 우리 안의 섬을 고립낙원으로 해석하고자 하는 잠재태가 없으면 섬은 우리에게 고립낙원으로 다가오지 않습니다. 그러나 그 이미지들이 우리 머릿속에 있는 다원주의를 깨우치게 할 수 없다면 상상력은 줄어들 것입니다.

진형준 : 윤리 · 규범 · 틀 · 과학은 가치중립적일까요? 아닙니다. 차가운 과학은 없습니다. 저는 우리를 둘러싸고 있는, 우리 눈에 드러나지 않는 보이지 않는 연계가 있다고 생각합니다. 창의적인 상상력이란 우리가 만나는 물질들을 변화 가능성 속에 놓는 것이고, 보이지 않는 것 사이에 연계가 존재한다고 믿고 사고를 전개하는 것이라고 생각해봅니다. 우리 눈에 보이지 않는 것을 그리는 것, 상관없는 것들끼리 서로 연결할 수 있는 힘 말입니다. 생각이 닫힌 사람은 세상에 보이지 않는 것, 억압되어 있는 것, 그 모든

것들을 큰 틀에서 볼 수 있어야 합니다. 열린 상상력이 중요합니다. 가치 창조 자체에 상상력을 종속시켜서는 안 됩니다.

정대현 : 설명 · 이해 · 해석의 세 단어로 자연과학 · 사회학 · 인문학을 차별화하는 시도들이 있었습니다. 20세기 초 과학자들의 활동이 '설명' 활동이었다면, 사회과학자는 사회현상의 문제를 어떤 틀에 맞춤으로써 '이해'시키는 활동이었으며 인문학자는 '해석' 활동을 한다고 볼 수 있습니다. 이 셋은 규정적인 것이 아니라 대표적인 속성입니다. 이는 20세기 중반에 이르러 설명 · 이해 · 해석으로 그 분야에 현저한 활동으로 이어질 수 있었습니다. 상상과 증명의 경우에서도 '증명'은 특정한 규칙에서 결론에 이르는 것으로, 어떤 규칙을 따르는 체계에서 작동하는 기제라고 하겠습니다. 낭만주의 시대는 이런 기존의 틀을 깨는 것을 보여주는 좋은 경우입니다. 기존의 틀을 깨는 것, 이것이 상상의 구성적인 특성이라 생각합니다. 우리가 사는 사회는 억압의 구조를 띠고 있습니다. 어떤 선한 의도의 법률이나 제도도 특히 약자들에게 억압적일 수 있습니다. 그 억압의 제약에서 자유를 추구하는 것, 그것이 인문학적 상상이라고 생각합니다.

엄정식 : 상상력도 인간의 정신활동 아닙니까? 그것을 기능적으로 설명할 수 있으면 좋겠습니다. 기억력과 상상력에 대해 이야기해보겠습니다. 기억력이 시간의 순서대로 들어오는 관념을 쌓아가는 능력이라면, 상상력은 공간적으로 사고하는 능력입니다. 저는 기억력에도 논리가 있듯이 상상력을 발휘하는 데에도 논리, 결(結)이 있다고 생각합니다. 상상력에도 수준이 있는데, 여기에는

어느 정도 훈련이 가능하다고 봅니다.

이덕환 : 상상을 지각의 새로운 배합이라고 정의를 하셨는데요, 과학에도 상당히 여러 수준의 상상력이 있습니다. 예를 들어서 DNA의 2중 분자구조, 사실은 아무도 본 사람이 없습니다. 여러 가지 사실들을 주워 모아서 만들어낸 그야말로 상상 속의 구조입니다. 과학에서 이야기하는 것과 지금 여기에서 이야기하는 상상 사이에는 차이가 있는 것 같습니다. 상상과 교육 사이의 불편한 관계에 대해 조금 전 이야기하셨는데, 분자의 구조와 같은 상상력은 교육을 통해서만 가능한 부분이 있습니다. 아이들이 상상하는 방법을 배워야 다음 수준의 상상이 다양하게 나타날 수 있습니다. 무조건 낮은 수준이 있어야 상위 수준으로 갈 수 있는 것인지는 모르지만, 과학에는 그런 단계적인 부분들이 있습니다. 제 주관적인 판단일지는 모르겠어도, 예술적 상상력은 아주 극단적인 경우가 아니면 큰 어려움 없이 수용할 수 있을 것 같은데, 과학적, 특히 기술적인 부분에 그것을 적용시키면 사회가 절대로 수용 못할 위험한 영역이 있습니다. 한편으로 예술 분야에서 이야기하는 상상은 과학에서는 상당히 다르게 나타나는 것 같습니다.

상상의 스펙트럼

정 민 : 지금 이덕환 교수님께서 말씀하신 것처럼 공부에도 두 가지가 있는 것 같습니다. 높은 수준에서 낮은 수준으로 내려오는 공부, 아

래서부터 밟아가는 공부가 그것입니다. 즉, 상학하달(上學下達)과 하학상달(下學上達)이라고 할 수 있겠습니다. 인문학이 전자에 해당한다면, 수학은 밑에서부터 밟아가는 공부라고 볼 수 있을 것 같습니다. 그러니까 상상에도 단계의 문제가 개입될 수 있고, 상상력의 성격이나 종류에 영향을 줄 수 있습니다.

이덕환 : 창의성과 사기(詐欺)의 차이는 무엇일까요? 여기에서도 상상이라는 것과 환상, 망상은 종이 한 장 차이인 것도 같습니다. 상상도 폭넓게 보면 우리가 수용할 수 있고 수용할 수 없는 결과에 따라 품위의 문제가 있다고 봅니다.

이승종 : 모델링은 문제를 단순화시킵니다. 모델링의 과정이 과학적 상상력입니다. 따라서 상상으로 만들어진 모델 중, 어느 것이 더 좋은가는 증명 가능합니다.

최재천 : 제가 얼마 전에 『무지개를 풀며』라는 책을 번역했습니다. 이 책을 보면 뉴턴(I. Newton)이 분광학으로 무지개 색을 보여줬는데 당시 문학가들이 문학적 상상력을 과학자가 다 망가뜨렸다고 비난을 합니다. 하지만 그 책은 그로 인해 더 많이 알게 되고 알게 됨으로써, 즉 과학자들의 도움으로 인해 이전에는 도저히 상상할 수 없는 세계를 열어주었다고 말합니다. 교육받은 상상력(educated imagination)이 문학적 상상력, 예술적 상상력과 틀림없이 차이는 있을 수 있겠으나, 과연 예술에서도 교육받은 상상력이 교육받지 않은 상상력보다 못한가에 대해서는 고민해볼 필요가 있을 것 같습니다. 거기에는 한 개인의 수준에서 해결할 수

있는 상상력의 스펙트럼이 있을 것이고, 개인 수준에서 해결할 수 없는 것들도 있을 것입니다.

홍사종 : 교육받은 상상력과 교육받지 않은 상상력 말씀하셨는데, 천부적 상상력이라는 것 역시 있다고 생각합니다. 교육을 받아 더 뛰어난 상상력을 발휘할 수 있겠지만 그것을 통해 훌륭한 예술가가 나올 수는 없는 것입니다.

정대현 : 삼각형과 사각형은 그림적 상황에서 구분이 됩니다. 그런데 '천삼각형'과 '천사각형'은 그림적 상황에서 구분이 안 됩니다. 조금 전 모델링과 과학에서의 가설을 말씀하셨는데, 그것은 제가 보기에는 모두 기술적 상상력(Descriptional Imagination) 같습니다. 결국 모델링을 한다고 했지만 많이 알아야, 지식이 있어야 적절한 상상력에 도달할 수 있는 것이 아닌가 생각해봅니다. 심리학에서 천삼각형과 천사각형은 그림적 상황에서 구분이 안 되기 때문에 기술적 상황으로 이해해야 합니다.

우리 시대 상상력, 왜 필요한가?

진형준 : 어떻게 접하게 할 것이냐의 문제도 있습니다. 제대로 된 교육을 하려면 잘 훈련된 학생을 만들라고 합니다. 그 무언가에 관한 지식이 가득 찬 것도 좋지만, 자기가 접하는 대상들, 심지어는 지식들까지도 문제삼는 방식을 나름대로 갖춘 학생을 키우는 것이 더 중요합니다. 그러나 여기서 중요한 것은 양자택일이 아니라

조화를 이루는 것입니다. 진정 과학적 · 합리적으로 사유하는 제자를 키우고 싶으면 지식을 많이 주려고 생각하지 말아야 합니다. 오히려 질문을 많이 하고 자유롭게 자신의 사유를 키우는 것이 중요합니다. 자유라는 것은 정확한 답을 요구하는 과학에서조차도 엉뚱한 것이 아니라 새로운 사유를 낳는 데 도움이 되는 것입니다. 그렇다면 실제로 가능한 것이 아닐까요? 교육받고 있는 것들을 다시 한 번 문제삼는 것, 이 정도 훈련은 가능한 것이 아닐까요?

정 민 : 사실 인문학이 상상력인 것 같지만, 인문학만큼 상상력을 말살하는 것도 없습니다. 그런 문제도 같이 좀 논의해보도록 하지요.

홍사종 : 상상과 증명에 관한 지금까지의 논의들을 사회과학적으로 정리를 할 필요가 있을 것 같습니다.

이덕환 : 일반적으로 넓은 의미의 상상은 우리에게 들어와 있지만, 어떤 의미에서는 조금 억제를 시켰던 것 같습니다. 오늘 상상과 증명이라는 주제를 생각하신 홍사종 교수님이 말씀하신 것처럼, 지금은 특히 상상력이 강조되는 시대입니다. 그렇기 때문에 문진포럼을 만든 동기가 더 중요해 지는 것 같습니다. 인문사회와 과학, 이 두 문화의 단절이 가장 극심한 것이 우리 사회가 아닌가 싶습니다. 그렇게 해서 나온 이야기가 다른 학문 분야와의 소통입니다. 소통이라는 말을 쓰지 않고 주로 '만남'이라는 말을 많이 써왔는데, 그 이유는 단절이 심해서 의미 있지 못하고 만남 자체에 그치는 만남이었기 때문입니다. 상상은 인문학적 상상, 예

술적 상상, 사회과학적 상상을 모두 포함하는 것이라고 생각합니다.

홍사종 : 조금 전 다원주의적 가치관을 말씀하셨는데. 사실 예전 사람들은 즐기면서 생각하고 놀지를 못했어요. 그래서 요즘 사람들에게 잘살게 되었으니 놀라고 합니다. 그런데 사람들이 놀아도 되는 사회가 왔는데도 잘 놀 줄을 모르기 때문에 막 노는 겁니다. 그러나 요즘 아이들은 정말 잘 놀아요. 그 이유는 시장, 생산관계가 변했기 때문입니다. 따라서 현재는 생산성 · 놀이문화 · 놀이혁명이 필요한 시대입니다. 여기에는 상상력이 필요합니다.

최재천 : 예전에는 단순한 명제들만 풀면서 과학자들이 최전선에 떠밀렸는데, 어느 순간부터 과학은 문제를 푸는 방법을 환원적으로 보여주는 것이 되었어요. 우리에게 던져진 것은 복잡계 과학이고, 방법론의 문제가 필요합니다. 그런데 또 복잡계 과학은 하나의 학문만을 가지고 전체를 풀 수 없습니다. 전체적으로 인문학과의 소통이라도 해야 이 복잡한 문제를 풀어낼 수 있습니다.

장지상 : 상상력이라는 것은 최근에 와서야 중요한 화두가 된 것 같아요. 1987년 이후에 임금도 많이 올라가고 경제수준이 올라간 이후 단계부터 나오는 이야기는 주입식 교육의 폐해입니다. 창의적 교육이 필요하다고들 합니다. 하지만 주입식 교육은 주입식 교육대로 장점이 있다고 봅니다. 물론 창의적 교육도 해야겠지요. 이전에 우리나라는 문맹률이 엄청 낮았는데, 그것은 주입식 교육 덕분입니다. 그리고 또 한 가지는 철저한 모방에 대해 이야기

하고 싶습니다. 모방 없이는 창조가 나올 수가 없습니다. 배우지 않고 생각만 해선 아무것도 나오지 않아요. 내공이 곧 창조력이 되는 것이라고 생각합니다.

정 민 : 오히려 인문학에서의 상상력에 대한 문제가 자연과학에서의 그것보다 훨씬 절박합니다. 갑자기 괴물처럼 다가온 '상상 앞에서 서로가 준비 안 되어 있던 것이 아니었는가 싶어요. 돌파구가 필요합니다. 절박감이 들어요. 오늘 제기된 여러 질문들의 경로를 따라서 논의를 진전시켜나가면 아주 건설적인 이야기가 나올 것 같습니다.

진형준 : 상상력에 대한 철학적 정리라든지, 그것이 인문학과 사회과학에서 어떻게 가능하고 수용될 수 있을 것인지 정리하는 일이 필요하다고 생각합니다. 상상력을 중심으로 한 인간학이 필요한 게 아닐까 싶어요. 여담처럼 말씀드리자면, 자연과학자들이 오히려 훨씬 자유로운 상상력으로 앞서가는 것 같습니다. 인문학자들의 상상력이 훨씬 더 갇혀 있어요.

정 민 : 생각하는 방식의 차이가 오늘 논의된 차이를 가져온 것이라는 생각이 듭니다. 오늘은 서로의 문제를 객관화해서 바라볼 수 있는 지점이었던 것 같아 좋았습니다. 프랑스에서는 5세기 만에 만났다고 했는데, 우리도 참으로 오랜만에 만났습니다. 의미를 되새기면서 다음에 또 모임을 가졌으면 좋겠습니다. 긴 시간 수고하셨습니다.

문 진 포 럼 2

정치와 소통

토론자 (가나다순)

류석진 (서강대, 정치외교)
엄정식 (서강대, 철학)
윤평중 (한신대, 철학)
이대일 (명지대, 디자인)
이덕환 (서강대, 화학)
임성호 (경희대, 정치외교)
전상진 (서강대, 사회학)
한경구 (서울대, 인류학)

때 / 곳

2011년 3월 17일
문진연구센터 회의실

엄정식 : 바쁘신 와중에도 참석해주셔서 감사합니다. 우리 모임은 각 분야의 전문가 분들을 모셔 심화된 토론을 나누고 있습니다. 이번에는 정치 분야에 관여하시는 학자 분들을 중심으로 소통의 문제를 다루어보도록 하겠습니다. 정치 분야에서 소통이 이루어지고 있다면 어떤 식으로 이루어지는지, 문제가 있다면 어떤 문제가 있는지에 대해서 자유롭게 이야기를 나누어보도록 하겠습니다.

정치적 소통

임성호 : 엄정식 교수님께서 '정치에서의 소통'이라는 화두를 던져주셨는데요, 정치학에서 말하는 소통에 대한 세 갈래의 다른 패러다임을 말씀드리겠습니다. 우리의 주제는 소통 중에서도 정치적 소통에 관한 것입니다. 세 가지 패러다임은 소통에 대한 상당히 상반된 패러다임을 제시하고 있습니다. 첫 번째는 자유주의적, '소위 이익집성' 개념입니다. 자유주의 전통에서 '이익집성'(Interest Aggregation)이라는 개념을 중심으로 소통에 대해서 이야기 하는 사람들이 있습니다. 또 하나는 공동체주의적, 소위 '이익 통합'(Interest Integration)의 입장에서 소통을 논하는 학자들이 있습니다. 이 둘이 서로 계속 논쟁을 벌입니다. 그런데 세 번째의 것은 첫 번째와 두 번째 것과는 다른 대안을 마련해야 한다는 새로운 입장입니다. 즉, '성찰적 민주주의'가 그것입니다. 세 개의 패러다임에 대해서 간략히 말씀을 드리겠습니다. 우선 첫 번째인 자유주의적, 이익집성 개념에 대해 말씀드리겠습니

다. 정치학 원론을 보시면 이익집성이라는 말이 굉장히 많이 나옵니다. 이것은 자유주의적 대전제에서 내 이익도 고정되어 있고 저 사람의 이익도 고정되어 있고 다른 사람들의 이익도 고정되어 있을 때, 각자는 각각의 자기 이익(self interest)을 추구하는데, 정책을 조정하고 마련함에 있어서 가장 가운데의 최적점(optimal point)을 찾을까 고민을 합니다. 그렇기 때문에 첫 번째 패러다임에서의 소통은 내 이익이 무엇인지에 대해서 명확히 표현하는 것이 소통에서 굉장히 중요한 부분이 됩니다. 그래서 소통이 잘 이루어진다는 것은 제약 없이 모든 사람이 자기의 이익을 명확하게 표출함으로써 이루어집니다. 이는 다분히 자유주의적 관점입니다. 이것이 자유주의적 관점인 것은 기본적으로 각자가 자기이익을 추구하고 그것을 추구하는 사람의 성향은 고정되어 있다는 것을 전제하며, 명확한 자기 입장의 표명을 통해서 이익집성을 이루어보려고 하기 때문에 자유주의적입니다. 이러한 최대 다수의 최대 효용이 되는 최적점을 찾는 것은 단순한 시절이었던 과거에는 찾기가 가능했을지 모르지만, 시대적으로 점점 사회가 복잡해지며 탈산업 · 탈물질주의가 도래하면서, 과거 산업화 시대의 패러다임으로 설명할 수 없을 정도로 사회가 복잡하게 되고 이익이 파편화되고 대중들이 원자화되며 각각의 이익이 하루가 다르게 되면서, 자유주의적 관점에서의 이익집성은 날이 갈수록 복잡하게 됩니다. 그렇기 때문에 이익집성에서도 타협이 안 되고 굉장히 심한 교착과 폭력이 발생하게 됩니다. 그렇기 때문에 이익집성이 시대적인 한계에 직면한 것이 아닌가라는 생각에서 새로운 패러다임에 대한 갈구가 생기게 되었는데, 20세기 후반 '공동체적 관점에서의 이익통합'이라는 상대적으로 새로운 개념이 발생하게 됩니다. 두 번째의 것의 대전제는 나의 이익이 여기에 있고 저 사람의 것은 저기에 있지만, 상호 대화를 통해 혹은 공적 영역의 참여나 결사체의 활동을 통해서 자기이익이 변할 수 있을 것이라는 새로운 전제에서 시작합니다. 자유주의자들은 자기이익이 고정되어 있다고 보는데, 두 번째의 관점은 나의 이익관과 상대방의 이익관은 공정 영역에의 참여, 공적 영역에서의 토의, 협의를 통해서 나의 이익관이 바뀔 수 있고, 새로운 쪽으로 이익을 통합시킬 수 있을 것이라는 생각을 합니다. 세 사람이 있다고 할 때, 이익집성은 셋 사이의 정 가운데가 됩니다. 그러나 통합 개념에서는 세 사람의 토의를 통해 가장 가운데가 최적점이 아니라 내 입장이 최종 결론이 될 수도 있고 혹은 미처 생각하지 못한 결론을 찾을 수도 있습니다. 이익통합에 대해 새롭게 여러 학자들이 관심을 가졌는데, 특히 이익통합 개념을 잘 체계화해서 이것을 확산시키는 데 공헌한 사람은 숙의민주주의자, 토의민주주의자들입니다. 이들은 '숙의'(deliberation)를 강조하는데, 이것은 자유주의적 관점에서 말하는 토의 · 토론이 아닙니다. 토론이나 토의가 나의 의견을 명백하게 나타내는 것을 중시한다면, 숙의는 내 이익이 애초에 무엇이었든지 간에, 상호 숙의를 통해 내 이익관이 바뀔 수 있는 방식을 찾아서 우리의 이익이 같이 변경될 수 있는 새로운 결론을 창출해낼 것이라고 이야기를 합니다. 사람들은 이익집성의 개념은 다분히 물리적인 이익의 개념인 반면, 이익통합은 다분히 화학적인 이익을 통합한다는 관점을 가지게 됩니다. 대전제는 자유주의가 아니라 공동체적인 관점이기 때문에 숙의민주주의가 많은 이들에게 호응을 받고 있습니다. 여기서 한 가지 강조하고 싶은 점은 숙의민주주의에서 강조하는 것은 이익통합이 안 되더라도 이익통합을 하려고 노력하는 과정 상, 거기에 참여하는 과정 상, 상호 믿음(mutual trust)이 생긴다는 것입니다. 아무리 숙의를 한다고 하더라도 이익통합은 쉽게 되지 않습니다. 하지만 숙의민주주의는 쉽게 이익통합이 이루어지지 않는다고 할지라도, 같이 숙의를 하다보면 상대방에 대한 믿음, 나아가 체제에 대한 믿음, 일반적 믿음(general trust), 사회적 믿음(social trust)이 형성이 된다면, 체제 속에서 서로 원하는 방향으로 결론이 나지 않더라도 관용이 함양될 수 있을 것이라고 이야기합니다. 그렇기 때문에 다분히 두 번째 패러다임이 '과정중심적'이라면, 전자는 과정보다는 보다 '결과중심적'인, 즉 어떻게 해서든지 이익을 집성해서 최적점을 찾는 것입니다. 그런데 숙의민주주의가 첫 번째 패러다임의 한계를 극복할 수 있을 것 같긴 하지만, 현실에서는 여러 난관에 부딪히게 됩니다. 가장 대표적인 것은 '현실에서 과연 실현 가능하냐?'입니다. 즉, 과연 숙의를 해서 이익의 통합을 할 수 있느냐의 문제가 있습니다. 숙의를 아주 이상적으로 잘 하면 상호 신뢰가 생기지만, 섣부르게 잘못하게 되면 오히려 더욱더 관계가 악화될 수 있다는 연구 결과가 나옵니다. 몇몇의 연구에서 숙의를 통해서는 신뢰는 고사하고 굉장히 잘못된 믿음을 야기한다는 연구 결과들도 나오고 있습니다. 즉, 숙의는 이상적이라면 아주 잘 작동할 수 있지만, 자칫 잘못하면 오히려 부작용을 낼 수 있습니다.

한경구 : 그 갈등은 기존의 갈등이 표출된 것 아닌가요?

임성호 : 아무리 친한 사이라고 하더라도, 중요한 문제를 계속 이야기를 하다 보면 싸움이 생기는 등, 부작용이 생길 수 있습니다. 이런 부작용을 지적하는 사람들은 많이 있습니다. 한국에서도 숙의민주주의가 많은 호응을 얻다가 과연 그것이 정치적 소통을 위한 패러다임으로 유망한 것인지에 대해 회의를 하게 됩니다. 그런 와중에 구딘(R. Goodin)이라는 학자가 '성찰적 민주주의'를 주장합니다. 두 번째 패러다임에서의 숙의는 대부분 '면대면'(face to face) 숙의를 말하는데요, 세 번째 패러다임에서는 그것이 오히려 부작용을 일으킬 수 있고 그리 현실적이지 않기 때문에 굉장히 처절하게 어떤 실마리를 찾아 나가다가 '성찰'(省察)하게 된다는 것입니다. 어떻게 보면 이것은 이야기가 원점으로 되돌아가는 것 같은데요, 자기 자신에 충실하는 방향으로 나아가게 됩니다. 남과 토의하기 앞서 자기 자신에 대한 성찰을 하는데, 여기에서는 면대면 숙의와 대조되는 의미로 내적 숙의가 나타납니다. 즉, 자기 마음속에서 숙의를 하는 것인데, 내 마음속에서 상대방과 숙의를 하고 다른 사람들과 숙의를 하면서 자기 스스로 성찰을 하고 다른 사람들의 입장을 헤아릴 정도로 충분한 내적 숙의를 한다면, 이익집성 · 이익통합 등이 용이해질 수 있다는 입장이 세 번째 입장입니다. 하지만 이 때 '내적 숙의를 어떻게 할 수 있느냐?'의 문제가 생길 수 있습니다. 이에 구딘은 사람의 내적 숙의에 대해 다음과 같은 예를 듭니다. 미국에서 19세기 전반기만 해도 백인들이 흑인들을 노예로 생각했는데, 그때 *Uncle Tom's Cabin*이라는 소설이 나오면서 흑인에 대한 동정심과 나도 흑인일 수 있다는 감정이입이 나와서 흑인에 대한 우호적인 분위기가 조성되었다는 것입니다. 즉, 문화적인 상상력에 대해

이야기를 할 수 있는데요, 문화적 상상력을 키우기 위해서 정부나 시민사회는 많은 프로그램을 만듭니다. 문화적 상상력이 커질수록 내 이익만을 꾀할 것이 아니라, 다른 사람들의 입장들을 보다 풍부하게 상상할 수 있다는 것입니다. 이러한 성찰을 바탕으로 첫 번째 혹은 두 번째 패러다임을 시도할 수 있다는 것이 세 번째 패러다임입니다. 요즘 우리나라 혹은 미국의 정치 상황을 보았을 때, 제가 보기에는 우리가 너무 첫 번째의 이익통합 개념에만 천착하기 때문에 어려움이 많은 것 같습니다. 또 두 번째 개념은 너무나 이상적입니다. 규범적인 당위성들을 지향을 하면서 자신의 내적 숙의, 성찰을 논의해야지, 오늘처럼 유동성이 심한 사회에서 이익집성에만 집중할 경우 해결책을 찾기 어렵지 않을까 싶습니다.

이대일 : 첫 번째 개념인 자유주의적 이익집성이라는 개념과 두 번째 개념은 각각 언제쯤 발생했습니까?

임성호 : 제 생각으로는 이익집성을 가장 체계화시킨 사람은 로버트 달(R. Dahl)입니다. 소위 다원주의인데, 다원주의는 갑자기 떨어진 것은 아니고 자유주의 중에서도 공리주의적 전통이 로버트 달 식의 다원주의에 영향을 미친 것 같습니다. 반면 이익통합 개념은 20세기 후반 정도에 힘을 얻기 시작합니다. 왜냐하면 20세기 후반에는 사회가 훨씬 더 복잡하게 분화되었기 때문입니다.

한국 정치적 담론의 특징

엄정식 : 서두를 잘 풀어주셔서 정말 감사합니다. 자연스럽게 이 논의를 이어가보도록 하겠습니다.

윤평중 : 임성호 교수님이 일목요연하게 잘 정리해주셨는데요, 이것은 일종의 '정치적 소통의 이념'이라고 할까요? 자유주의적 · 공동체주의적 소통이 이루어질 수 있는 이상적인 모델에 대해서 설명해주신 것 같습니다. 저는 어떻게 하면 정치적 소통이 투명하게, 올바르게 이루어질 수 있겠는지를 생각해보고, 그것이 이루어진다면 어떤 양상을 취할 수 있는지에 대해서 생각해보았습니다. 저는 임성호 교수님의 관점을 약간 바꿔서, 한국 정치사회에서 소통이 이루어지고 있지 않은 이유가 무엇인지에 대해서 정리를 해보았습니다. 정치학자들께서 훨씬 더 자세히 설명해주실 수 있는 부분이기는 하지만, 한국 사회의 정치 영역에서 왜 이렇게 소통이 잘 이루어지지 않는가에 대한 이유를 조망할 수 있을 것 같습니다. 우선 첫 번째로 한국 현대 정치의 원점, 출발점이 분단과 전쟁의 경험이기 때문입니다. 이는 특히 다른 사회와 한국 사회의 경험 사이의 차별화를 만드는 것으로 보입니다. 정치적인 지평이라는 것은 이념이 다른 정치세력들이 집권을 궁극적인 목적으로 해서 이념에 기반한 정책을 국민들에게 제시하고 표를 얻어서 정권을 교체하는 것입니다. 그러나 20세기에 일상화된 것들이 한국 사회에서는 발견되지 않습니다. 원천적인 역사적 배경은 여기에 있다고 봅니다. 이념이 다른 정치세력을 대화나 소통의 상대로 진지하게 받아들이지 않고 오히려

정치적인 숙청의 대상으로 받아들였기 때문에 소통은 당연히 어려울 수밖에 없는 것입니다. 그래서 이러한 근원적인 장애가 극복되고 있다고 표면적으로 이야기하지만, 사실 오늘날의 정당, 나아가 시민사회가 한국 현대사회에 대한 이해에 있어서 한국 현대사 자체에 대한 공로를 어떻게 볼 수 있는지, 그리고 어떻게 우리가 분당과 정치세력들을 설명할 수 있는지에 대한 패러다임의 차이가 있기 때문에 정말 진정한 대화나 소통이 쉽지 않습니다. 두 번째는 우리의 역사적인 근원 때문에 한국의 제도정치가 허용할 수 있는 어떤 정치 이념이나 이데올로기의 지평이 굉장히 획일화될 수밖에 없습니다. 우리나라에는 다양한 제도 · 정당 등이 있지만, 사실 몇몇 진보 정당과 그들을 제외한 보수 정당들만 있습니다. 또 정당들이 굉장히 서로 섞여 있기 때문에 정당 정책은 민주노동당이나 진보신당을 제외한 다른 정당들은 서로 아주 다른 정책을 내세우는 것처럼 보이지만, 막상 정당 정책들을 들여다보면 각 당의 질적인 차이는 쉽게 찾아지지 않습니다. 그래서 서로 대립되는 것처럼 보이는 당이라고 할지라도 질적으로 완전히 차별화된다고 말하는 것은 쉽지 않습니다. 이렇게 정당의 이념적 지평은 왜소화되어 있습니다. 이것과 뗄 수 없이 관련되어 나타나는 것이 사회 계층의 문제입니다. 사회 계층의 사회경제적 이해관계를 담아내는 정당정치가 취약합니다. 이것은 자신의 계층을 개발하는 투표였던 지난번 선거에서 볼 수 있습니다. 이를테면 재개발과 관련한 것이 그것입니다. 이런 이념이나 이데올로기에 입각한 정책경제가 상대적으로 취약하기 때문에 어떤 갈등이 발생할 때, 갈등 자체가 굉장히 세분화되는 경향이 있습니다. 그렇기 때문에 상대방에 대해서 어떠한 정책, 또는 정책의 대안을 내세워서 국민에게 심판을 받는 과정을 밟기보다는 실제적으로 정책에 관련해서 질적 차이가 거의 없기 때문에 갈등 자체가 무한 경쟁화되는 경향이 있습니다. 그야말로 조선시대의 당쟁의 부정적인 측면이 한국 현대 정치에 확대 재생산되는 것 같습니다. 그렇기 때문에 이유도, 논리도, 철학도 부재한 적나라한 권력투쟁의 측면이 부각이 되는 것 같습니다. 마지막 세 번째 측면은 우리나라에서 왜 이렇게 소통이 어려운지에 대해서 생각해볼 수 있는 가장 중요한 측면이라고 생각을 합니다. 이것은 단순히 정치적인 것에 국한 되는 것이 아니라, 문화적 · 사회적인 측면으로 확대시킬 수 있는 것입니다. 이는 한국 현대사회에만 국한시켜 볼 수 있는 것은 아니고, 조선시대까지 확장시킬 수 있을 것 같습니다. 실제적이고 적나라하며 미세한 이해관계의 충돌에 의해서 정치관계가 만들어지기 이전의 소통 장애는 사람들이 이념의 순수성, 이데올로기의 순결성, 자신이 갖고 있는 가치관에 대한 우위나 순결성에 대해 근본적으로 강한 집착을 가지기 때문인 것 같습니다. 이것은 지식인에게 강하게 나타나고, 정치인들에게도 보여집니다. 이것은 민주다원사회에 살고 있기 때문에 이해관계가 충돌할 수밖에 없으며, 이 경향은 갈수록 강화될 것입니다. 이해관계의 강도와 빈도 자체가 증가하고, 증폭이 될 수 있는데, 그렇게 되면 어디선가 이것을 만나서 조절을 해야 합니다. 우리 사회에서 이것이 어려운 이유가 있다고 한다면 저는 '사실 판단'과 '가치판단'으로 이해합니다. 물론 100%의 사실판단과 가치판단을 이야기하는 것은 쉽지는 않습니다. 그러나 일상 언어적 판단에서 사실판단과 가치판단을 나누어볼 수 있습니다. 저는 우리 사회에서 이념과 이데올로기의 순수성에 대한 집착과 관련하여, 가치판단이 사실판단을 압도하는 문화적인 전통이 있다고 생각합니다. 그것은 나의 주관적인 신념이 이념에 기반되기 때문입니다. 일상 언어에서 가장 극명하게 드러나는 것은 나의 양심, 나의 진실, 우리의 양심, 우리의 진실 등등과 같은 것들입니다. 명명백백한 사실이 있습니다. 그러나 사실이라는 것에 대한 사회적인 존경이라고 할까요? 전승이라고 할까요? 이런 것들이 우리 문화의 흐름에서는 상대적으로 부족한 것 같습니다. 그런데 이때 가치의 중요성이 사실의 객관성에 관한 중요성을 폄하할 때 동원됩니다. 그것은 결국 나의 양심, 나의 이념과 신앙, 가치관에서 나오는 주관적 진실이 되겠지요. 주관적 진실이 사실의 힘보다 더 우월하고 가치 있다는 뿌리 깊은 생각이 있는 듯싶어요. 가치와 가치, 신념과 신념, 신앙과 신앙이 부딪히면 사태가 굉장히 어려워집니다, 그것은 중간 정점을 찾기 어렵습니다. 그런데 가치와 가치, 신념과 신념이 부딪힐 때 상대방에게 그것을 버리라고 말할 수 없습니다. 그러나 상이한 가치와 상이한 이념을 가진 집단 · 개인 · 단체들이 서로간의 가치관을 달리하고 해석하는 것을 용인한다면, 그 사실 자체의 대강의 모습에 대해서는 공감하여 매개점에 접근할 수 있다고 생각이 됩니다. 객관적 사실의 엄정한 중요성이라는 것이 우리 사회와 우리 문화에서는 일관되게 저평가되어왔다는 생각이 듭니다,

류석진 : 결국은 신뢰 문제에서 시작을 해야 할 것 같습니다. 많은 경우 우리 사회에서는 정보원 신뢰(source trust)냐, 내용 신뢰(content trust)냐 하는 데서 문제가 발생합니다. 항상 옳은 보도를 하고, 항

상 틀린 보도를 하는 것은 아닌데, 한쪽에서는 보수 언론의 것을 무조건 안 믿고 내가 지지하는 사람이 이야기를 하면 그 사람을 신뢰하기 때문에 믿게 됩니다. 즉, 내용이 판단의 기준이 되지 않는다는 것입니다. 최근에 천성산에 관해서 중앙일보에서 크게 보도가 되었는데요, 도롱뇽이 넘쳐난다는 사진을 크게 보도했는데, 이 내용이 천성산 공사를 시작하기 전에 보도가 되었다면 문제가 없었을 것입니다. 그때 지율스님이 단식을 하고 그랬던 것은 환경평가가 엉망이었기 때문입니다. 보호해야 하는 몇 가지 것이 있는데, 평가에서 도롱뇽을 비롯하여 많은 생물들이 빠졌다는 것이 문제였습니다. 그래서 환경영향평가를 제대로 하라는 뜻에서 지율스님이 단식을 시작했던 것이고, 나중에 도롱뇽이 상징으로 부각된 것입니다. 그때 만일 보수 언론이 정말 환경영향평가에 그런 것이 들어가 있지 않고 환경영향평가가 엉망이다라는 보도를 했다면 영향평가가 확 달라졌을 것입니다. 저는 소통을 생각하며 이런 생각을 했습니다. 정치 영역에서 소통의 이야기를 할 때, 서로 입장이 다른 사람들끼리의 소통만을 문제삼아야 하는 것인가요? 집단 내, 정당 내에서도 소통이 잘 이루어지지 않습니다. 하다못해 당정협의도 제대로 되지 않고, 집권여당 안에서도 서로 소통이 이루어지지 않는 일들이 많이 일어납니다. 따라서 이제는 어떤 소통이 이루어져야 하는지에 대한 문제도 이야기해야 한다고 생각합니다. 우선 누구와의 소통을 이야기해야 하는지 물을 수 있습니다. 예를 들어 이념이 다른 사람들끼리 소통이 꼭 되어야 되는 것인가, 이념이 다른 사람들이면 정말 치열하게 싸우고 명분에서 밀리는 식이 있어야 합니다. 누구와 소통을 하고 무엇으로 소통을 하고 어떻게 소통을 해야 하는지에 관한 고민이 있어야 합니다. 의도적으로 소통을 해야 한다는 것은 오히려 부담이 될 수 있을 것 같습니다. 또 소통이 모든 측면에서, 기본적으로 소통이 이루어지는 구조는 아무래도 네트워크(network)적인 모습인 것 같습니다. 그런데 이러한 소통이 되기 위해서는 '허브연결자'(key hub connector)들이 필요합니다. 양쪽을 연결하고 그것을 거치면 확 퍼져버리는 것이 필요하다는 것을 말합니다. 그렇기 때문에 네트워크의 맨 마지막에 있는 노드(node)는 중요하지 않습니다. 중간에 있는 '연결자'들 사이에 얼마나 관계가 맺어지느냐가 소통의 핵심일 것 같습니다. 그런데 언론매체의 경우, 연결자와 연결자가 연결되지 않습니다. 우리 사회는 양쪽을 연결시킬 수 있는 관계가 끊어져 있는 경우가 많습니다. 네트워크에서의 연결자의 관계와 그들 사이가 어떻게 조밀하게 관련될 수 있고, 어떻게 싸우고, 싸운다는 것은 소통의 일부이기 때문에 차이점을 알게 해주니 그런 점들도 생각해볼 필요가 있지 않나 싶습니다.

이대일 : 지금 말씀하신 연결자라는 것은 사람을 의미하는 것인가요?

류석진 : 그렇습니다. 네트워크라고 하면 기본적으로 노드는 사람이 되니까요. 그러니까 확산자(spreader), 즉 '쫙 퍼트리는 사람'이라는 것이 적절한 표현일 듯합니다.

임성호 : 예를 들면 오피니언 리더(opinion leader)로 볼 수 있을까요?

류석진 : 오피니언 리더는 아닙니다. 오피니언 리더는 예를 들어 트위터

의 노회찬 · 이외수와 같은 사람들인데, 그러한 유명한 파워 트위터리안들이 많고 중간의 확산자들은 일반인들입니다. 그 사람들을 거치면 전체로 연결됩니다.

객관적 사실은 존재하는가?

이대일 : 임성호 교수님의 이야기는 다음과 같이 정돈되는 것 같습니다. 추상적이고 개념적인 측면에서의 소통의 문제, 특히 한국 정치를 중심으로 한 원론적인 측면인 것 같습니다. 반면 윤평중 교수님의 경우는 세밀한 부분으로 갈리는 것 같습니다. 두 가지 중의 어떤 쪽으로 진행을 하든지 간에, 저는 거꾸로 이런 이야기를 드리고 싶습니다. 소통의 필요성은 다양성 속에서 통일성을 지양하고 통일성이 이루어질 때, 상호 조화롭게 공정해지기 때문에 저는 소통이 중요하다고 생각을 합니다. 윤평중 교수님의 말씀을 들으면서 생각이 나는 것은 첫 번째 한국 정치의 독특함, 또는 유별함인가, 아니면 서양 역시 우리와 마찬가지로 자기의 입장만을 견지하면서 이루어지고 있는지에 대해서 묻고 싶습니다. 한국이 유별나다는 생각이 들기도 하는데요, 하지만 저는 기본적으로 운명론자의 측면에서 말씀을 드리면, 인생은 태어나면서 무엇인가 결정이 되고 그 다음의 인생이 시작이 되는 것이 아닐까 생각이 듭니다. 왜냐하면 윤평중 교수님께서 말씀하셨다시피 소위 사실판단과 가치판단의 문제에 있어서 기본적으로 우리는 무엇을 결정해버린 후 사실이라는 것을 창조하기 때문입니다. 천안함 사건도 그렇고, 원자력에 관한 정보도 그렇습니다. 엄연

히 그런 문제가 발생했다는 사실 앞에서도 우리는 끊임없이 자기 현실과 관계 지어서 가치판단을 하고, 따라서 그것이 사실이라는 것을 창조하지 않는가 하는 생각이 듭니다. 다른 말로 바꾸면, 객관적 사실이 과연 존재하는지 원론적인 의문이 생깁니다. 객관적인 사실이라는 것은 인간이 끊임없이 창출해내는 의지의 산물이지, 그것이 과연 주관성을 떠나서 그것 자체로 있을 수 있는 객관적인 것인지 의문이 생깁니다. 우리가 상이한 가치관을 가지고 서로 소통을 한다고 했을 때, 그것은 사실이기 때문에 내 의견이 옳다는 것이 아니라 이미 자신의 태도를 결정해놓고 선택한 다음 끊임없이 사실을 조합하고 사실을 주장한다면, 어떻게 소통이 가능할지에 대한 의문이 듭니다. 또 하나, 윤평중 교수님의 말씀을 듣고 생각난 것이 있습니다. 조금 전 근현대사에서 등장한 이데올로기의 문제가 오늘날 직접적으로 한국의 정치판에서 소통의 문제를 어렵게 만드는 기제가 된 것이라고 말씀을 하셨는데, 저는 거꾸로 당쟁까지 소급해서 그것이 한국 정치문화의 특색이 아닌가 싶은 생각이 듭니다. 저는 진덕규 교수님의 책을 읽고 많이 공감을 했는데요, 이것은 어제 오늘의 일이 아니라는 것, 그러니까 내 생각이 아니면 반대는 죽여버려야 되는 이러한 것이 고려시대부터 끊임없이 반복되어왔다는 것입니다. 이렇게 되면 이것은 소통이 아닙니다. 이것은 결국 자기 개인의 이익과 개인의 존위를 강화시키는 것을 계속 굳게 만들고, 그것으로부터 끊임없이 사실을 만들고, 그것으로부터 홍보를 하고, 그렇게 함으로써 소통을 거부하고, 소통을 거부함으로써 자기만 존재하고자 하는 극단적인 모습이 아닌가 생각합니다. 가령 만일 윤평중 교수님의 진단, 다시 말해 오늘날의 정치판에서의 불통이라는 것이 사실 근현대사의 문제라는 것은 일종의 개전(開展)의 가능성이라고 할까요? 만일 이것이 역사적인 문제라고 한다면, 과연 정치에서의 거대담론으로서의 소통이 과연 가능한가에 대해서 저는 회의적인 입장입니다.

윤평중 : '객관적 사실이 존재하는가?'에 대해서 말씀드리겠습니다. 사실 이것은 과학적 사실과 과학적 객관성에 대한 과학철학 내부의 문제로, 과학학이라는 영역으로 방대하게 축적되고 있습니다. 이를테면 현대 과학철학에서 개론적으로 알고 있는 토마스 쿤(T. Kuhn)의 『과학혁명의 구조』, 쿤보다 더 나아가 화이어벤트(P. Feyerabend)의 무정부적인 과학철학이 존재합니다. 예를 들어 예전의 토마스 한슨(T. Hanson) 식의 관찰이라는 것은 이론 의존적인 관찰이기 때문에 100% 순도의 객관성이라는 것은 원천적으로 불가능하다는 것입니다. 이는 70~80년 후반에 논의가 활발하게 진행되어 쿤이나 화이어벤트로 치달았습니다. 이 논의는 마무리된 것이 아니지만, 저는 이렇게 이해합니다. 사실 현대 과학철학, 과학 인식론, 현대 인식론, 과학의 성과라는 것은 어떤 과학적 사실이 완결되고 고정되었다는 의미에서의 폐쇄적 사실성을 이야기하지 않는다는 것입니다. 사실이라는 것은 일종의 열려져 있는, 잠정적 의미의 사실에 관한 네트워크입니다. 그러나 그렇게 해석학적 의미의 사실이라고 할지라도, '사실성'이라는 것은 존재합니다. 또 과학에서도 자연과학(hard science)과 인간의 행동, 제도에 관한 사회과학(soft science)이 있는데, 거의 확정된 진리에 가까운 사실들의 집합에 근거한 것이 자연과학이고 그렇지 못한, 훨씬 열려져 있는 것이 사회과학입니다. 예를 들어

황우석 박사의 연구가 대표적인 사회과학이라고 볼 수 있습니다. 그런데 오늘날 황우석 박사의 연구 성과와 관련해서도 몇 가지 객관적 사실들이 있습니다. 자신이 주장했던 환자 맞춤형 줄기세포가 성립이 된 적이 없다는 것입니다. 즉 객관적인 사실을 말할 수 있습니다. 굉장히 사회적(soft)인 것인데, 이러한 것에서도 우리는 사실에 대해서 이야기할 수 있습니다. 현대사회에서 객관적 사실이라는 것의 가장 중심인 것은 과학자 공동체에서 합의된 내용이라고 생각합니다. 하지만 그것이 최종적이고 종결적인 것이라고 이야기하기 어렵습니다. 포퍼(K. Popper) 식으로 이야기를 하자면 '반증 가능성'(Falsifiability) 앞에 열려져 있는 것으로, 객관적 사실은 현재 시점에서는 가장 많은 과학적 공동체에 의존한 합의에 가까운 것입니다. 그러나 쿤적인 방식과 같이 극단으로는 치닫지는 않지만 과학철학 내부의 합의 사항이 있고, 그렇기 때문에 객관적 사실이 존재하지 않는다고 단언을 하시면 학문공동체 내에서의 심도 깊은 논의가 더 진행되기는 어려울 것이라는 생각이 듭니다.

기본적인 게임의 규칙이 없다

전상진 : 결국 우리 내부에서 소통이 어렵다는 것을 확인해볼 수 있을 것 같습니다. 몇 가지 이슈를 던져보겠습니다. 솔직히 말씀드리면, 한국 사회에 맞추어야 하는지, 아니면 원거리 조망을 해야 하는지, 근거리 관찰을 해야 하는지, 아직 잘 감이 오지 않습니다. 다만 근거리 관찰부터 먼저 해야 하지 않을까 하는 생각이 듭니다.

먼저, 사실판단과 가치판단의 문제에서 제가 조금 헷갈리는 부분은 다음과 같습니다. 사실판단이라는 것이 한국에서 무시되고 있다는 것은 저도 적극적으로 공감합니다. 저는 이와 관련해서 이른바 정치인들의 음모론적인 논변 양식이라고 하는 것을 분석해왔습니다. 그런데 이것을 연구하다보면, 정치인들의 커뮤니케이션과 같은 경우에 사실판단보다는 가치판단이라고 하는 것에, 혹은 가치판단에 근거하는 선입견 · 편견 같은 틀 속에서 절대 벗어나지 않으려고 합니다. 오히려 소통을 하면 할수록 서로간의 차이가 명백해질 뿐만 아니라 서로간의 장벽이 훨씬 더 공고해지는 것을 관찰할 수 있었습니다. 광우병 사태와 같은 것을 예로 들 수 있습니다. 저 또한 전문가 집단, 과학자 집단에 속하는 학자이고, 그래서 전문가로서 가지고 있는 지식이나 그 권위가 사회집단으로부터 제대로 평가받지 못한다면 개인적으로 많이 좌절할 것 같습니다. 다만 그럼에도 불구하고 현재의 큰 흐름을 보면, 과학적 지식, 혹은 전문가적 지식 전체에 대한 평판이—이는 한국뿐만 아니라 전 세계적으로도 마찬가지인 것 같은데요— 일반 대중들 사이에서 굉장히 떨어져 있다는 사실을 상기해봐야 할 것 같습니다. 이를테면 커피를 마시면 치매가 예방된다는 기사가 실렸다가도 며칠이 지나면 커피를 마시면 이러저러한 병에 걸린다는 기사가 또 실립니다. 저는 이런 기사가 자연과학에 근거한 것인지 사회과학에 근거한 것인지는 잘 모르겠습니다만, 여하튼 적어도 사람들이 정보를 얻기 위해 가장 많이 사용하는 매스미디어를 통해서 정보를 얻다보면 자연스럽게 과학적 지식이라는 것이 때에 따라 굉장히 많이 변하고 있다고 느낄 수밖에 없습니다. 실제로 과학이 확실한 지식을 제공하든 안 하든 상관없이 일반 대중은 과학적 지식의 불확실성에 대해 생각하게 된다는 것입니다. 이런 일들 때문에 전문가 집단이나 과학자 집단에 대한 신뢰가 많이 떨어진 것은 분명한 사실입니다. 특히나 한국 같은 경우에 일련의 정치적 사건과 관련된 일들을 보게 되면 멀게는 황우석 박사, 가깝게는 천안함 사건, 혹은 요즘 이슈가 되는 일본 원전 사건 같은 것들이 있는데, 이 사건들에 과학자 집단이 합일된 의견을 제출하지 못하는 것은 너무나 당연한 것입니다. 왜냐하면 과학적 공동체의 특성 자체가 그런 것이기 때문입니다. 다만 과학자들이 지식을 제공하는 것이 굉장히 혼란스럽게 전개되고 있다는 사실 또한 주목해야 합니다. 그리고 또 하나, 과학의 권위도 문제이지만 과학자의 권위는 더욱더 문제라는 사실입니다. 하나의 제도로서의 권위도 문제가 되지만, 그 제도 속에서 실질적으로 활동하고 있는 사람들의 권위는 제도 자체가 가지고 있는 권위보다 훨씬 더 빨리 떨어지고 있다는 사실입니다. 그런데 일반 사람들은 이런 상황들 속에서 제도 그 자체의 문제에 집중하기보다는 오히려 그것을 행위하는 행위자들에게 더 집중하기 때문에 과학적 지식의 확실성에 대한 사회적 신뢰가 엄청나게 떨어지고 있습니다. 그런데 이것 자체도 상당히 큰 문제지만, 과학과 그것을 행하는 전문가의 권위에 현대사회에서 많은 부분의 소통이 의존하고 있는 것을 이해한다면, 소통의 가장 근본적인 부분이 흔들리고 있다는 더 큰 문제를 발견할 수 있습니다. 이런 상태가 지속되거나 악화되면 소통의 기반이 없어집니다. 기반이 흔들리다보니까 소통을 할 때 어떤 견해가 충돌하게 되면 외부가 되었든 내부가 되었든 어떤 권위적인 제3자 혹은 제3의 제도에 의존해야 하는데, 그것 자체가 많이 흔들

려버린다는 것입니다. 이러한 점은 현대 사회의 소통이 정말 중요한 과제가 되어버렸다는 것을 보여주는 것이 아닌가 생각합니다. 특히 현재 한국에 있어서는 공정하고 냉정한 판단을 내려줄 수 있는 사람이나 제도가 부재한 상황이기 때문에 결국은 본인들이 애시당초 가지고 있던 선입견과 편견의 틀을 근본주의적으로 지탱하는 과정 속에서 정파면 정파, 지역이면 지역, 아니면 학문이면 학문, 미디어면 미디어들이 저마다의 자신들만의 동굴 속으로 점점 더 고립되어가는 일이 벌어지고 있는 것이 아닌가 하는 우려가 듭니다.

이덕환 : 제 생각은 이렇습니다. 류석진 교수님이 말씀하신 것처럼, '모든 사람이 소통해야만 하는가?'의 문제에서부터 시작해서 '소통이 안 되는 사람에 대해서는 어떻게 해야 하는가?'에 까지, 기본적인 게임의 규칙이 없다는 것이 문제인 것 같습니다. 소통이 안 되면 서로 싸워야 하는 것인지, 아니면 적당한 방법을 통해서 공존하는 길을 찾아야 하는 것인지에 대한 규칙이 없어서 문제가 더 심각해지고 있는 것 같습니다. 그래도 삶의 질이 좀 좋아지면, 그래서 마음이 좀 풍요로워지면 개선되는 것 아닌가 하는 희망은 조금 가지고 있습니다. 60~70년대에 대화가 안 되면 주먹질하던 때보다는 그래도 좀 더 나아지지 않았나 하는 생각이 들거든요. 그리고 방향을 조금 바꿔서 윤평중 교수님이 말씀하신 과학적 사실, 객관적 사실에 대한 이야기에 대해 저는 이렇게 생각합니다. 저는 과학을 하는 입장에서 정치인들이 동일한 사건을 놓고서 서로 완전히 상반되는 주장을 할 때, 특히 상식적으로 명명백백한 누구나 인정할 수밖에 없는 사실들을 서로 면전에서 왜

곡하는 것들을 보면 매우 놀랍습니다. 우리 사회에서 도대체 과학적 사실이라는 것이 힘을 발휘했던 적이 있었는지, 혹은 과학적 사실이 과학 이외의 다른 사회 영역의 사실들보다 더 우선적으로 힘을 발휘한 적이 과연 있었는지 의문이 들었습니다. 그리고 전상진 교수님이 이야기했듯이, 과학적 사실들을 제시하는 과학자들이 진짜 권위자고 전문가로서 사회적으로 존경을 받았던 적이 있었는지도 심각하게 고민해볼 필요가 있는 것 같습니다. 예컨대 우리나라에서 이런 일이 있었습니다. 당대에 제일 훌륭한 과학자에게 대통령이 직접 주는 과학상이라는 것이 70년대 중반쯤 박정희 대통령에 의해 만들어졌습니다. 그런데 그 상을 제일 처음 받은 사람이 그 상을 받고 몇 년이 지난 후 사회에 내놓은 것이 '육각수'입니다. 육각수를 먹으면 몸에 좋다거나 암도 고친다는 등의 이야기를 했고, 그래서 육각수 냉장고도 나오는 등 사회적으로 크게 화제가 되었습니다. 왜냐하면 그 사람은 과학상도 받았고, 과학적 사실 아니면 아무것도 말하지 않을 것이라고 대중들이 믿게 되었기 때문입니다. 그러다가 어떤 시민단체에 의해서 이런 이슈가 하루아침에 싹 가라앉았습니다. 왜냐하면 육각수라는 것은 사이비과학이었거든요. 그 후 황우석 사건도 있었고, 천안함 사건도 있었습니다. 그런데 천안함 사건에서 소위 과학적 사실이라고 하는 것의 가치나 중요성을 보장받기 위한 노력 또는 신뢰받기 위해 무인가를 해야 할 사람들이 과연 충분히 노력했는지 굉장히 의심이 듭니다. 제시된 과학적 사실들에 대해서 제기되는 사소한 반론들을 깨끗하게 털어내지 못하고 있는 것이 현실입니다. 특히 광우병 같은 경우를 들여다보면, 같은 대학의 같은 학과에 근무하는 교수 두 사람이 사회에 나와서 정반대의 이야기를 했습니다. 이런 상황이 벌어지면 무엇이 사실인지 알 수 없는 일이 벌어지는 것입니다. 우리 사회에서 과학적 내용의 신뢰도를 증진시키고 보장받으려고 노력해야 할 사람들은 사회에 대한 관심이 낮고 사회에 대해 굉장히 무지합니다. 즉, 과학적 사실을 찾는 것에는 실력이 있을지 모르지만, 자신이 발견한 과학적 사실이 사회적으로 어떻게 해석될 것인지, 어떤 의미로 인식될 것인지에 대해서는 너무나 무지합니다. 그러다보니 관련 없는 사실들을 마구 던지는 행동을 하게 되는 경우도 발생합니다. 우리가 현대 과학을 받아들인 것이 기껏해야 오래 잡아도 백 년이고, 실질적으로는 오십 년밖에 안 되는데, 이 오십 년 동안 과학자들이 사회에 노출된 적이 거의 없습니다. 철저하게 고립되어서 이용당했지 사회 문제에 적극적으로 개입할 기회가 전혀 없었습니다, 지난 이십 년 사이에는 그러한 기회가 조금씩 생겼지만 아직까지 우리나라 과학자가 사회문제, 특히 정치적 논란이 일어나는 이슈에 대해서는 신뢰를 받을 만한 일을 했던 전례가 없는 것 같습니다. 그러다보니 우리 사회가 의존할 만한 과학적 사실을 제공할 수 있는 전문가 집단이 없는 셈이지요. 그래서 저는 전문가 집단에 대한 대중들의 평가가 낮아지고 있다기보다는 오히려 그런 집단 자체가 사회에 출현을 못하고 있는 것이 아닌가 생각합니다. 이런 상황에서 정치적으로 과학적 사실들이 정치적 문제가 되니 과학자들은 당혹스러운 것입니다. 아직은 정치적 문제에 뛰어들 준비가 안 되었으니까요. 오히려 혼란을 더 부추기는 것이 아닌가 하는 생각도 듭니다. 과학기술계 집단 내부에 들어가서 보면, 사회적 문제나 논의에 대해서는 우리가 생각하는 것보다 훨씬 무지하다는 사실을 발견할 수 있습니다. 과학을 공부하지 않은 사람이 과학에 대해 모르는 것 이상으로 과학자들은 사회에 대해서 모릅니다. 정치적 소용돌이 속에서 과학적 사실은 전혀 맥을 추지 못했고, 그 책임은 과학적 사실을 제공하는 사람들에게 있으며, 이들은 정치적 소용돌이 속에서 설득력 있는 사실을 제공할 준비를 못하고 있는 것이 아닌가 하는 생각이 듭니다.

엄정식 : 이야기가 길어지다보니 몇 가지 층위가 섞인 것 같습니다. 정치적 상황이나 정치적 현실을 담당하는 정치가들끼리의 소통의 문제가 한편으로 있지만, 광우병 · 천안함 같은 사건은 정치적 현실과 과학적 현실이 섞여 있기 때문에 이 문제는 정치가들끼리의 소통 문제뿐 아니라 과학자들끼리의 소통의 문제도 섞여 있는 것 같습니다. 이덕환 교수님의 말씀처럼 과학자들끼리 소통의 문제에는 게임의 규칙이 이미 존재합니다. 싸우더라도 과학이라는 패러다임 안에서, 예컨대 검증이나 반증, 추론을 거쳐서 나온 데이터는 믿지 않으면 안 된다는 것을 서로 전제하고 소통합니다. 그런데 정치가들의 소통은 이런 과학자들이 받아들이고 있는 규칙이 없습니다. 그들의 소통에서는 데이터가 큰 역할을 못하니까요. 제가 생각하기에 천안함이나 광우병에 대해서 정치가들은 과학적 논쟁을 하고 있는 것은 아니라 과학을 빙자해서 정치적 · 사회적 논쟁을 하고 있는 것으로 보입니다. 즉, 결론은 이미 나와 있는 상태에서 과학을 이용한 것일 뿐입니다. 우리가 논의 중인 소통 문제에 섞여있는 몇 가지 층위를 구별해보면 소통의 문제에는 정치가들의 소통의 문제가 있고, 과학자들만의 소통 문제가 있고, 또 정치가들의 소통과 과학자들의 소통이 섞

인 소통의 문제들도 있다고 할 수 있습니다. 그런데 오늘은 정치학자들도 모셨으니까 정치적 차원에서 소통의 문제가 무엇인지에 관해 논의를 집중해보면 좋을 것 같습니다.

이대일 : 제가 보기에 한국이든 미국이든 대부분의 정치에서 발생하는 문제는 사실의 문제이기보다는 사실 지향적 의미에서의 가치판단이 전제가 되고, 그 후 과학적 사실에 근거한 주장일 수도 있고 아닐 수도 있지만, 종극적으로는 과학이 중요한 역할을 하지는 않는 문제로 보입니다. 오히려 바람직한 생각으로서 이성의 측면에서 판단하고 소통하는 장이 정치계가 아닌가 생각합니다. 과학은 여기에 따라 붙을 수도 있고 아닐 수도 있을 것입니다. 그래서 '사실'의 문제가 우리의 논의에 떠올랐을 때, 제게 떠오른 생각은 사실이라고 하는 것은 인간이 생성시킴과 동시에 생성된 사실이 역으로 인간을 다시 형성하는 것이 아닌가라는 것입니다. 그래서 물리학이나 소위 과학이라고 하는 것에서 만들어지는 사실도 한시적이고 한정적이 아닌가라는 생각을 하게 되었습니다. 여하튼 정치에 있어서 소통을 위한 전제조건으로서 과학이 수단이 되기도 하고 아닐 수도 있다는 것을 말씀드리고 싶습니다.

윤평중 : 이덕환 교수님 말씀에 대강은 동의하면서도 반론을 제기하려 합니다. 이덕환 교수님께서 '한국 사회에서 과학적 사실이 사회적 힘을 발휘한 적이 있는가?'라는 강한 물음을 제기하셨는데, 저는 과학적 사실이 사회적으로 힘을 발휘한 적이 여러 번 있다고 생각합니다. 단적으로 황우석 박사 사건이 있습니다. 황우석

박사는 국민 과학자로서 부상하고 있었고 또 국민들 사이에서는 노벨상 수상이 멀지 않은 것처럼 생각되고 있었는데, 여러분도 잘 아시는 것처럼 황우석 신화가 무너진 계기는 포항공대 생물학 연구집단의 소장 연구자들과 학생들이 『네이처』에 실린 황우석 박사의 논문에 같은 사진이 여러 번 조직 · 반복 사용되었다는 '사실'을 밝혀낸 것이었습니다. 그 작은 사실에 대한 지적에 의해서 황우석이라고 하는 거대한 성채가 일거에 붕괴되었습니다. 이것이 바로 과학적 사실의 위대함을 웅변하는 한국적 사건 중의 하나입니다. 이것은 한국 과학계의 저력이기도 한 것입니다. 그래서 저는 이덕환 선생님의 취지는 이해하지만, 한국에는 과학적 사실의 힘이 발휘된 적이 분명히 있었다는 것을 말하고 싶습니다. 광우병과 관련해서 전문가들이 서로 상반된 의견을 이야기한다고 말씀하셨는데, 제가 구체적으로 말씀드리겠습니다. 우리나라에는 그 사태가 발생했을 때 광우병이나 인간광우병에 대한 전문가가 없었습니다. 현재 전 세계에서 인간광우병 연구를 선도하는 학자들은 영국에 집중되어 있습니다. 인간광우병 자체가 영국적 질병이니까요. 그래서 영국 정부 차원에서 5천 페이지가 넘는 광우병 총서가 나왔습니다. 그런데 서울대 A 교수가 인간광우병의 위험을 주장하면서 근거로 제시하는 내용은 전 세계에서 출간된 무수한 논문 중에서 아주 오래된, 그래서 광우병 연구에서 실효성이 이미 끝나버린 논문, 그중에서도 아주 소수 학설의 주장입니다. 서울대 수의학과에서 A 교수의 입장과 같은 사람은 아무도 없을 것입니다. 그래서 연구실을 나란히 하고 있는 학자들의 주장이 전혀 다르다고 한 것은 표면적으로는 그렇게 보일 수도 있지만, 사실은 그렇지 않다고 생각합니다.

이덕환 : 제가 윤평중 교수님의 의견을 거부하는 것은 아닙니다. 우리 과학기술계의 현실이 그렇다는 것입니다. 우리 과학기술계는 인간광우병 문제가 던져졌을 때 내부에서 조율이 안 되는 상황이었습니다. 윤평중 교수님의 지적처럼 인간광우병의 전문가는 없는 상황이었거든요. 그런데 인간광우병이 사회적 이슈가 되었을 적에는 갑자기 인간광우병 전문가라고 하는 사람이 나타납니다. 일반인이 보기에는 정부 측의 전문가도 전문가고, A 교수도 전문가입니다. 그런데 그 두 전문가가 한국과학기술한림원이라는 같은 곳의, 같은 테이블에서 정반대의 이야기를 하고, 그것이 사회에서는 그대로 받아들여지는 것입니다. 즉, 제가 말씀드리고 싶은 것은 과학기술계 내에서 걸러지는 메커니즘이 있어야 하는데 그것이 없다는 것입니다. 지금 그와 똑같은 일이 벌어지는 것이 지구온난화와 관련된 문제입니다. 과학적 사실에 대한 조율의 메커니즘이 과학기술계 내부에서 작동하지 못하고 있습니다. 층위가 전혀 다른 주장들이 사회에 제시될 때 똑같은 수준으로 제시되는 것이 문제입니다. 제가 조금 전에 말씀 드린 것은 개개의 사안에 대해 반론을 하고자 했던 것이 아니라 우리 사회에 제시되는 과학적 사실들이 충분한 설득력을 가지고 있지 못하고, 그 책임의 상당 부분이 과학기술계 내부에 있다는 것입니다. 이 문제에 대해서는 엄정식 교수님께서 말씀하신 것처럼 과학적 사실과 우리 사회의 정치적 소통의 문제와는 구별해야 합니다. 앞에서도 말씀드렸지만 누구나 동의할 수 있는 사실들이 여의도만 가면 우리가 어느 사람이 어느 정도로 왜곡하고 있는지 판단이

되지 않을 정도로 전혀 다른 해석들이 쏟아집니다. 이처럼 누구나 동의할 수 있는 사실이라도 동의가 이루어지지 않는 것은 게임의 규칙이 없기 때문이라고 생각합니다. 이것은 물론 과학기술계 내부에서 사회에 제시할 수 있는 과학적 사실을 걸러낼 메커니즘이 없다는 문제와는 별개의 문제입니다.

한국사회 소통의 장애의 원인들

류석진 : 국책 사업 같은 것을 담당하는 사람들을 만나서 이야기를 들어보면, 주문자가 어떤 주문을 하느냐에 따라서 결과가 바뀐다고 합니다. 이런 조그만 것들이 쌓여서 불신을 만들어내는데, 그 불신의 구조는 '당신이 어떤 말을 아무리 해도 나는 못 믿겠다'는 것입니다. 이런 것은 특히 정부와 국민 사이에 큰 문제가 되고 있습니다. 그런데 우리가 소통에 대해 이야기할 때, 소통이 깨져서 사회가 망가지는 이른바 위기의 커뮤니케이션—예컨대 국회가 파행으로 치달아서 서로 싸움을 벌이거나 광우병 사태에서 시민들이 거리로 쏟아져 나오는 경우의 커뮤니케이션—에만 초점을 맞추다보니 계속 사실의 문제가 대두되는데, 사실 소통이라는 것은 누적적인 것입니다. 앞에서 조그만 거짓말을 계속 하면 그것이 누적이 되면서 신뢰 관계를 구축하는 것이 아니라 불신의 구조를 구축하게 되어버립니다. 이것은 결정적인 순간에 정부가 아무리 맞는 말을 해도 믿지 못하게 만들어버립니다. 지진이 났을 때 일본인들을 보고 사람인지 로봇인지 모르겠다는 말들이 나왔지만, 그 일본인들조차도 계속되는 정부의 변명이나 거짓

말 속에서 정부에 대한 신뢰가 떨어졌습니다. 커뮤니케이션이 누적적이라는 측면을 염두에 둔다면, 큰 위기가 발생했을 때 어떻게 소통으로 풀어낼 것인가라는 물음 대신, 매일의 일상 속에서의 소통을 통해 어떻게 신뢰관계를 구축해나갈 것인지에 먼저 초점을 맞춰야 한다고 생각합니다. 그렇게 신뢰관계를 구축하고 나면 위기를 예방할 수 있는 것입니다. 광우병 · 촛불집회 사건 속에도, 본질적으로는 인간광우병에 대한 과학적 사실의 문제가 있지만, 정부가 발표하고 대응하는 방식, 즉 정부가 국민과 소통하는 방식이 달랐다면 그 결과는 완전히 달랐을 겁니다. 그래서 제가 말씀드리고 싶은 것은 일상생활 속에서의 누적적인 소통의 확보야말로 큰 위기 때 소통의 장애를 예방하는 중요한 방법입니다. 그리고 논의의 방향을 바꿔서 저는 좀 도발적으로 '우리 사회가 다른 사회보다 소통이 정말 안 되고 있는 것일까' 라는 물음을 제기하고 싶습니다. 우리는 국회의 파행이나 천안함 사건의 혼란을 매일 접하고 있습니다. 그래서 우리 머릿속에 '우리는 소통이 안 되고 있다'는 생각이 각인되어버린 것인 아닌가 생각합니다. 다른 나라에서 우리 국회의원들이 싸우는 것을 보고 어떻게 생각할지는 모르겠지만, 미국 TV에서도 미국 사회의 의견의 양극화를 다루는 것을 볼 수 있습니다. 미국에서 주민회의에 몇 가지 이슈가 놓여지자 숙고(deliberation)를 통해서 의견이 수렴이 되는 것이 아니라 완전히 양극으로 갈라져버려 결정을 못 이루는 결과가 발생하더군요. 이것은 단순히 주민회의뿐 아니라 미국의 국회에서도 나타나고 있는 문제입니다. 그들은 물리적 충돌까지 가지 않고 막판에 극적 타결을 본다는 정도밖에는 우리와 차이가 없습니다. 우리도 여야가 서로 안 갈라지는 사안이 훨씬 더 많습니다. 다만 그것은 아무런 보도나 이야기 없이 지나갈 뿐입니다. 여야가 갈라지는 것은 주로 신문에 보도되고 우리가 보게 되기 때문에 '한국 국회의원들은 모든 것에 동의하지 않기로(disagree) 동의(agree)했구나'라는 인상이 남게 되는 것 같습니다. 실제로 가보면 우리가 생각하던 것만큼은 소통이 안 되고 있는 것은 아닙니다. 그러니까 소통이 중요하긴 하지만 우리가 이렇게 심각하게 이야기를 해야 하는 부분인가라는 것도 비교적인 시각에서 한 번 생각해볼 필요가 있는 것 같습니다.

윤평중 : 그 부분은 조금 반론이 있습니다. 인간이 가지고 있는 존재론적 한계 때문에 동시대의 문제가 더 크게 보이는 것은 사실이지만, 다른 한편으로 우리에게는 객관적인 통계로 나와 있는 것이 있지 않습니까? 진정한 소통이 가능하려면 대화하는 당사자들 사이에 최소한의 신뢰가 전제되어야 하는데, 우리나라는 정치권에 대한 신뢰도가 생면부지의 타인에 대한 신뢰도보다 더 낮다는 통계가 있습니다. 이런 결과는 굉장히 충격적인 것입니다.

류석진 : 제가 말씀드리려고 했던 것은 정부에 대한 우리의 신뢰도가 높다는 것이 아니라 추세가 전 세계적으로 거의 같이 진행된다는 것입니다. 다시 말하면 서구의 성숙된 민주주의 국가들은 정부에 대해 높은 신뢰도를 자랑하다가 계속 떨어지는 추세 속에 있고, 우리는 원래 낮은 데서 조금 더 낮은 곳으로 가고 있다는 것입니다. 서구 사회가 원래 높은 신뢰도를 가지고 있었기 때문에 떨어지고 나서도 여전히 우리보다 높은 것은 사실이지만 오

히려 추세는 서구 사회가 더 빨리 쇠퇴하고 있다고 말할 수 있습니다.

임성호 : 류석진 교수님께서 미국의 예를 드셔서 첨언을 하자면, 미국도 엄청 싸우지만 극적 타결이라는 것이 가능한 이유는 다음과 같습니다. 미국 국회의원들은 집단주의적 정파성 때문에 경직되어 움직이기보다는 개인적으로 움직일 여지가 큽니다. 극적 타결은 중간에 있는 소수의 중도주의자들이 움직였기 때문에 가능한 것입니다. 물론 미국에도 골수 보수주의자와 골수 진보주의자가 있습니다. 이들은 전혀 움직이지 않지만, 가운데 있는 소수의 중도주의자 덕분에 미국 국회가 그럭저럭 극적 타결을 해오고 있었습니다. 그런데 류석진 교수님이 말씀하신 것처럼 현재 미국에 중도주의자들의 수가 줄어들고 있습니다. 미국 정치계의 양극화를 우려하는 사람들은 중도가 좀 더 두텁게 있어야 한다고 말합니다. 미국의 경우와 우리 국회를 한 번 비교해보면 다음과 같습니다. 미국은 집단주의적 경직성이 강하지 않아서 싸우다가도 막판에는 극적인 타결이 가능한데, 우리의 경우에는 집단주의적 경직성이 심합니다. 물론 평소에는 대다수의 경우 법안을 읽어보지도 않고 넘어갑니다. 이것은 소통해서 해결한 것이 아니라 일종의 담합입니다. 그러다가 중요한 것, 결정적인 것에서는 서로 양보를 안 합니다. 그래서 할 수 없이 한쪽은 문을 걸어 잠그고 한쪽은 쇠망치로 문을 부수는 참극이 벌어지는 것입니다. 그래서 제가 생각하기에는 한국 정치계가 소통이 안 되는 여러 이유가 있겠지만 그중에서도 집단주의적 경직성이 근본적인 원인이라고 생각합니다. 하지만 그렇다고 해서 한국 정치계의

미래에 대해서 비관적으로만 보지는 않습니다. 이대일 교수님은 한국 정치를 보면서 비관적으로 보인다고 말씀하셨지만, 저는 그렇지 않다고 생각합니다. 희망을 가질 수 있는 사례는 미국입니다. 19세기 후반의 미국을 보면 정치계가 철저한 정파적인 집단주의 속에 있었습니다.

류석진 : 그래서 남북전쟁이 발발했지요.

소통의 장애, 어떻게 풀 것인가?

임성호 : 그렇습니다. 그리고 남북전쟁 이후에도 미국 공화당원들과 민주당원들은 서로 말도 안 했습니다. 정파적인 집단주의가 이처럼 심했습니다. 이러던 미국 정치가 19세기 말, 20세기 초의 혁신주의 운동(progressive movement) 덕분에 정파적인 집단주의로부터 탈피하기 시작합니다. 그런데 그것을 바꿀 수 있었던 중요한 요인은 역사적인 토양도 중요합니다만, 제도의 변화였습니다. 그중에서도 예비선거제도가 미국 정치제도의 집단주의적 경직성을 완화시키는 데 결정적인 역할을 했다고 생각합니다. 왜냐하면 그 제도 덕분에 공천 받을 수 있을지 전전긍긍하면서 당 지도부의 눈치를 볼 필요가 없어졌거든요. 자기 선거구에서 자기 인기만 높으면 계속 의원이 될 수 있습니다. 그래서 20세기 초반에 의원선거에 적용되고, 20세기 중반부터 대통령선거에 정착된 예비선거제도가 미국 정치의 개인주의적 성향을 강화시키게 됩니다. 그 덕에 극적 타결이 가능할 수 있는 것입니다. 그래서 저

도 우리의 역사적인 토양들, 분단과 전쟁 등을 무시하는 것은 아니지만 제도를 잘 만들면 현재 정치계를 바꿀 수 있는 계기가 될 수 있다고 생각합니다. 그래서 예비선거제도가 많은 부작용이 있지만 그래도 한 번 시도해봄 직하다고 생각합니다.

전상진 : 저도 임성호 선생님 말씀에 적극 공감합니다. 결국에는 사람 개개인에 대한 신뢰를 통해서 사회적 문제를 해결할 수 있을 것이라고 생각하지 않고, 모든 것의 출발은 절차가 지켜지는 제도에 있으며 또 그것에 집중해야 한다고 생각합니다. 그리고 제가 앞서 이야기했던 것과 논의의 여러 층위를 구분해야 한다는 엄정식 교수님의 이야기에 좀 더 덧붙이자면 정치인들의 소통, 그리고 류석진 교수님이 말씀하셨던 정치인들과 일반인 사이의 소통에서 어디가 정말 문제인지를 우리가 연구해봐야 한다고 생각합니다. 소통이 정말 문제라고 한다면 어떤 특정한 전문가 집단, 특히 정치인들 사이의 소통도 정말 중요한 문제이지만, 결국에는 정치인들과 일반인들 사이의 소통도 정말 문제가 아닌가 생각해 봅니다. 그런데 제가 보기에는 소통의 문제에 대한 책임을 특정한 누군가를 콕 집어서 말하려고 하는 것은 잘못된 것 같습니다. 왜냐하면 일반 정치인과 일반 대중 사이의 소통의 가장 큰 문제는 정치 엘리트들이 대중들을 조작과 선동의 대상으로 보고, 역으로 일반 청중들은 정치 엘리트들의 지위를 전혀 인정하지 않는 몰인정의 상태에 있기 때문입니다. 그래서 문제 해결의 실마리는 지금으로선 요원해 보입니다. 물론 요즘 신뢰에 대해 이야기를 많이 하고 있습니다만, 제가 보기에 해결의 실마리는 역시 엘리트층에 있는 것 같습니다. 즉 누구도 예외 없이 적용되는 절

차를 말 그대로 엘리트들이 스스로 실천하는 것에서 시작해야 합니다. 자신들은 그렇게 하지 않으면서 일반 대중들에게 절차를 지켜달라는 엘리트들의 말은 전혀 먹혀들지 않습니다. 엘리트들이 먼저 절차를 지킴으로써 사회 전체에 그러한 의식이 확산되도록 하는 것이 출발점인 것 같습니다.

한경구 : 처음 임성호 선생님께서 세 가지 패러다임을 말씀하실 때, 굉장히 재미있었던 것이 있습니다. 일본 사람들은 서양에 대한 콤플렉스가 많았는데, 그중에 하나가 서양 사람들은 각자가 자기의 입장을 이야기하고 대화하면서 서로 결론에 이르는데, 자신들은 그런 과정이 없다는 것입니다. 그런데 80년대 중반 한 일본 학자가 일본에도 커뮤니케이션이라는 것이 있다면서 주장한 것이 임성호 교수님이 말씀한 패러다임 중 세 번째 것인 성찰적 민주주의와 비슷한 것입니다. 서양은 상반되는 입장을 가지고 누가 옳은지 그른지를 가리는 '대화'(dialogue)를 하지만, 일본인들은 상대방을 반박하는 것은 실례가 되기 때문에 각자 자기 이야기만 하다가 결론을 안 내리고 헤어지고, 그리고 또 만나기를 반복하면서 어느 순간 의견이 통일되어버리는 '방백(monologue) 커뮤니케이션'을 한다는 것이 그 학자의 주장이었습니다. 방백 커뮤니케이션을 하는 사람들은 서로의 이야기를 듣고서 헤어진 후 '저 사람이 저렇게까지 절박하게 이야기하는데 이번에는 양보해야지. 지난번에는 저 사람이 많이 양보했지 않은가? 그리고 이때까지 신세 진 것도 많고 앞으로도 신세질 일이 많을 테니까.'와 같은 생각을 한다는 것입니다. 이것은 내부 성찰이라고 할 수도 있고, 아니면 성찰이라기보다는 오히려 내부 계산을 하는 것일

수도 있습니다.

이대일 : 이러한 일본 사람들의 대화법은 명치유신(明治維新) 이후에 나타난 겁니까?

한경구 : 아닙니다. 그 학자는 원래 그것이 일본인들의 전형적인 대화 방식이라고 말합니다. 그런데 사실 면면히 살펴보면 일본뿐만 아니라 거의 대부분의 문화가 이렇습니다. 어느 인류학자의 글을 읽어보면 아프리카에서도 똑같은 것을 합니다. 한국도 그렇게 대화합니다. 왜냐하면 같은 마을에서 계속 살아야 하니까 계산할 수밖에 없는 것입니다. 서두에서 면대면 대화에 대해 말씀하셨는데, 인도 학자가 이런 말을 했습니다. '인도의 농촌은 등대등 사회(back to back society)다.' 즉, 절대로 면전에서 싫은 이야기를 안 하고 모두들 뒤에서 험담한다는 것입니다. 어떤 사람은 농촌을 낭만적이고 이상적으로 보지만 이것은 산업화 이후에 만들어진 이야기이고, 원래 농촌은 질투와 비방이 많은 곳입니다.

류석진 : 한경구 교수님의 말씀에 한 가지만 보완의 차원에서 말씀드리겠습니다. 우리나라는 자유주의적 이익집성도 안 되고 있고 공동체주의도 제대로 안 되고 있습니다. 소통의 구조를 만들어내고, 소통을 통해서 신뢰를 만들어내고, 신뢰를 통해 소통을 만들어내는 선순환적 관계가 가능하려면 반복게임이 되어야 합니다. 선생님이 말씀하신 것처럼 농촌에서 뿌리박고 살려면 매일매일 만나야 합니다. 그런데 소통을 하기 위해 일회성으로 만나고 헤어져버리면 전혀 선순환관계가 만들어지지 못합니다. 그런데 우

리나라 정치인들 사이를 보면, 임성호 교수님께서 제도적 대안을 앞에서 제시하셨지만, 우리는 아직까지 정권교체라는 것에 대한 경험이 일천합니다. 즉 야당을 제대로 해본 적이 없는 사람들이 많고, 또 자신이 언제나 야당으로 돌아갈 수 있다고 생각합니다. 동일한 정당으로 남아 있는 것이 아니라 무슨 일만 있으면 이합집산 해버리는 것이 비일비재하니, 몇 년 뒤에 적으로 있던 사람이 자신과 같은 편이 될 수 있다는 생각을 할 수도 있습니다. 즉 동일한 정당으로 잘 남아 있지 못하니까 정당 간의 반복게임이 잘 안 되고, 그러다보니 소통의 상대방과 신뢰관계가 구축될 틈이 별로 없다는 문제가 발생합니다. 공동체주의적인 것을 통해 이익 통합을 지향하는 것은 2009년에 노벨경제학상을 받은 엘리노어 오스트롬(E. Ostrom)이라는 사람이 말하던 바입니다. 공공재와 같은 것이 어떻게 관리되어야 하는지에 대해서 여덟 가지 조건들을 이야기하면서, 그가 스위스의 고산지대에 있는 초지가 잘 운영되는 사례들을 보여주기도 합니다. 그가 말하는 것은 명시적이지 않은 상호 감시와 상호 처벌, 호외성 등이 엮여 들어가니까 소통이 되고, 소통이 제대로 되는 곳에서는 공공재가 제대로 관리되더라는 것입니다. 그런데 그중에서 몇 가지 메커니즘이 무너지면 소통을 안 하고 일회성의 이익 극대화 전략으로 나가면서 자원 체계가 망가진다고 말합니다.

한경구 : 신뢰 사회라는 것은 쉽게 용서하지 않고 잘못을 오래 기억해서 반드시 보복하는 사회라고 생각합니다. 절대로 한 번에 죽일 수 없는 사회, 즉 반복게임이 되는 곳은 손해는 입히지만 상대방이 죽지 않기 때문에 기억했다가 다시 보복할 수 있는 곳인데, 이런

곳에서는 내가 상대방을 공격하더라도 다음에 돌아올 것을 생각해서 적당하게 행동하게 됩니다.

엄정식 : 그런데 저는 성찰적 민주주의를 조금 다른 식으로 이해했었습니다. 아테네 민주주의는 페리클레스(Perikles)의 시대가 전성기라고 할 수 있는데, 그 당시에 오늘날 쓰고 있는 '바보'(idiot)라는 단어의 어원이 되는 'idiotes'라는 말이 있었습니다. 페리클레스가 이 단어를 특별히 어떤 뜻으로 사용했느냐 하면, 사적 공간에 함몰된 사람들—다른 사람과 이야기 안 하는 사람들—에게 덜된 인간, 못난 인간이라는 의미로 사용한 것입니다. 사회적 동물로서의 인간과는 정반대인 것이지요. 그런데 소크라테스 당대의 사람들은 많이 생각해보지도 않고 막 말을 하고 결국은 싸움질로 끝나거든요. 이런 것에서는 뭔가 건설적인 것이 나올 수 없습니다. 앞에서 한경구 교수님이 '방백'(monologue)에 대해 말씀하셨지만 제가 보기에는 '대화'(dialogue)로 보입니다. 깊이 생각해보면 이상적인 자아와 현실적인 자아, 곧 당위로서의 자아와 욕구로서의 자아가 이분화되고, 이 두 자아가 서로 소통하고 그 이후에 다른 사람과의 소통을 시도하는 것이 순서라고 생각됩니다. 이런 차원에서 보자면 자유주의적 차원은 생각 안 하고 싸움질하는 차원이고, 공동체주의는 이렇게 싸움질하다가 둘 다 손해를 보니까 공동선(common good)을 설정해서 둘이 합의를 보는 것입니다. 그러나 자유주의보다는 좀 더 생각을 한 사람들이 모인 것입니다. 그리고 숙고적 민주주의(deliberative democracy, speculative democracy)는 조금 이상적이긴 하지만 서로 눈만 마주쳐도 통하는, 즉 '이심전심'(以心傳心)과 같이 성숙한 민주주

의가 아닌가 하는 생각이 들었습니다. 또 하나는 소통이 필요 없는 상황이 어떤 상황일까 생각했을 때, 이심전심으로 눈만 보고 모든 것을 이해해도 서로 소통이 없는 경우이지만, 또 하나 전혀 다른 상황은 강력한 권위(authority)—단지 권위주의적인 의미에가 아닌 '정당한 권위'(de jure authority)—가 존재할 때 소통은 필요 없습니다. 왜냐하면 그냥 따르면 되니까요. 이럴 때는 소통이 문제되지도 않는 것입니다. 그런데 이 민주 사회는 그런 권위가 없고 만들어내야 하기 때문에 문제가 발생하는 것 같습니다. 우리 사회는 권위주의 시대가 완전히 무너지지 않았고, 자유주의 시대는 완전히 오지 않은 과도기적 상황이기 때문에 소통의 문제가 심각한 것이 아닌가 생각합니다.

임성호 : 저도 동의합니다. 조금 부연하면, 조금 전 류석진 교수님의 지적도 일리가 있습니다. 서로 소통하면 더욱 대립으로 치닫게 될 수도 있습니다. 그런데 적어도 정치 과정에서는 소통이 안 되었을 때 행복한 결말보다는 오히려 더 대립으로 치닫게 될 가능성이 커지게 됩니다. 그리고 더 중요한 것은 소통이 안 되면 결국 강자에게 유리하게 된다는 것입니다. 소통하지 않으면 기득권 세력에게 제일 좋은 것입니다. 그러니까 약자일수록 오히려 소통하려고 노력해야 합니다. 예를 들어 대통령과 의회 간의 관계를 생각해보지요. 이상적으로 보면 의원들끼리도 소통하고 대통령과 의원들끼리도 소통을 해야 하는데 대통령은 소통을 안 합니다. 대통령의 입장에서는 골치 아픈 국회에 법안을 끌고 가려고 하지 않습니다. 대신 대통령은 국회를 피해 갈 수 있는 굉장한 무기인 행정입법을 사용합니다. 예전에 여소야대일 때와 여대야소일

때를 비교해보면, 여소야대일 때 행정입법의 수가 크게 증가합니다. 그래서 정치적인 차원에서 소통을 하지 않으면 좋은 의미의 권위가 아니라 나쁜 의미의 권위적 성격이 특정 정치집단에게 더 많이 생겨나는 비극이 벌어질 것입니다.

이대일 : 소통의 사전적 정의는 '서로 막힘없이 잘 통함'이라고 나와 있습니다. 임성호 교수님께 질문을 드리고 싶은 것은 선생님이 설명하신 세 개의 패러다임 중에서 첫 번째 것과 두 번째 것 사이에 소통이 가능한가라는 것입니다.

임성호 : 제가 생각하기에 어려운 것 같습니다. 근본적으로 첫 번째 패러다임을 가진 사람들은 자신의 이익 혹은 이해관계가 고정되어 있다는 대전제에서 시작하고, 두 번째 패러다임을 가진 사람들은 다른 대전제에서 시작하기 때문입니다.

이대일 : 인간이 사회적인 동물인 한 대화를 멈출 수는 없는 것이고, 소통을 통해서 가치관이나 현실적인 무엇을 서로 공유하는 것이 바람직한 소통으로 보입니다. 그런데 오늘 이야기를 들으면서 소통의 기본적인 조건은 대화나 언어가 아니라 문화적인 것이 아닐까라는 생각이 듭니다. 한경구 교수님이 말씀하신 일본 대화의 특징은 한국이나 인도의 농촌 사회 모두에서 발견되는 것이기보다는 직관적으로 일본문화 특유의 것처럼 보입니다. 만약제 의견에 동의하신다면 소통의 문제를 해결하는 것이 제도를 만드는 것에서 시작할 수는 없을 것 같습니다. 한국학에서 보면 우리나라 사람들은 일본이나 중국 사람들과 달리 어떤 규칙이나

격을 잘 지키지 않습니다. 그래서 '파격'(破格)이라는 아주 독특한 개념이 나옵니다. 추사 김정희가 중국에서 주목받은 것도 바로 글자를 뒤집어 써버리는 것과 같은 극적인 파격 때문이었습니다. 규칙에서 잘 벗어나지 않던 중국 사람들이 충격에 휩싸여 주목하게 된 것입니다. 동양화에는 그런 예들이 정말 많습니다. 저는 소통 부재에 대한 한국적 현실들이 이번 시간에 많이 나왔는데, 이것을 푸는 문제는 새로운 제도보다는 우리 문화나 역사에 대한 반성 속에서 가능할 것 같습니다.

임성호 : 문화적인 가치관, 역사와 전통 속에서 우리의 행동이 규정된다는 이대일 교수님의 말씀에 동의합니다. 다만 문화를 하루아침에 고치기는 어렵습니다. 그래서 문화의 중요성을 알고 있지만, 그럼에도 제도적인 수단을 찾았을 때 조금이나마 문화를 바꿀 수 있을 것이라는 생각이었습니다. 그래서 방점을 좀 더 제도 쪽에 두는 게 좋을 것 같다는 것이 제 생각이었습니다. 또 엄정식 교수님께서 정치가의 진정성에 대해 말씀하셨는데, 제가 생각하기에 국회의원들 한 명 한 명은 대단히 진정성이 있는 사람들인 것 같습니다. 다만 현 제도에서는 정당으로부터 공천을 받아야만 살아남을 수 있기 때문에 똑똑하고 진정성 있던 사람도 국회에 가면 달라진다고 생각합니다. 그래서 개인의 진정성을 발휘하는 것을 가로막는 제도가 있다면, 그런 제도들을 없애는 것이 문화를 바꾸는 데 좀 더 도움이 될 수 있지 않을까 생각합니다.

이대일 : 그 점에 대해서는 저 또한 매우 동의합니다.

류석진 : 앞에서 소통의 주체를 누구로 봐야 할 것인지에 대해 이야기했는데, 문화는 정치인들에게만 국한되는 것이 아니라 국민 전체에게 퍼져 있는 것입니다. 그런데 국민 전체에게 영향을 미칠 수 있는 제도적 변화는 매우 어려울 것입니다. 그래서 제도적 변화는 기득권에게 강제로 많은 것을 시킬 수 없더라도 원래부터 가지고 있던 역할만이라도 제대로 할 수 있게 만드는 쪽으로 초점을 맞춰야 한다고 생각합니다. 또 이런 생각도 해봅니다. 예를 들어 TV 토론방송을 보면 정말 답답합니다. 자리를 양쪽으로 두세 명씩 앉혀놓는데, 이런 구도에서는 어느 쪽에서 무슨 이야기를 할지 시청자는 이미 충분히 예상할 수 있습니다. 이런 토론을 보면서 시청자들은 자신의 생각을 점검하고 때로는 자신의 판단을 바꾸기보다는, 오히려 자기의 주장을 강화시킵니다. 토론을 하면 그 중간 입장도 있을 수 있는데, 그런 것은 전혀 나오질 않습니다. 그리고 이렇게 양쪽으로 갈려 있는 형태는 때로는 내용을 결정해버리기도 합니다.

한경구 : 그러한 토론 방식도 의미가 있다고 생각합니다. 편을 찬성할지 반대할지 추첨으로 정해서 하다보면 동일한 주제에 대해서 준결승에서는 찬성하다가 결승에서는 반대편을 해야 할 수도 있습니다. 이런 것에서 논리(logic)라는 것이 무엇인가를 배울 수도 있습니다.

엄정식 : '대화'(dialogue), '논리'(logic), '언어'(language), '합리성'(rationality)의 어원은 같습니다. 바로 '로고스'(logos)라는 말입니다. 이 로고스의 아이디어는 발화되면 언어가 되는데, 그렇다고 아무

뜻도 없이 '어버버' 한다고 해서 언어가 되는 것이 아니라 하나의 '명제'(proposition)를 담아야만 비로소 언어가 됩니다. 그 명제가 의미 있는 이유는 객관적인 사실을 담았기 때문입니다. 그런데 우리가 객관적 사실을 제대로 담지 못하기 때문에 '대화'(dialogue)를 하는 것입니다. 서로의 언어가 담고 있는 객관적 사실을 비교해보기 위해서입니다. 그런데 이렇게 대화를 나누다보면 서로 잘못 담고 있을 수도 있고 한쪽만 잘 담고 있을 수도 있습니다. 그래서 희랍 사람들의 사고에서 재미난 것은 서로 편을 가르기 위해서 대화를 하는 것이 아니라는 것입니다. 대화가 끝났을 때 승자는 그 어떤 사람도 아닌 '로고스 자체'입니다. 우리는 로고스의 승리를 위하여 사제 노릇을 하고 있는 것입니다. 이 개념이 '대화'(dialogue)의 기본 개념입니다. 만약 대화하면서 우리 둘 중 하나가 이겨야 한다고 생각한다면, 이 개념은 한층 좁아지고 타락한 것이 됩니다. 내가 반드시 이겨야 한다고 생각한다면 대화를 할 필요가 아예 없어지는 것입니다.

윤평중 : 한국 정치의 현실에 대해서 개탄하지만, 길게 보면 선진국들도 다 밟아왔던 길입니다. 우리는 민주주의 자체가 압축 성장을 해왔기 때문에 적어도 한 세기는 지나야 제대로 된 정치현실이 만들어질 것 같습니다. 그러나 너무 좌절할 필요는 없을 것 같습니다. 어쨌든 차이는 엄존하는 것 같습니다. 세계사의 흐름을 보면, 민주주의 · 자본주의 같은 현대 사회의 표준이나 학문 공동체의 규범이라는 것을 가장 체계적으로, 그리고 연속적으로 쌓아 올린 문명은 결국 서구 문명입니다. 우리가 서구 문명의 한계에 대해 냉철하게 지적하면서도, 그 문명이 인류 보편사적으로 공헌

한 점에 대해서 무시하거나 과소평가하게 되면 지적인 위선으로 치닫게 될 것 같습니다. 소통에 있어서 '이심전심'(以心傳心)이나 '염화시중'(拈華示衆)과 같은 경우가 분명히 존재하지만, 이것들은 너무나 희귀한 경우의 예외적인 사례라고 생각합니다. 그래서 소통이 이루어지기 위해서는 말을 해야만 합니다. 즉 자신의 입장을 체계화 · 정교화시켜야 하고, 논점을 밝히고 자신의 이해관계와 다른 입장과의 차이를 분명히 밝히고, 서로 다투어서 합의점에 도달해야 하는 것입니다. 그래서 저는 소통이라고 하는 것은 '언어적 의사소통'(verbal communication)이 핵심이 될 수밖에 없다고 생각합니다. 너무 이심전심 · 염화시중 같은 것을 강조하게 되면, 문화특수주의나 신비주의로 치닫게 되는 것이 아닌가 생각합니다. 물론 언어적 의사소통의 한계라는 것이 분명 있지만, 가족이나 연인처럼 아주 가까운 사이에서도 이심전심 같은 소통이 항상 가능한 것은 아닙니다.

엄정식 : 오늘 임성호 선생님이 실마리를 좋게 풀어줘서 제대로 이야기를 할 수 있었습니다. 감사합니다. 오늘은 여기서 마치도록 하겠습니다.

문 진 포 럼 3

문화와 소통

토론자 (가나다순)
김광수 (한신대, 철학)
엄정식 (서강대, 철학)
이기상 (한국외대, 철학)
이대일 (명지대, 디자인)
이덕환 (서강대, 화학)
이정모 (성균관대, 심리학)
한경구 (서울대, 인류학)

때 / 곳
2011년 4월 25일
문진연구센터 회의실

엄정식 : 세부 전공은 다르지만, 오늘 모이신 분들 모두 크게는 문화에 관심이 있으신 것 같습니다. 인지문화학 · 문화콘텐츠 등 문화학 전공자들이 모여 재미있는 논의가 이루어질 수 있을 것 같습니다. 토론 이전에 설명을 잠시 드리자면, 과학기술 분야와 인문 · 사회과학 분야에 대해서 끊임없이 매달 자유토론의 형식으로 토론을 하고 있습니다. 이번의 주제는 '문화와 소통'입니다. 이에 대해 자유롭게 논의하시되 우선 이기상 선생님께서 실마리를 풀어주시면 감사하겠습니다.

문화, 타자성, 소통

이기상 : 문화라는 것은 18세기 이후 중요한 개념으로 등장했으며 19세기에 들어서서 굉장히 돋보이는 개념으로 발전하게 됩니다. 그러나 지금 우리가 쓰고 있는 문화라는 개념이 형성된 것은 20세기 말에서 21세기 초라고 볼 수 있습니다. 이 시기의 문화는 근대의 문화적인 큰 흐름인 개인이 중심이 되어 개인의 가치관인 자유 · 평등 · 인권 · 사회정의 등에 관심을 기울입니다. 즉, 개인이 중심이 되어 사회권이 발전한 것이 문화입니다. 저는 다른 문화권으로 서양 문화가 유입되는 과정을 문화인류학적으로 연구하다가, 이는 단순한 문화인류학적인 차이가 아니라 세계관의 차이였다고 결론지었습니다. 저는 이것을 '눈깔'이라고 봅니다. 서양 문화권이 가지고 있는 눈깔과 한국인이 갖고 있는 눈깔은 눈깔 자체가 다릅니다. 제가 보기에 21세기에 들어가면서 '타자의 문제'가 문화에서 가장 큰 문제로 등장하게 됩니다. 이전에는

서양이 획일화되어 자신이 가지고 있는 문화가 선진문화이고 하느님에게 전수받은 문화이기 때문에 이 문화를 전 세계에 확산시키고자 선교하고 포교한다는 문화제국주의가 19세기에서 20세기 사이에 만연했습니다. 그러나 1, 2차 세계대전에 의해 그 꿈은 무너졌습니다. 제가 보기에 근대적인 것과 탈근대적인 것의 가장 중요한 차이는 문화적 시각에서 가지고 있던 가치관이 무너진 것이라고 봅니다. 그래서 제 생각에는 21세기에 들어와서 인간 자체를 문화적인 존재로 인간의 존재 개념 자체를 바꾸게 됩니다. 제가 강조하고 있는 문화라는 개념은 다음과 같습니다. 인간이 문화적인 존재라는 점에서 우리가 가장 먼저 생각하는 것은 문화가 희망이라는 점에서 논의된다는 것입니다. 지금 정치로 대변되는 정부가 있고 경제로 대변되는 시장경제가 있으며 문화로 대변되는 NGO와 같은 문화시민이 있습니다. 이러한 인간에 대한 축이 현대사회와 같이 맞물려가면서 새로운 차원이 열리고 있다는 것을 강조하고 싶습니다. 그동안 인간에 대한 다양한 정의가 있어왔는데, 이 정의들을 살펴보면 인간을 모두 문화적인 존재로 부각시키고 있다는 점을 말씀드릴 수 있습니다. 이렇듯 문화적인 존재로 인간을 규정했을 때, 가장 중요한 것은 '소통'이라고 생각해보았습니다. 인간의 문화적인 발전을 살펴보았을 때, 돌을 들어 도끼를 만들기 시작하면서부터 인간은 생물학적인 존재에서 문화적인 존재가 되었습니다. 그것은 도구적인 존재, 기술적인 존재가 되는 것입니다. 인간의 문화사 · 문명사를 보면 한편으로는 도구와 기술로 연결되는 에너지의 역사 · 과학기술의 역사와 같은 문명 차원에서의 큰 흐름이 있고, 다른 한편으로는 문화가 전개되어가면서 인간이 어울려서 살기 때문에 일어나는 소통의 변화 · 소통의 구조가 바뀌어간다는 것입니다. 그래서 저는 인간의 문화사를 되짚어보면 한쪽으로는 기술 · 엔트로피 · 에너지 차원이 있고, 하나는 소통구조의 변혁이라는 또 하나의 큰 차원이 있다고 봅니다. 그렇기 때문에 문화사를 구별하는데도 이 두 가지가 맞물려 있다고 봅니다. 소통의 차원에서 본다면 그것은 처음에는 신화적인 소통구조인 그림문화였으며, 그 다음의 고대 · 중세는 구술문화, 근대 이후는 인쇄문화 · 문자문화로 볼 수 있습니다. 그 이후 20세기 후반부터는 영상문화라고 볼 수가 있습니다. 이렇듯 소통의 변혁이 일어나면서 문화의 차원이 달라졌다는 것을 알 수 있습니다.

소통이라는 개념을 보았을 때, 소통에는 소통의 상대자가 있습니다. 소통이 지시하고 있는 어떤 사물 · 사태 · 사건이 있고, 사물 · 사태 · 사건에 대해서 의미를 부여하는 그 무엇에 관해 이야기한다면 그것은 정보와 콘텐츠라고 볼 수 있습니다. 여기에서 이제까지 소통에 고려해 넣지 않았던 것이 '타자성'입니다. 소통에는 항상 나와 생각을 달리하는 사람이 있고, 다른 사람에게 정보를 주고 지식을 주고 콘텐츠를 줘서 그 사람을 유혹하고 설득하여 나와 같은 생각을 공유하도록 만든다는 점이 이전의 소통과 큰 차이입니다. 이것을 근대에서는 '계몽'이라는 이름으로, 즉 아는 사람이 모르는 사람을 가르친다고 보았습니다. 한쪽이 유리한 쪽이 되어, 즉 엘리트가 엘리트가 아닌 사람들을 이끌고 나아간다고 했을 때, 소통의 단계에는 두 사람이 상호주관적인 입장에 놓이게 됩니다. 그러나 누가 진리를 가졌다고 이야기할 수는 없습니다. 서로 누구의 것이 더 의미를 가진다고 이야기할 수는 있지만, 내가 주장하는 것은 진리이고 네가 주장하는 것은

'비진리'(非眞理)라는 전제는 없습니다. 소통이라는 것은 항상 열린 자세로 상대방의 이야기에 귀를 기울이는 것입니다. 그렇기 때문에 21세기에 들어서도 여전히 소통이 문제가 되는 이유는 타 문화의 가치관 · 문화관 · 세계관이 틀렸다는 이유로 자신이 가지고 있는 시각에 보편주의라는 포장을 씌운다는 것입니다. 타문화의 특수성을 이러한 보편성 속에 끌어들여 자신들이 갖고 있는 세계관을 전 세계에 퍼지게 했기 때문에 하나의 지구촌 시대가 된 것입니다. 여기서 소통을 이야기하면서 또 하나 중요하게 구분할 것은 '정보와 소통의 관계'입니다. 이제껏 정보가 많이 유통되면, 소통이 잘 된다고 생각을 했습니다. 정보의 흐름, 정보의 양, 이런 것에 따라 소통이 원활하게 이루어진다고 보았습니다. 그러나 21세기에 들어서 정보의 폭주, 정보의 범람 속에서 과연 소통이 제대로 이루어지고 있는가를 생각해볼 때, 전자와 후자는 별개의 것이라는 생각을 가지게 됩니다. 소통에서 중요한 것은 다른 의견을 가지고 있는 사람을 시간이 걸리더라도 그 사람의 입장으로 내려가서 그 사람의 언어로 그 사람을 설득을 시키려는 노력입니다. 저는 이 사회에서의 소통의 부재가 모든 갈등의 원인이라고 봅니다. 문화는 소통이라고 이야기했을 때, 제가 가장 중요시하는 것은 바로 '인간끼리의 소통이 되어야 한다'는 것입니다. 인간끼리 소통이 되어야 한다는 것은 '선의'(善意)만 있다고 되는 것이 아닙니다. 이 선의가 소통을 통해 서로 공유가 되지 않으면 문제가 해결되지 않는다는 것입니다. 저는 이것을 우리 사회의 한 단면으로 봅니다. 현재 우리 사회는 무시무시한 갈등 속에 있습니다. 이 갈등은 선의를 가지고 소통을 해결하고자 하는 노력을 안 하기 때문입니다. 세대 간의 갈등, 부자간의 갈등, 교육계에서의 갈등 등, 이 모든 갈등은 결국은 소통이 되지 않기 때문입니다. 소통이 왜 중요한지에 대한 이야기를 여기까지 말씀드리도록 하겠습니다. 여러 선생님의 의견을 들어보도록 하겠습니다.

인간문화의 존재론적 측면

엄정식 : 전반적인 개념부터 말씀해주셨는데 이제 자유롭게 의견을 나누어보도록 하겠습니다.

김광수 : 저는 문화를 존재론적으로 생각해보았습니다. 이 표현은 제가 처음 사용한 것 같습니다. 문화가 존재론적으로 어떤 위상을 차지하고 있는지에 대해서 규정되어야 우리 인간을 설명할 수 있을 것 같습니다. 특히 현대사회는 유물론적 세계관인데, 이러한 세계관 속에서 문화가 존재론적으로 어떤 위상을 차지하고 있는지가 밝혀져야 문화라는 것이 무엇인지 생각해볼 수 있을 것 같습니다.

저는 인간이 어떤 존재인가에 대해 '인간 존재론'을 공부하면서 물리주의에 반대하는 견해를 가지게 되었습니다. 핵심은 인간은 '물리법칙의 산물인데, 물리법칙으로는 나올 수 없는 것이 인간으로부터 나온다'는 것입니다. 인간으로부터 나오는 것은 바로 인간의 '정신'입니다. 인간에 의해 만들어진 정신은 자연법칙으로는 나올 수 없는 것들을 만듭니다. 그렇기 때문에 저는 인간을 순수하게 유물론적인 견해로 보지 않습니다. 존재하는 것들을 자연물과 인공물로 나눌 수 있다고 보았을 때 자연법칙을 통해서 인공물이 나올 수는 없습니다. 인간의 정신이 개입되어야 가능합니다. 따라서 저는 문화가 인간이 인간정신을 가지고 창출해내는 인공물의 총체라고 생각합니다. 이것이 제가 생각하는 문화존재론입니다.

엄정식 : 지금 김광수 선생님의 입장은 분명히 인지과학에 대해서 직 · 간접적으로 함축을 갖기 때문에 문화를 어떻게 보시는지에 대해서 이기상 교수님께서 다시 말씀해주셨으면 좋겠습니다.

이기상 : 문화란 '‘사이-존재’로서의 인간이 자연 속에서 기호와 상징을 사용해 다른 존재하는 것들과 맺는 자유로운 소통과 그 산물'이라고 임시로 정의를 내려보았습니다. 사이-존재로서의 인간을 동아시아적인 인간관으로 생각을 해보겠습니다. 저는 '공간-시간-인간-천지간'이라는 사이-존재로서의 인간을 생각했는데, 이는 김광수 선생님께서 말씀하신 것과 같은 이야기입니다. 결국 인간이 자연 속에 내던져져서 자연 속에 있는 존재로서 자연을 자기 삶에 맞추어서 바꾸어나가는 것이 문화라고 볼 수 있습니다. 그렇기 때문에 문화란 '물리 · 화학적 단계 → 생물학적 단계 → 인간이 가지고 있는 신체적인 단계 → 인간과 인간과의 관계인 사회적인 단계 → 정신적인 단계'로 구분될 수 있습니다. 이러한 것들은 모두 자연 속에 인간이 무엇을 활용해서 어떻게 사용하는지에 달려 있다고 봅니다. 물리 · 화학적인 단계에서의 인간이 만들어낸 문화는 삶의 편리를 위한 것으로 볼 수 있습니다. 그 다음 단계인 사람과 사람과의 관계를 이야기할 때, 이는 사

회적인 존재와 개인적인 존재와의 문제, 즉, 자기 정체성의 문제가 될 것입니다. 사회란 무엇인가, 거기에서 나는 무엇이고, 나는 누구이고, 나의 역할이 무엇인지에 대한 물음을 사회 속에 던져야 하기 때문에 이것은 문화적인 존재가 나의 고독을 어떻게 풀어나갈 것인가, 내가 사회 속에서 어떤 역할을 해야 보람 있는 삶을 사는가와 같이, 자연 속에 던져진 인간이 자연을 바꾸어가는 과정은 다른 생물들과는 다르게 다차원적으로 보여질 수 있는 것입니다. 이는 다음과 같이 정리해서 볼 수 있을 것 같습니다.

* 넓은 의미의 소통은 힘과 정보의 교류 · 보존 · 축적 · 확산이다.
* 소통의 양식에 따라 소통의 주체는 분자(원자) · 세포 · 몸 · 마음 · 정신 · 영혼으로 나타난다.
* 정보는 다양한 차원에서 전개되는데, 그 교류 방식과 상대에 따라 물리정보 · 유전정보 · 감각정보 · 언어정보 · 직관정보로 분류될 수 있다.

이런 것들은 조금 전에 김광수 선생님께서 말씀하신 것과 같이 인간은 물리적인 차원뿐만이 아니라 다차원적인 존재로, 다차원적으로 인간이 자연 속에서 살면서 진화하며 사는 과정은 문화적인 발전의 과정과 맞물려 돌아간다고 이야기할 수 있습니다. 저는 이 모든 것이 결국 소통과 관련된다고 봅니다. 인간의 물리학적 · 생물학적 · 사회학적인 차원에서의 소통은 밑바탕에 깔려 있는데, 지금까지는 소통이라는 구조에 크게 관심을 갖지 않았습니다. 지금 소통이 중요하게 대두되는 것은 우리가 사는 사회가 매체의 시대이고 문화 다원성의 시대이기 때문이 아닐까 싶습니다.

'사이-존재'로서의 인간

한경구 : '사이-존재'라는 표현을 쓰셨는데요, 이 표현은 선생님께서 쓰시는 개념이신가요?

이기상 : 동아시아적으로 가장 중요한 것은 '시간-공간-인간-천지간'입니다. 이것을 구조적으로 고찰한 사람이 없었습니다. 제가 15년 간 다석 유영모(多夕 柳永模) 선생님을 공부했는데요, 유영모 선생님께서 인간을 우리나라 말로 풀어 쓰면서 공간을 '빈 사이', 시간을 '때 사이', 인간을 '사람 사이', 천지간을 '하늘과 땅 사이'라고 부르게 됩니다. 모든 것이 인간이 펼쳐나가는 사이, 인간 삶의 공간에서 만들어나가는 공간을 확장시켜나가고 개발해나가는 그런 것으로 봅니다. '사람 사이'란 사람과 사람 사이에서 어떻게 교류하고 실천 · 도덕 · 윤리 · 관습 등을 만들어나가는지에 대한 사람 사이의 문제입니다. '때 사이'는 나의 뜻을 어떻게 후대에 전하는가의 문제, 천지간은 '하늘과 땅 사이'에서 영적인 차원에서의 문제로 봅니다. 저는 다석 유영모 선생의 이러한 인간관을 제 나름대로 정리하고 체계화시켰습니다. '빈 사이'는 감성의 차원과 밀접하게 닿아 있고, '사람 사이'는 지성의 차원에서, '때 사이'는 이성의 차원에서, '천지간'은 영성의 차원에서 맞닿아 있는 것으로 보았습니다. 그래서 저는 인간이라는

것은 감성 · 지성 · 이성 · 영성의 차원의 존재인데, 문화적인 존재로서 인간은 이 네 가지를 통합적으로 보아야 한다고 생각합니다. 그동안은 인간의 이성의 측면만을 강조했는데, 이것은 동아시아적 인간관에서는 맞지 않습니다. 동아시아적인 인간관은 이 모든 것을 아울러서 통합적인 시각을 마련하고자 노력한 것입니다. 여태 우리는 인간을 이야기할 때 서양 사람들이 생각하는 인간으로 보았습니다. 하이데거(M. Heidegger)는 우리가 인간에 대해서 이야기할 때 다음의 두 가지의 전제를 갖는다고 봅니다. 하나는 '이성적인 동물'이라는 것이고, 또 하나는 '하느님의 모사'라는 것입니다. 하이데거에 따르면 우리는 인간이라는 개념을 생각할 때 이러한 두 가지 차원의 선입견을 갖습니다. 그렇기 때문에 하이데거는 『존재와 시간』에서 '인간'이라는 개념을 사용하지 않습니다. 왜냐하면 인간을 생각할 때, 이러한 선입견을 갖기 때문에 다른 논의가 전개되지 않기 때문입니다. 이러한 이유로 하이데거는 인간을 '다자인'(Dasein), 즉 '현존재'로 규정합니다. 이렇듯 하이데거는 인간이라는 규정이 이미 철학적인 규정이 아니라 이성적 동물이라는 생물학적인 규정, 하느님의 모상이라는 신학적인 규정이라고 봅니다. 그렇기 때문에 이런 접근이 아니라 인간을 인간의 현상으로서 보고자 하이데거가 내세우는 것이 '세계 안에 있음', '세계 내 존재'라는 규정입니다. 그래서 저는 하이데거가 20세기에 들어서서 인간에 대한 규정을 새롭게 하려고 했을 때 서양 문화권에서의 인간에 대한 규정은 문제가 있음을 지적했음에도 불구하고, 우리는 서양에서 문제가 되고 있는 규정을 아무런 반성도 없이 가져다 쓴다는 점을 지적하고 싶습니다. 동아시아에서도 인간에 대한 규정이 있었습니다. 그 규정을 반성을 통해 제가 지금 말씀드렸듯이, 사이 존재로 인간을 규정하고자 합니다. 이렇듯 사이 존재로 인간을 규정하면 매체의 시대, 사이버 시대, 가상현실 시대에서의 인간에 잘 맞는 것 같습니다.

한경구 : '인간'이라는 개념을 동아시아에서 언제부터 사용했나요? 선생님의 말씀에서 인간은 두 가지로 나누어볼 수 있을 것 같습니다. 하나는 인간세상에서의 인간이고, 또 하나는 'Human'이라는 것을 이야기하시는 것 같습니다.

이기상 : 용어가 언제부터 사용되었는지는 중요한 것이 아니고 인간의 본질적인, 구조적인 차원을 어떻게 사용했는지 주목하는 것이 중요하다고 생각합니다.

한경구 : '인간'이라고 할 때 이는 '사이'가 되니, 세상 속에 던져진, 혹은 사회 속의 인간을 같이 생각하게 되는데, 서양철학에서는 인간에 대한 개념, 즉 개인을 두고 인간을 이야기할 때 반성이 생기는 것 아닌가요? 동아시아적인 관념이라고 할 때, 동아시아에 정말 그런 관념이 있었는지, 그런 개인적 존재와 집단과의 관계라는 긴장관계가 정말로 있었는지에 대해서 의문이 생깁니다.

이정모 : 저는 필요 없지 않았나 싶습니다. 불교에서의 '인'(人)이라는 개념에서는 이미 타자를 다 포함하고 있습니다. 구태여 '간'(間)을 쓸 필요가 있었을까요?

한경구 : ‘人’이라는 문자 자체도 둘이 의지했다는 것이기 때문에 문자만 가지고 이야기를 하면 동양은 이미 사회적 존재로서의 인간의 역할을 이야기했다고 할 수 있습니다. 그런데 정말로 그런 개념인지 생각해보면 좋을 것 같습니다.

김광수 : 이기상 교수님, 사이 존재로서의 인간의 정체성은 어떻게 됩니까? 한 사람이 그 사람일 수밖에 없는 정체성은 어떻게 규정합니까?

이기상 : ‘빔 사이’에서의 나의 존재는 ‘몸’입니다. ‘사람 사이’의 나의 존재는 ‘마음’입니다. ‘때 사이’의 주체는 나의 ‘뜻’입니다. ‘하늘과 땅 사이’의 주체는 ‘얼’입니다. 그래서 저는 ‘몸－나’, ‘마음－나’, ‘뜻－나’, ‘얼－나’, 이 네 차원으로 나눕니다.

김광수 : 그런데 몸이라는 것에 ‘몸－사이’라고 하는 이유가 무엇입니까? 비어 있다는 ‘빔’입니까? 몸이라는 표현으로 우리는 소통이 잘 되고 이해가 되는데, 사이라는 말을 사용함으로써 달라지는 것이 무엇입니까?

이기상 : 공간이 없이는 인간의 몸이 있을 수 없습니다. 그렇기 때문에 몸의 차원에서 볼 때 빔 사이가 따라 나오는 것입니다.

한경구 : 공간이라는 개념은 근대에 들어와서 만들어진 것이 아닙니까?

이기상 : 학문에서는 사태를 표현하기 위해 이제까지의 사태를 문제에 포

괄적으로 지칭하다가 전문화가 되면 다각적 · 구조적인 차원으로 봄으로써 나누어지게 됩니다. 옷도 마찬가지입니다. 옷도 복잡해지면 옷에 대한 표현들이 복잡해집니다. 유영모 선생은 다음과 같이 말합니다. '공자의 뜻은『논어』에 달려 있는 것이고,『논어』가 있기 때문에 우리는 관자의 뜻을 안다'는 것입니다. 즉 인류는 자신의 유한적인 몸은 죽지만, 죽은 몸 뒤에도 나의 생각을 뜻으로 담아 후대에 남기려는 욕구가 있다는 것입니다.

자연과 문화의 관계

엄정식 : 철학계에서 이기상 선생님은 순수한 우리말로 철학하자는 운동을 하시는 분입니다. 우리는 이것을 문제삼을 필요는 없을 것 같습니다. 오히려 그보다는 자연이라는 개념에 대비되는 개념으로 문화라는 개념을 쓸 수 있는지가 문제입니다. 김광수 선생님이 말씀하신 바와 같이, 자연이 아무리 진화해도 자연 스스로는 핸드폰을 만들 수 없습니다. 저는 이 지점에서 이정모 선생님의 말씀을 듣고 싶은데요. 자연과 문화를 고정적으로 규정하는 것은 상식적으로는 맞지만, 이것이 존재론적인 접근이기 때문에 인지과학의 입장에서는 그렇게 안 볼 수 있을 것 같은데요. 이에 관한 어떤 이론이 있나요?

이정모 : 인지과학의 중요한 논의는 거의 철학에서 왔습니다. 하이데거, 메를로퐁티(M. M. Ponty)는 '우리는 프레임이 아니다. 그리고 우리는 몸-환경이 총합된 것이다'라고 말합니다. 여기에서 인지

과학으로 들어오는 인간 개념은 '몸—마음'이 아니라, '몸—환경'으로 상당히 바뀌고 있습니다. 이때 도대체 인간의 마음이 왜 생겨났는지 의문이 생깁니다. 동물들은 마음이 없습니다. 그러나 인간은 정보처리를 더 잘하고 효율적으로 하기 위해서 발달하다보니 마음이 생겨났습니다. 그중에서 다른 동물에게 없는 인간에게 고유한 것이 바로 인간의 '내러티브'(narrative)입니다. 내러티브적인 인간의 마음을 쏙 빼버리면 문화나 소통을 이야기할 때 이것을 가능하게 하는 인간의 마음을 존재론적으로 이야기해야 하고 환경까지 다 연결해서 이야기를 해야 합니다. 저는 두 분에 대한 반론을 하는 것이 아니라 자연과학은 몸 중심, 프레임 중심의 인지과학으로 밀고 나왔지만, 이제는 그것으로 다 설명하지 못하기 때문에 제2의 것을 통해 설명해야 합니다. 이때 제2의 것을 결국 '의미'라고 보는데, 의미라는 것은 인간이라는 존재의 마음이 내러티브적인 특징을 갖기 때문에 생겨납니다. 따라서 의미가 생겨난 것의 일부가 마음이고 이를 통해 소통한다고 생각합니다. 김광수 교수님께서 논리적으로, 합리적으로 생각하는 것만이 인간의 개념은 아니라고 보시는데, 저 역시 인간 마음의 본질이 논리적·합리적인 것이 아니고, 인문학적인 내용, 인공물적인 내용을 가진다고 봅니다.

이덕환 : 문화를 자연과 대비시켰는데, 그 맥락에서 문화를 이기상 선생님께서 말씀하신 물리학적·생물학적·사회적·영성적으로 나눈다면, 물리적·생물학적 측면은 확실히 자연의 법칙의 범주 안에 머물러야 합니다. 그런 면에서 문화의 생물학적·물리학적인 측면은 자연과 분리가 불가능한 것이 아닌가 싶습니다. 이것

이 이정모 선생님께서 말씀하신 마음의 문제와도 같은 맥락이 아닌가 싶습니다.

김광수 : 저는 자연은 자연법칙의 산물로 보는데, 이러한 자연법칙으로 나올 수 없는 문화적 산물들을 구별해서 볼 수 있습니다. 정신이 자연과 별개라는 것은 우리가 명백히 구분할 수 있습니다. 다만 인간의 내러티브(narrative), 인간이 자연을 보며 자연에 대해 이야기하는 것을 문화로 볼 수 있지 않을까요?

이덕환 : 내러티브도 결국은 자연법칙의 범위를 벗어날 수 없다는 말씀이신가요?

이정모 : 그렇지 않다는 것입니다. '의미'는 문화와 사회와 연결된 것입니다.

이덕환 : 제 질문은 문화의 물리적 측면과 생물학적 측면이 구체적으로 무엇을 의미하는 것이냐는 것입니다. 예를 들어 휴대폰 역시 인간 문화의 산물이지만 휴대폰은 확실히 물리법칙 아래에서 작동하는데, 이 경우는 어떻게 보아야 하나요?

이정모 : 그것이 인간에게 관련이 되는 것은 그것에 인간이 의미를 부여하기 때문입니다.

김광수 : 철학자들의 논쟁 중에서 관련된 예를 들 수 있겠습니다. 예컨대 그림은 물리적 대상입니다. 물리적으로 보면 전혀 문제가 없는

듯한 현상입니다. 모든 것이 물리적인 것에 수반된다는 굉장히 강한 논의가 이루어졌습니다. 이것이 수반이론인데 지금은 수반이론이 퇴조한 상태입니다. 이것이 물질이라는 것, 물리적인 성분으로 되어 있다는 것은 분명하지만, 인간의 정신이 개입해서 자연을 이와 같이 변형시킨 작용을 한 것입니다. 물질 자체는 인간이 만들어낼 수 없지만 변형시키는 것은 인간이 합니다. 분명 핸드폰도 분명히 물리법칙이 그 안에 작동합니다. 그러나 물리법칙에 의해서 생성된 물질은 그런 방식으로 작동하게 되어 있지만 바로 그러한 방식으로 변형시킨 것은 인간입니다.

타자성과 소통의 관계

한경구 : 이기상 교수님께 묻고 싶습니다. 문화는 타자의 문제이고 타자의 문제는 21세기의 문제라고 말씀하셨는데, 자아에 관한 인식이 타자의 존재에 의해서 성립하듯이 저는 문화와 관련된 문제 자체가 타자를 가지고 등장한 것이 아닌가 생각합니다. 문화와 자연을 구분하셨는데, 또 하나 중요한 점은 문화와 문명을 구분해야 한다는 것입니다. 특히 독일의 쿨투어(Kultur) 개념은 정치 · 경제 · 문명적으로는 프랑스에 비해 뒤지지만, 우리에게도 나름대로 무엇인가 있다는 타자성을 가지고 등장한 개념입니다. 커뮤니케이션이라는 것은 문화를 공유하는 사람들의 소통입니다. 타자라는 것은 코드와 상징을 공유하지 않는 사람들과의 소통입니다. 이것은 선생님께서 지적하신 21세기적인 문제가 아니라 문화라는 개념 자체가 만들어놓은, 강화시켜놓은 개념이 아

닌가 싶습니다.

이기상 : 타자성의 문제는 철학자들이 예전부터 다루었던 문제입니다. 자연 자체도 타자입니다. 자연을 내 의지에 맞춰 바꾸어나가는 것도 벌써 자연에 대해서 타자화시키는 것입니다. 헤겔(G. W. F. Hegel)에게 있어서는 자기 자신을 소외시킨 자연이 대타존재로 등장하게 됩니다. 넓은 의미의 타자성을 내가 아닌 다른 것으로 본다면 타자성은 일찍이 수정이 되었을 것입니다. 인간이라는 존재 자체가 주체성이 있다고 본다면 자기의식에 반하는 모든 것이 타자로 등장하며, 그 타자와 어떤 식으로 교류하고 어떤 식으로 소통하고, 어떤 식으로 의미를 부여하고, 어떤 식으로 공유를 하고, 어떤 식으로 집단의식을 갖는지는 인간이 살아가면서 끊임없이 물었던 것입니다. 21세기에 타자의 문제가 가장 크게 등장했다는 것은 이제까지의 타자의 문제가 크게 확대되었음을 말하는 것입니다.

문화 개념은 처음에는 파이데이아(paideia)로 출발합니다. 인간을 인간답게 교육시킨다는 것입니다. 그리스 시대에는 인간의 인간다움은 명상으로 보았습니다. 그때는 명상적인 삶을 인간다운 삶으로 보았으며 그들은 특권층에 있는 인간이었습니다. 노동에서 배제되고 자연에서 명상만 하는 그런 사람이 인간다운 존재였습니다. 그런 인간 개념에서 축소시킨 것이 문화 개념이며, 이것은 고대 · 중세 시대까지만 해도 그대로 이어져 인간을 그러한 방향으로 훈육시키는 쪽으로 나아갔습니다. 문화는 파이데이아(paideia), 휴머니즘(humanitas)의 전통으로, 한 인간이 자기 존재의 고유하고 진정한 형상(Form)에 이르게 되는 과정, 즉 훈육 · 수련 양성으로 이어졌습니다. 이것이 인간학적인 전통이 되는 것은 한참 시간이 지난 근대에 들어와서입니다. 그리고 근대에 들어서면서 예술이라는 개념이 등장합니다. 예술로서의 문화라는 개념이 르네상스, 계몽시대에 등장한 것입니다. 그 전에는 예술이라는 개념이 없었습니다. 지배층이 필요한 것은 아랫사람들이 만들고 그것을 정교하게 잘 만들었는데, 이것이 문화적인 예술로 된 것입니다. 그 당시 예술은 도구적인 이용이었지 자체 목적이 아니었습니다. 예술이 자체 목적을 갖게 되는 것은 르네상스 이후로, 예술로서의 문화가 그때 등장하게 됩니다. 그러나 아직까지 정치적인 위계질서가 있기 때문에 소통은 힘 있는 사람이 그냥 명령을 하는 것이었습니다. 그 당시의 소통이라는 것은 타자를 의식하지 않는 명령으로서의 소통이 대부분이었습니다. 근대까지만 해도 윗사람이 아랫사람에게 '이러이러하게 하라!'는 것도 소통으로 생각했습니다. 거기에서 타자를 만나지만 타자를 자신과 똑같은 지위, 상대로 본 것이 아니라 아랫사람으로 보는 것입니다. 그래서 소통이라는 것은 있었지만 근대에 와서야 상호 주관성, 즉 주체와 주체가 만나게 되는 것입니다. 타자를 만나게 되었다는 것은 나와 똑같은 주체를 만나는 것입니다. 문명적으로, 문화적으로 뒤떨어진 사람들에게 발달된 문화를 배우라고 우리 문화의 모델을 덧씌우는 것은 타자성을 인정하는 것이 아닙니다. 타자성을 인정하는 것은 문화가 가지고 있는 고유성을 인정하는 것입니다. 그래서 문화에서 가장 중요한 것은 인식틀 · 세계관 · 가치관을 인정하는 것입니다. 타자성을 인정한다는 것은 이러한 독립적인 세계관을 인정해서 나와 똑같은 차원에서의 그 사람을 인정해야 한다는 것입니다.

유럽연합은 탈근대의 모델을 만들고 있습니다. 유럽연합을 만든 이유는 다양한 문화권을 받아들이고 서로 같은 주체임을 받아들이자는 것입니다. 같이 싸우지 말고 같이 토론하자는 것입니다. 유럽에서는 타자성을 '관용', '협상', '공존'이라는 근대와는 다른 개념으로 사용합니다. 소통에는 타자성이, 타자성에는 협상이 있고, 협상에는 관용이 있고, 관용에는 공존을 위한 목표의식이 있는 것입니다. 제 이야기는 타자성을 인정하고 소통을 인정하는 것은 상대방이 다른 세계관을 가지고 있는 것을 관용할 줄 알아야 한다는 것입니다. 그 사람과 나와 동등한 입장에서 서로 협상을 해야 합니다. 각자 자기가 무엇을 의미 있게 생각하고 무엇을 가치 있게 생각하는지를 협상하고 토론하는 것이 필요합니다. 우리가 함께 살아나가기 위해서는 절충점을 찾고 보편적인 합의를 이끌어낼 수 있는 타자성의 원칙이 필요합니다.

김광수 : 타자성을 인정하는 것과 소통이라는 개념과는 조금은 해결해야 하는 문제가 있는 것 같습니다. 관용으로 소통한다는 것이 무엇인지 의심하게 됩니다. 소통에는 '여전히 벽은 놔두고'라는 말이 있습니다. 조금 더 개념을 정리해야 할 필요가 있습니다.

이기상 : 소통의 다양한 차원을 나눈 이유가 바로 그것입니다. 소통에는 방금 말씀하신 물리적인 소통과 생물학적인 소통이 있습니다. 하지만 인간과의 소통에 있어 각자 자기들이 갖고 있는 인생관이 있습니다. 인생관은 우리가 만난다고 뚫리는 것이 아닙니다. 서로의 벽을 인정하는 것은 서로의 자아를 인정하는 것입니다. 그래서 사회 통합이라는 것은 하나의 주류에 모든 사람을 흡수

시킨다는 것, 즉 물리적인 통합과 비슷합니다. 단, 다수와 소수가 있다면 소수 나름의 가치관을 인정해야 합니다.

김광수 : 만일 공존할 수 없는 문화 충돌의 경우 어떠합니까?

이기상 : 공존할 수 없다고 해서 물리적으로 영향력을 행사하면 안 됩니다. 그 전에는 그렇게 했지만, 이제는 소통의 문제가 되기 때문에 그렇게 하지 말아야 합니다.

김광수 : 그것은 소통의 방법론적인 문제입니다. 어떻게 소통을 잘하는지, 무엇이 양립할 수 없는 문화를 서로 충돌하지 않고 서로 인정하게 할 수 있는지가 문제가 됩니다.

한경구 : 소통이 안 되기 때문에 일어나는 문제입니까, 혹은 소통이 되면 될수록 더 한쪽이 더 강압하게 되는 것이 문제입니까?

엄정식 : 이기상 선생님이 말씀하신 것은 미래지향적이고 민주화되는 다원주의의 상황에서 이루어지는 것 같습니다. 소통이 통하는 것이라면 강자가 있습니다. 우리의 입장에서는 북한과 소통이 되지 않는 것으로 볼 수 있지만, 북한의 입장에서는 그 안에서 소통이 잘 된다고 볼 수 있습니다. 소통의 방식과 종류는 다양하게 있습니다. '상소'(上疏)라는 말의 한자어가 한 예입니다. 위에서만 일방적으로 소통을 하니 읍소하면서 신하가 글을 올릴 때 이를 상소라고 합니다. 상소를 그런 관점에서 보면 가장 소통이 잘 안 되는 상태인 것 같습니다. 그런데 이런 상황에서 다 자기주장만

하게 되면 소통은 전혀 이루어지지 않게 됩니다. 우리가 소통 개념을 일단은 좁은 문화적 차원에서 보아야 합니다.

이기상 : 제가 이의를 제기하는 것이 바로 그것입니다. 현대에 들어와서 미디어의 개념이 달라집니다. 매체철학이라는 것이 새로 생겼는데, 여기서 다루는 것이 소위 말하는 커뮤니케이션입니다. 커뮤니케이션 개념 자체가 21세기에 들어와서 차원이 달라지게 됩니다. 선생님께서 생각하시는 소통이 과거에는 그랬는지는 몰라도 소통 개념이 매체가 되는 오늘의 상황에서는 과거에서 다루는 차원에서 다룰 수는 없습니다.

엄정식 : 그 전에는 우리보다 한 수 위의 사람이 정리를 해주었기 때문에 소통이 잘 되었습니다. 지금은 그런 권력이 해체되어서 각자가 자신이 주인이 되어 소통을 하려고 하기 때문에 소통이 잘 되지 않습니다. 이것은 제 개인적인 의견인데요, 이전에는 자아가 약했고 그랬기 때문에 자기가 무슨 생각을 하는지는 크게 중요하지 않았습니다. 하지만 지금은 자아가 강해졌기 때문에 자기와 다른 자아와 충돌이 생기게 되는데, 이것이 커뮤니케이션에서 가장 큰 문제가 되는 것 같습니다. 소통을 차원을 달리하여 저는 늘 다른 사람과의 관계를 소통이라고 보는데, 우선 자기 자신과의 소통이 먼저 되어야 한다고 생각합니다. 정리되지 않은 자기가 혼자 생각하는 것들을 막 뱉은 후에 상대방과 소통이 되지 않았다고 생각하는 경우가 많습니다. 이전에는 강자가 있었지만 지금은 각자가 자신이 주인이 되어서 소통이 되지 않는 카오스 상태로 들어가는 것이 심각한 문제라고 생각합니다. 사회적 차

원으로 넘어가기 전에 심사숙고해서 자신의 생각이 정립되고, 자신의 논변이 정립된 다음에 이야기를 하는 것도 늦지 않습니다. 이것이 소통을 원활하게 하는 하나의 방법이 아닐까 싶습니다.

한경구 : 제게 의문이 생겼던 것은 근대가 일방적이었다고 하신 측면입니다. 제가 학교에서 배우기를 근대는 자아가 주체성을 가지게 되는 시대라고 배웁니다. 민주주의라는 것도 그렇고 프랑스혁명 이후에 유럽 안에서는 상대방을 인정하는 것이 성립하고 타자는 전부 바깥에 있는 것이 되는데, 이를 통해 보면, 근대가 일방적이었다고 보는 것은 상당히 어렵지 않을까 싶습니다. 왜냐하면 유럽 내에서는 이미 서로를 타자화하기도 하다가도 타자화하는 대상들이 전부 외부로 가버리고 내부에서는 서로 이를 인정하고 대화를 하고 서로 존중을 해야만 하는 것이 있기 때문인데, 이것이 21세기적인 현상인지 19세기적 현상인지 의문이 생겼습니다.

이기상 : 유럽인끼리 이야기해서 그렇습니다. 오리엔탈리즘의 반대 입장인 서구주의에서는 자기들끼리 하느님의 백성으로 생각합니다. 그렇기 때문에 타문화권을 발견하면서 처음에는 정복의 대상으로 삼았지만, 더 이상 정복의 대상이 되지 않게 되자 타문화권으로 인정하게 됩니다. 철학적으로는 헤겔 이후 실존주의가 등장하게 되면서 상호 주체의 문제가 부각되는데, 이는 몸의 발견이라고 봅니다. 그동안은 선험적(Transcendental) 주체라는 정신적으로 절대적인 자아로만 이야기를 해서 주체가 똑같은 것을 의

미한다고 이야기를 합니다. 유럽 사람들은 선험적인 주체가 딱 하나라고 봅니다. 그렇기 때문에 자기들끼리만의 인권을 인정하자는 것이 됩니다. 하지만 다른 문화권의 사람들은 다른 선험적 주체이기 때문에 이들을 해석하는 것이 굉장히 어렵게 됩니다. 그렇기 때문에 그들은 '우리가 갖고 있는 선험적인 주체를 배우라'는 이야기가 이루어지게 되는 것입니다.

한경구 : 독일에서 나온 쿨투어 개념은 19세기의 미개인 · 야만인들에게 적용하기 시작을 하는데요, 고대 인도나 중국을 보고 대문자로 사용한 Culture를 소문자 culture로 사용하면서 고양된 나름대로의 것을 인정하게 된 것이 아닌가 싶습니다.

무엇을 위한 소통인가?

엄정식 : 이야기를 좁혀서 정치와 경제가 아닌 문화에 대한 소통이 어떤지에 대해 이야기해보도록 하겠습니다. 좁은 의미의 문화에 대해 김광수 선생님께서 말씀을 꺼내주시면 감사하겠습니다.

김광수 : 한 이야기로 시작하겠습니다. 미국에서 오래간만에 친구가 왔는데, 그 친구가 하는 말 중에서 경각심을 불러일으키는 말이 있었습니다. 그 친구가 말하기를 '한국에서는 모든 말에 문화라는 글자를 붙이냐?'는 것이었습니다. 제 생각에 '문화는 소통'이라고 하는데, '소통문화'라는 말을 쓸 수 있을지 생각해볼 수 있을 것 같습니다. 소통문화라는 것이 여러 가지가 될 수 있기 때문입니

다. 저는 문학작품이 소통의 매체라고 생각합니다. 작가가 오랫동안 연구하고, 고민하고, 이러이러한 정신적 유산에 대해 현 시점에서 인류의 위대한 스승들과의 소통을 통해서 자기 나름대로 이 시대의 인류에게 무엇인가 길을 제시하는 것입니다. 그 제시하는 방법 중의 하나가 문학적인 장르를 이해하는 것인데, 그것이 비교적 상당히 효과적인 방법인 듯합니다. 특히 이 방법이 철학자들의 것과 비교할 수 없을 정도로 효과적인 방법이라고 생각합니다. 문제는 무엇으로 소통하는가를 생각해보아야 한다는 것입니다. 감옥 안에서 자신들의 범죄 방식을 소통해서 더 유능한 범죄를 저지르는 종류의 소통이 있을 수 있고, 종교적 · 예술적 소통과 같이 서로 상생하는 소통이 있을 수 있습니다. 여기에서 이야기할 수 있는 것은 도덕 · 진리 · 정의라는 것을 같이 생각하며 소통이 논의되어야 한다는 것입니다. 소통의 방법이 가장 중요한 것이 아닐까 생각이 듭니다. 철학자들은 소통이 어렵다는 문제를 제기했는데요, '의미를 공유할 수 없다'라는 것이 언어철학의 출발점이 됩니다. 특히 콰인(W. V. O. Quine)의 '가바가이'(gavagai) 예는 우리가 아무리 의사소통을 할 수 있다고 하더라도 원칙적으로 우리는 단어의 의미를 모른다는 생각을 전제로 하고 있습니다. 철학자들의 문제제기로부터 시작을 해서 현실적인 소통을 아주 어렵게 하는 것이 정말 많이 있습니다. 예를 들면 아랍 사람들은 완전히 '흑백사회'에 산다고 합니다. 그들은 친구 아니면 다 적이라고 합니다. 중간을 인정할 줄 모르기 때문입니다. 아무리 설명해도 중간을 인정할 줄을 모른다고 합니다. 그렇기 때문에 사막사회, 부족국가들 사이에는 소통이 전혀 되지 않는다고 합니다. 그래서 부족 간에 엄청난 싸움이 있으며 그런 갈등은 과거에도 그랬고 지금도 남아 있다고 합니다. 로렌스(T. E. Lawrence, 1998년, 영화주인공)가 아랍민족을 터키의 지배에서 벗어나게 하기 위해 노력을 하는데, 여기에서 의사소통에 많은 어려움이 있었습니다. 그들은 커다란 이상을 따라서 가는 것이 아니라 로렌스라는 인물을 보고 따라가는 것입니다. 로렌스라는 사람의 말을 신뢰하기 때문에 그 사람의 말을 따르는 것입니다. 즉 근본적인 소통은 되지 않은 것입니다. 소통의 방법론이라는 것은 사실 가장 중요하게 연구되어야 할 것이 아닌가 싶습니다. 문화가 소통이라는 것은 근사한 말인 것 같지만, 문화와 소통을 같은 것으로 본다는 것인지, 혹은 소통이라는 말을 술어로 보는 것인지, 혹은 소통문화는 이미 소통이 되어 있다는 것인지와 같이, 문화적 특이성을 이해하면서 동시에 소통을 이야기하는 것이 어떤 방식으로 이야기되어야 하는지에 대해서 묻고 싶습니다. 이해와 같이 다른 용어를 사용할 수 있는 경우도 모두 소통이라는 말을 붙여도 되는지, 문제가 있을 것 같습니다.

한경구 : 저는 학생들에게 '타자와의 소통이 참 중요하다, 그런데 소통을 하면 더 이상 그 사람이 타자인가?'라고 묻습니다. '소통이 된다는 것은 공동체에 속하기 때문에 더 이상 타자가 아니지 않은가?'라고 묻기도 합니다. '문학은 커뮤니케이션이다'라는 입장에 서면 소통을 하게 되는 동시에 이미 타자는 아니게 됩니다.

이대일 : 저는 소통을 일종의 목적성 개념으로 봅니다. 다시 말해서 소통을 정서적으로 공감을 불러일으키는 것이 아니라 '상호 공유하는 공감'이라고 한다면 소통은 '상호 뜻이 잘 통함', '하고자 하

는 무엇 무엇에 대한 가치 공유'라고 할까요? 내용과 방법에 있어서 일치성이 강한 것이 소통이 아닌가 생각을 합니다. 그리고 어떤 집단에서 소통이 잘 이루어진다는 것은 특정 목적을 가진 부분에만 소통이 잘 이루어진다는 것인지, 모든 부분에서 소통이 잘 이루어진다는 것인지 궁금합니다.

김광수 : 그리고 또 '소통이 다 좋은 것인가?'에 대해서도 생각해볼 수 있을 것 같습니다.

이정모 : 지금 말씀하신 부분은 '무엇을 위한 소통인가?'로 바꿔 물을 수 있을 것 같습니다.

김광수 : 일단 우리는 소통을 좋은 것이라고 전제를 하는 것 같습니다.

한경구 : 꼭 그런 것 같지는 않습니다. 저는 만약 텔레파시가 가능하다면 골치가 많이 아플 것 같습니다. 모든 소통이 좋을 것 같지는 않습니다.

이기상 : 가장 정의가 불가능한 것이 문화라고 생각하는데, 저는 많은 정의들을 꿰뚫고 있는 것의 기본 범주가 소통이라고 생각합니다. 모든 문화의 다양한 정의는 소통이라는 범주로 설명 가능하다고 봅니다. 그렇기 때문에 감히 제가 '문화는 소통이다'라는 명제를 던진 것입니다. 그렇기 때문에 소통이라는 것은 생물학적 본능과의 소통, 인간학적 이상과의 소통, 사회적 생활 속의 소통, 다른 사람과의 소통, 자연 사물과의 소통, 작품과의 소통, 정

신 또는 영적인 것과의 소통, 자기 자신과의 소통으로 소통을 넓게 생각해보았습니다. 저는 소통의 개념을 두 가지 차원에서 생각해볼 수 있다고 생각합니다. 하나는 규범적인 것이고, 다른 하나는 기능적인 것입니다. 우리가 소통을 이루려고 한다면 무언가 의지를 가지고 이루려고 하는 것이기 때문에 규범적입니다. 이것은 소통을 우리가 찾아야 하는 가치로 보는 것입니다. 또 기능적인 차원은 정보의 원활한 소통 등을 말하는 것입니다. 그동안은 정보와 소통을 같이 보았습니다. 그러나 정보가 많으면 소통이 그만큼 원활할 것이라고 생각을 했지만, 21세기에는 역전이 되어 정보는 넘쳐나고 정보가 넘쳐나기 때문에 오히려 소통이 더 안 되는 반대의 상황이 이루어지게 되었습니다. 대표적으로 도미니코 불통(D. Wolton)은 『불통의 시대에 소통을 읽다』에서, 그는 CNN 방송을 예를 들었습니다. CNN 방송은 자유민주주의를 표방하면서 전 세계에 자유민주주의 이념을 뉴스를 통해 공표하는데요, 이것은 아랍 문명에서는 완전히 서구 중심적인 문화적인 가치를 전달하는 것이었습니다. 자기들이 갖고 있는 가치관을 그저 주입시키는 것이었습니다. 따라서 자신들의 문명이 위협받는 상황에서 갈등을 표출한 것이 바로 '9 · 11테러'입니다. CNN의 정보를 통한 자유민주주의의 확산이라는 이념은 아랍 문명권에서는 자신들의 아랍 문명을 말살시키려는 것으로 비춰진 것입니다. 이것이 바로 대표적인 '비소통(非疏通)의 불통'입니다 도미니코 불통은 한마디로 21세기의 가장 큰 문제는 첫 번째는 생태 문제이고 두 번째로는 소통의 문제라고 봅니다. 지구는 하나의 운명공동체이기 때문에 생태 문제로 인해 함께 고민하는 것입니다. 예를 들어 후쿠시마의 원전 문제와 마찬가지로, 생태 문제도 지구 전체의 문제가 되고 소통의 문제도 지구 전체의 문제가 됩니다. 그 전에는 대화하고 싶지 않은 상대방과 만나지 않으면 그만이었지만, 지금은 지구가 하나의 운명공동체이기 때문에 소통이 가장 큰 문제가 되는 것입니다. 소통이 되지 않으면 전쟁밖에 일어나지 않습니다. 그렇기 때문에 우리는 지금 온갖 전쟁을 보고 있는 것입니다. 모든 갈등의 밑바탕에는 소통의 부재가 깔려 있습니다. 그래서 소통은 비소통이 있기 때문에 소통은 동시에 규범이 되는 것입니다. 비소통을 어떻게든 줄이기 위해서는 상호작용 · 공감 · 공존을 이룰 수 있는 소통이 필요합니다. 소통의 반대 요소는 비소통입니다. 비소통이 많기 때문에 오늘날 소통이라는 말이 많이 이야기되는 것입니다. 소통이 많이 이야기되면 될수록 비소통이 문제가 됩니다.

정치적인 차원에서 저는 탈근대에서의 가장 핵심축은 정부, 시장, 그리고 시민이라고 보고, 이 시민이 문화를 대변한다고 봅니다. 정부는 정치를 대변하고 시장은 경제를 대변하고 시민은 문화를 대변하는데, 이 셋이 세 개의 축으로서 같이 서야만 원활한 발전이 있을 수 있습니다. 이 셋 사이에 소통이 이루어져야 합니다. 그런데 지금 현재 우리는 엄청난 기술적인 성공을 이루었기 때문에 소통이 잘 되고 있다고 생각하는데, 오히려 이것이 가장 큰 함정이 아닌가 싶습니다. 기술은 속도전인데, 인간과 인간과의 만남은 속도전이 아니기 때문입니다. 서로 만나고 이해하는 것은 시간이 필요합니다. 하지만 정보기술에 없는 것이 시간입니다. 그래서 제가 보기에 삶 자체는 소통인데, 소통의 시간은 정보의 시간과 다르다는 것을 반성해야 합니다. 시간을 가지고 성숙을 시켜가며 대화를 나누어야 한다고 봅니다. 소통에서 가장 중요한 것은 결국 인간 대 인간의 상호작용입니다. 그러나 오늘날 우리는 상호작용은 많은데 모든 사람들이 고독함을 느낍니다. 미디어가 발달하여 정보는 넘쳐나는데, 이상하게 대한민국은 자살하는 사람이 많은 사회입니다. 과거에는 소통이 이루어질 수 있었고 수다를 떨 수 있는 상대가 사회적인 구조상 많았습니다. 과거에는 대가족제도였기 때문에 대화 상대가 있을 수 있었습니다. 하지만 핵가족의 경우 대화할 상대가 없기 때문에 어렵습니다. 그렇기 때문에 마약에 빠지고 자살에 빠지게 됩니다.

김광수 : 하지만 자살의 경우, 자살 사이트에서 서로 소통을 합니다. 서로 용기가 나지 않기 때문에 의기투합하고 서로 격려하고, 심지어 서로 손을 묶으며 마지막 순간까지 같이 가게 됩니다.

이기상 : 그 원인이 무엇이라고 생각하십니까?

김광수 : 소통입니다. 과거에는 단절이 되었기 때문에 무엇이 무엇인지 몰랐습니다. 하지만 지금은 다 드러났습니다. 예를 들어 이상의 「날개」라는 작품을 생각해봅시다. 주인공은 아주 형편없는 인간이지만, 그 작품이 왜 명작으로 여겨지는 것일까요? 그것은 우리의 삶 중에서 다르게 살 수 있는 삶을 생각할 수 있게 하는 메시지가 담겨 있기 때문입니다. 문학작품을 보는 지성인들은 문학작품을 이해하고 성숙한 의미로 받아들이며 이러한 종류의 삶을 소통을 통해서 보편화시키고 있습니다. 문제는 지각없는 소수의

사람들이 잘못 받아들이고 다 따라서 할 수 있다는 것입니다. 예를 들어서 니체는 '신은 죽었다'(F. W. Nietzsche)고 이야기합니다. 지금 종교인들이 45%가 넘는다고 합니다. 정말로 신이 죽었다는 메시지가 대다수 사람들에게 소통이 되었다고 가정해봅시다. 아마도 세상은 엄청난 혼란에 빠지게 될 것입니다. 종말론적인 여러 견해들이 아니라고 하더라도, 우리 지구는 종말로 치달을 수도 있지 않을까 싶습니다. 이러한 생각들이 모든 사람들에게 퍼진다면 잠깐만 생각해도 그 결과는 끔찍할 것임을 알 수 있습니다. 그렇기 때문에 소통과 잘못된 소통도 함께 생각해야 하는 것이 좋을 것 같습니다.

소통은 의미의 공감이다

이기상 : 저는 선생님께서 쓰신 용어 중에서 '소통과 정보'를 구분해야 한다고 생각합니다. 정보가 전달이 되었다고 하더라도 그것이 소통이 된 것은 아닙니다. 어떤 정보가 널리 퍼졌다고 해서, 그것이 나와 소통이 되었다고 할 수 없습니다. 그렇기 때문에 소통은 공유되고 공감되고 같이 생각이 되는 것이지만, 내게 어떤 메시지가 들어왔다고 해서 소통이 되는 것은 아닙니다.

김광수 : 그렇다면 소통이라는 말이 엄격하고 굉장히 좁은 의미에서 사용되는 것입니다.

이기상 : 소통이 되기 위해서는 공감이 있어야 합니다. 정보가 전달되었

다고 하더라도, 그것은 소통이 될 수 없으며 그것은 구분되어야 합니다.

이덕환 : 자연과학에서는 '위험 커뮤니케이션'(risk communication)이 있습니다. 여기서도 비슷한 문제가 있습니다. 정보는 무척 많이 산출되는데, 공감을 얻지 못하고 표피적으로 전달되어 오히려 문제가 확대되고 증폭되는 것이 무척이나 심각한 문제가 되고 있습니다. 생태 환경 쪽에서 이것은 굉장히 심각한 문제입니다. 일본에 지진이 난 이후 편서풍이 문제가 되었는데요, 편서풍이라는 것이 그대로 표피적으로 전달되어 편서풍이 농담의 대상이 되었습니다. 원래 편서풍의 의미는 우리 쪽으로 직접 오지 않아서 우리에게 위험한 상태가 그대로 전달될 가능성이 없다는 것이었습니다. 그런데 한 바퀴 빙 돌아 우리나라에 돌아서 올 가능성이 없다는 말은 전혀 아니었는데, 그 말 자체가 웃음거리가 되어버렸습니다. 그래서 더 이상 이야기할 수 없을 정도가 되었고, 사회가 겉으로는 잠잠한 것 같지만 속으로는 그렇지 않은 것 같습니다. 지금 소금은 완전히 매진되었다고 합니다. 또 다시마와 같은 건어물들도 찾아볼 수 없을 정도 시장에서는 품귀현상이 나타난다고 합니다. 지금은 과학문화라는 말을 쓰는데요, 거기에서 심각한 과제 중의 하나가 위험 커뮤니케이션입니다. 정보는 마구 쏟아져 나오는데, 일반인들에게는 공감을 얻지 못하고, 왜곡되고, 삐뚤어지는 상태가 돼서 문제가 심각한 상황입니다.

김광수 : 정보는 내용물이고, 소통은 그 내용물이 왔다-갔다 하는 것이 아

닙니까?

이덕환 : 한쪽에서는 의미가 있는 내용이라서 정보를 포장을 해서 내보내는데, 사회에서는 전혀 수용이 되지 않습니다.

한경구 : 선택적으로 수용이 되는 것입니다.

이덕환 : 오염된 비가 바다에 내려서 앞으로 생산되는 소금은 먹지 말아야 한다는 정보로 인해 이전에 만들어진 소금을 먹어야 한다는 생각이 중간에서 만들어집니다.

이기상 : 제가 보기에는 그것은 소통의 수신자의 문제인 것 같습니다. 정보의 소통에 있어서 소통의 구조에는 전달자가 있고 수신자가 있는데, 전달자가 주는 정보대로 수신자가 받아들이지 않습니다. 예전에는 일종의 명령체계였기 때문에 수신자들은 단순히 받아들이기만 했지만, 지금은 정보가 넘쳐나기 때문에 수신자가 다 받지 않습니다. 자신이 선택적으로 의미를 부여해서 쓸 만한 것은 쓰고 버릴 만한 것은 버립니다.

김광수 : 정보 해석의 문제네요.

이기상 : 네, 바로 그렇습니다.

이정모 : 인지과학에서는 이것은 결국 이해의 문제로 생각합니다. 어떤 개념체계를 가지고 이해를 하든지 간에, 오는 정보를 완벽하게

받는 것이 아니라 감정이 개입되어 취사 · 선택하고 거기에 개인적인 경험과 지식들이 개입되면서 정보를 취사 · 선택을 합니다. 2002년에 카너만(D. Kahneman)이 노벨상을 받은 이유도 인간의 사고가 정보지식을 받을 때 이렇게 비합리적으로 취사 · 선택한다는 것을 드러냈기 때문입니다. 그런 메커니즘을 밝혀내지 않은 채로 개념 체계를 연구해봤자 주변만 맴돌다 끝나버리지 않을까 싶습니다. 명확하게 밝혀내기 위해서는 문화의 여러 가지 유형, 소통의 여러 가지 방법들을 생각해보고, 소통을 하기 위한 사람들의 인지적 메커니즘이 무엇이고, 소통을 위해서 어떤 공통적인 공간이 만들어져야 하는지, 또 어떤 내러티브와 연결될 수 있는가에 대한 체계적인 연구 없이는 제대로 된 소통을 찾기는 어려울 것 같습니다.

이덕환 : 위험 커뮤니케이션에서 보면, 문화라는 것을 전적으로 자연과 대비되는 것으로 볼 것이 아니라, 소통을 전제로 해서 쌍방향 · 양방향 소통, 이해, 공감을 전제로 한다고 했을 때, 무엇인가를 공유해야 하는 부분이 있어야 한다는 것이 중요합니다. 그런데 그럴 경우에 문화를 조금 더 다층으로 구조화해서 자연법칙에 관련된 부분은 누구나 공유해야 하는 것으로 인식을 바꿔야 하지 않을까 싶습니다. 그 위에 쌓인 사회적인 측면들은 새로운 방면의 노력이 필요할 것 같습니다. 자연법칙에 관련된 부분들은 최소한으로 세대나 문화적인 차이와 상관없이 수용되어야 할 것 같습니다.

이정모 : 거기에 인문학적인 관점이 들어가지 않고서 해결될 수 있을까

요?

이덕환 : 그것이 지금 과학 쪽에서의 문제입니다. 과학적인 사실들은 더 이상 가공이 되지 않고 수용이 되었으면 좋겠는데, 인문학적인 살을 자꾸 붙이게 되면 그 와중에 자연법칙의 엄밀성이 훼손이 돼서 사실이 제대로 전달이 되지 않을 것 같아 우려됩니다. 가능한 한 껍데기를 벗기고 알맹이만을 보이고 싶은데, 그것을 수용해달라고 요청하고 싶은데, 그것이 제대로 되고 있지 않습니다.

한경구 : 그것이 바로 소통문화의 독특한 틀이 되는 것 아닐까요? 과학적 사실을 과학적 사실로 받아들이는 것 자체가 아주 독특한 커뮤니케이션의 장치가 아닐까 생각이 듭니다. 왜냐하면 위험의 경우, 인류학자가 위험에 대해서 말할 때, 확률로 아무리 계산을 해도 사람들은 받아들이지 않을 것입니다. 그것을 인문학적인 것이고 비합리적인 태도라고 본다면 문제가 생깁니다.

이덕환 : 위험을 인식하는 데 영향을 주는 요소들이 굉장히 많습니다. 결과가 예측이 되는 것인지 아닌지, 혹은 피해가 단시간에 끝나는 것인지 장기간에 걸쳐서 미래세대에까지 가는 것인지, 내가 직접 통계로 할 수 있는 것인지 그렇지 않은지와 같이, 결과를 예측하기 위한 요소가 굉장히 많습니다. 이렇듯 요소들이 많을 때 최소한의 공통분모를 공유하자는 것입니다. 이것이 바로 과학적 사실이라고 부르는 것인데, 이 부분이 잘 되지 않습니다.

이정모 : 저는 불가능한 것을 추구하고 있다고 생각을 합니다. 수용은 사

람이 하는데, 사람 마음을 쏙 빼고 이야기한다면 불가능할 것 같습니다.

이덕환 : 최소한 공유할 것을 두고 나머지 것들을 이야기하자는 것입니다. 지금 우리의 사회는 최소한의 사실 자체가 공유가 되지 않습니다. 그것이 우리가 고민하는 지점입니다.

이정모 : 그것은 바로 사람 마음의 작동에 달려 있는 것입니다. 생각하는 사람에 의해서 비로소 의미가 있고 존재가 있고 개념이 있을 수 있는데, 생각하는 사람을 빼놓고 개념을 이야기하자고 하니까 문제가 생기는 것 같습니다.

어떻게 소통할 것인가?

엄정식 : 과학적이라는 것은 인간이 가지고 있는 보편적인 기능, 즉 추론과 관찰을 통해서 나온 것이기 때문에 완전할 수는 없습니다. 하지만 그런 과정을 거치면 언제든지 받아들일 용의가 있어야 합니다. 그것에 대비되는 개념은 일단은 자기가 가지고 있는 어떤 신념체계를 고수하겠다는 방식입니다. 그것을 고수해서 오히려 모든 기제를 통해 자신의 신념체계를 정당화하는 데 사용합니다. 저는 그것이 과학이냐, 아니냐의 본질적인 차이라고 봅니다. 내용이 어떤지는 상관이 없다고 봅니다. 비과학적인 신념체계는 바꾸려는 용의가 없는 것이고, 과학적인 것은 바꿀 용의가 있는 것이라고 생각을 합니다. 예를 들어 피그미족에게 개기일식이

일어났다고 생각해봅시다. 이 경우 신이 노한 것으로 생각해서 무언가를 희생양으로 삼아 화형시키라고 이야기할 때, 추장의 아들이 옥스퍼드대학에서 물리학을 공부해서 과학적으로 설명을 한다고 할지라도 이것은 전혀 커뮤니케이션이 되는 것이 아닙니다. 이럴 경우 소통의 문제와 과학적 문제는 별개의 문제라고 생각을 합니다. 어떤 의미에서 우리는 피그미족의 모습을 갖고 있습니다.

특히 다원화되고 민주화되고 상업화되면서 역사적으로 개인이 전면에 등장했는데, 개인이 등장했다는 것은 이성적 개인이 등장한 것이 아니라 감성적이고 충동적인 개인이 등장하게 되었다는 것입니다. 또 집단주의로 인해 집단적 충동이 일어나 이 집단의 충동과 저 집단의 충동이 충돌하여 커뮤니케이션이 되지 않습니다. 이러한 충동에 대해 과학적으로 방향성을 제시하자면, 그 충동을 최소화하는 것이 가장 중요합니다. 저는 이것이 곧 성찰의 방법이라고 생각하고 그러면서 점차 이성적인 기능이 생겨난다고 생각합니다. 과학이 추구하는 것이 바로 이성적인 기능의 극대화이고, 그것이 이루어지면 과학적인 법칙을 수용할 수 있는 눈이 개안되고, 내용들을 수용할 수 있게 되면서 조금은 소통의 가능성이 열리지 않을까 싶습니다. 한국 사회가 소통이 되지 않는 것은 얼마 전까지 독재 치하에 있다가 갑자기 분출하듯 거리로 뛰어나와 모든 사람이 자신의 이야기를 하는 상황에 이르렀기 때문에 오히려 소통의 부재를 자초했다고 생각합니다. 그래서 저는 오히려 역순으로 풀어나가는 것밖에 없다고 생각합니다. 마음의 이성적 부분과 감성적 부분을 극단적으로 통제한다면, 즉 마음의 충동적 · 감정적인 부분을 최소화하여 사려 깊지 않은 상태를 축소한다면, 이성적인 부분의 극대화가 가능하고 소통이 잘 되지 않을까 생각합니다. 물론 완전하지는 않겠지만 차선의 방법으로 스스로 각성해야 할 것입니다.

김광수 : 과학법칙을 문화의 차원으로 보지 말고 과학법칙의 복잡성을 인정하고 수용하고 받아들이는 것이 바람직하지 않느냐는 이덕환 선생님의 말씀을 다시 생각해보았으면 좋겠습니다. 과학철학 안에서 과학의 성격에 대한 논의가 굉장히 많은데, 철학적으로는 굉장히 문제가 많다고 봅니다. 그럼에도 불구하고 과학자들의 커뮤니티에서 합의된 어떤 이론, 인정된 법칙, 그런 것들은 다른 경쟁이론이나 다른 것이 압도하기 전에는 제왕으로 인정하고 그것을 이용해서 살아갈 수밖에 없습니다. 이덕환 교수님이 말씀하신 것은 우리가 상식으로 받아들일 수 있는 것이 아닌가 싶습니다. 단지 철학자들은 의심스러운 눈으로 볼 수 있지만, 그것이 우리 문화 안으로 들어와 이용되는 과정 속에서 그 법칙이 차지한 지위를 견제할 수는 없을 것 같습니다. 그렇지 않다면 새로운 문제가 발생하게 될 것입니다.

엄정식 : 저는 그 점에 대해서 다르게 생각합니다. 과학기술의 산물이 그런 정도의 결과물이라면, 그것을 잘 이용할 것이 아니라 제대로 이용할 수 있기 위해서 기술에 걸맞은 능력을 갖추어야만 합니다. 예를 들어 일본도를 사용할 때 그에 걸맞은 기술이 있어야 합니다. 기술이 없는 어린아이들이 사용한다면 자기 자신들이 다치게 됩니다. 저는 과학적 정보가 있고 정보를 가능하게 하는 과학적 탐구의 정신이 있다고 봅니다. 그 정신을 우리가 체득할 때,

어떤 태도로 과학자가 자연을 임했기에 이런 결과가 이루어졌는지에 대해서 잘 숙고해보아야 한다고 생각합니다. 이것은 감정적인 것을 배제하고 이성적으로, 또 자연의 법칙 앞에서 겸허하고 개방적인 자세로 이루어진 것입니다. 이러한 자세로 임할 때 건전한 시민이 탄생하는 것입니다. 이런 의미의 이성적 존재가, 물론 오로지 이성적일 수는 없을 것입니다. 그러나 저는 그럴 때에 소통이 극대화될 수 있다고 생각하고, 우리의 방향도 이쪽으로 나가야 한다고 생각합니다.

이정모 : 지금 소통이 문제가 되는 것은, 사람이 이성적 존재가 아니기 때문에 문제되는 것입니까?

엄정식 : 컴퓨터처럼 될 수는 없습니다. 하지만 소통이 안 되는 것은 바로 이성적 존재가 아니기 때문입니다. 감성적인 요소를 극소화하면 그만큼 우리가 소통의 폭이 넓어지지 않겠냐는 것입니다.

이정모 : 그러나 실제로 사람들은 그 방향으로 가지 않습니다.

엄정식 : 자기가 자기 자신에게 이성적인 존재가 되어야 한다는 것입니다. 자기에게도 한 번 걸러지지 않은 의견을 막 내뱉고 이를 책임지지 않는다면 이러한 주체들끼리 무슨 소통을 기대하겠냐는 것입니다. 심사숙고하고 내성적 · 반성적인 존재가 되도록 하는 것이 더욱더 인간적인 존재가 되는 것이라고 생각합니다.

김광수 : 이정모 교수님이 우려하시는 것은 충분히 이유가 있다고 생각합

니다. 헤르만 헤세(H. Hesse)의 『황야의 늑대』라는 소설이 있습니다. 저는 헤세가 이야기하는 인간관에 동의하는 편입니다. 그는 소통에 대한 커다란 의문을 제기하는데요, 우리는 사람들이 다 비슷비슷하다고 생각하지만, 사실 인간의 종류는 너무나 많습니다. 그래서 진화론적인 개념에서 본다 하더라도, 어떤 사람은 아직 고대에서 살고, 중세에 사는 사람은 대부분이고, 현대에 사는 사람은 극히 적습니다. 문화를 선동하고 문화를 이끌어나가는 사람은 황야의 늑대의 성향을 가진 아주 소수입니다. 자기들끼리 서로 주고받고 커뮤니티 안에서 합의를 이루고, 그래서 더욱 이의제기가 없는 단계에서 서로 공유합니다. 그렇듯이 아주 소수만이 우리 인류가 공유할 수 있다고 보고, 그것을 조금씩 늘려가면서 그것을 나누려고 노력합니다. 하지만 대다수의 사람에게 나눔은 소통의 대상이 되지 않습니다. 저는 소통은 10%, 아니 1%, 아니, 0.1%의 인간에게나 가능한 일이고, 나머지는 그들을 따라간다고 생각합니다. 자기 멋대로 잘못 이해하면서 소수가 이끌어가는 것에 결과적으로 따라가는 것이 아닌가 하는 생각이 듭니다.

엄정식 : 헤세의 시대보다 지금이 더 위험한 상황인데, 이는 '조작' 때문입니다. 이는 몇 마리의 늑대들이 마음대로 할 수 있습니다. 그렇기 때문에 매우 이성적이지 않다면 살아남기 힘듭니다.

이정모 : 사람들을 이성적이라고 생각하는 생각 자체를 버려야 합니다. 이 생각을 버리면 결국 소통을 한다는 생각은 소통이 아니라 설득입니다. 이해의 본질은 부조화(mismatching)입니다. 전달하는

사람과 이해하는 사람은 본질적으로 부조화될 수밖에 없습니다. 그런 인간 본래의 모습에 대한 이해를 전제로 하고 그래야 설득이 있는 것입니다. 이런 것이 쌓이고 쌓여서 퍼지고 확대가 되어서 소통이 되는 것이지 그냥 이루어지는 것은 아닌 것 같습니다.

이덕환 : 저는 선생님의 말씀에 동의하는데, 특히 김광수 선생님의 소통이 0.1%에게 이루어질 수 있다는 것도 동의할 수 있을 것 같습니다. 문제가 되는 것은 21세기의, 특히 우리나라의 과거 권위주의 · 독재주의의 경우는 그러한 소통이 문제가 되지 않았습니다. 하지만 지금은 거꾸로 되어 지극히 비이성적인 사람들까지 목소리를 내고 있는 상황입니다. 그런 상황에서 차이는 분명히 있습니다. 1986년에 미국의 챌린저호라는 우주선이 TV에서 생중계하는 도중에 터져버렸습니다. 이와 유사한 우리나라의 경우는 천안함 사태의 경우입니다. 챌린저호는 공중 분해되어서 그것의 파편이 몇 개 있지 않았습니다. 몇 개 있다고 하더라도 문제 해결에 전혀 도움이 되지 않았습니다. 그저 TV 화면, 그것도 수십 킬로미터 위의 상공을 찍은 흐릿한 화면밖에 없었습니다. 하지만 그 사람들은 넉 달 동안 위원회를 열어 모든 문제를 해결했습니다. 조사위원회를 운영하고 1년 뒤에 최종 보고서를 내면서 대안까지 제시했습니다. 그리고 그 상태로 지금까지 미국 우주개발 프로그램이 유지되어왔습니다. 그런데 우리나라의 천안함의 경우, 두 달 정도 운영을 하고 반년 만에 최종 보고서가 나왔습니다. 그리고 지금 우리나라는 조사위원회 · 합조단에서 발표한 내용을 인정하는 책은 단 한 권만 나와 있습니다. 그러나 이를 의심하는 책은 여섯 권이 나와 있습니다. 이 두 사회를 비교해보면,

정보의 양은 챌린저호의 경우 거의 아무것도 없었습니다. 천안함의 경우는 배가 온전하게 남아 있음에도 불구하고 해결 방식에서 완전히 차이가 납니다. 이는 전문가들의 능력과 수준도 관계가 되고 받아들이는 수동자들의 비이성적인 자세도 관여되지만, 이는 문제를 해결하려는 노력의 차이에 의해 소통의 차이가 생길 수 있다는 것을 보여줍니다.

믿을 수 있는 지식이 필요하다

김광수 : 아랍의 경우도 마찬가지로 생각해볼 수 있습니다. 30~40년 독재치하에 있다가 갑자기 민주화의 열망이 터지게 된 것입니다. 그렇다면 그들에게도 이런 영향이 있는 것이 아닌가 하는 생각이 듭니다. 『황야의 늑대들』이라는 소설에 따르면 인간은 크게 시민과 황야의 이리, 이렇게 두 종류로 나뉩니다. 보통 사람인 시민은 '진자'가 있다고 생각을 하면서 간단히 '선의 추'와 '악의 추'가 있다고 생각하고 그것이 왔다-갔다 한다고 생각합니다. 이들은 굉장히 선하게 행동한 사람이 탈세를 하고 축재를 할 수 있다고 생각합니다. 이들의 행동 패턴의 특성은 일관되지 습니다. 종잡을 수 없는 비이성적인 집단이기 때문입니다. 따라서 여기에서는 이러한 행동을 하고 다른 쪽에서는 정반대되는 모순된 행동을 합니다. 헤세가 '황야의 늑대'라고 보는 사람들은 한쪽 추에 일관되게 머물러 있습니다. 그래서 진리를 위해서 목숨도 버리고 순교도 합니다. 따라서 사회에서 외롭고 소외되고 설자리가 없고 아무도 알아주지 않는 수난을 겪는 대상으로, 이들은 이렇

게 많은 희생과 좌절을 겪지만, 이들은 어떤 형식으로든지 시민들에게 조금씩 알려집니다. 보통 때 시민들은 늑대의 말을 귀담아 듣지 않다가 어떤 계기가 와서 목표에 도달하면 시민들은 마치 투사와 같이 행동합니다. 그러나 시민은 다른 추로 몰려온 것에 불과합니다. 그렇기 때문에 그들은 다시 그들의 행동으로 돌아가게 되어서 혁명 전이나 후나 별 다를 것 없이 됩니다. 단지 이쪽 추에 상당히 많은 사람이 남았다는 것은 그들이 더 많은 동기를 부여받았을 뿐이라는 것입니다. 즉 황야의 늑대의 역할은 자신들끼리 소통을 해서 과거와는 다른, 좀 더 자기와는 다른 쪽 추로 가게 하는 역할을 하는 것이라고 생각합니다.

이기상 : 문화도 마찬가지입니다. 고급문화라는 것이 있었고 대중문화가 생겨났는데, 이제 문화는 곧 대중문화입니다. 고급문화라는 이야기를 쓸 때에는 특수 계층문화를 일컫게 되었습니다. 소통의 문제가 몇몇 결정을 가진 사람들의 소통을 통해서 엘리트적으로 끌려 나가는 시대가 있었습니다. 하지만 지금은 그럴 수 없습니다. 물론 엘리트들끼리 소통을 해나간다면 또다시 엘리트의 독재가 일어날 것입니다. 제가 문제가 된다고 생각하는 것은 정보와 소통에서 정보인이 아니라 지식인을 말하는 것입니다. 정보는 넘쳐나는데 지식은 오리무중인 것이 문제가 되는 것입니다. 지식인의 능력은 앎과 할 수 있음을 같이 가는 것으로, 지식을 가지고 내 삶에 응용을 해야 하는 것인데, 오늘날에는 정보는 넘쳐나는데 지식은 어디에 있는지 알 수 없습니다. 정보를 가진 사람들이 정보의 꼬리표를 가지고 확산을 시키고 대중의 욕망을 부추깁니다. 저는 주변에 몰린 지식의 위상을 찾아야 한다고 생각

합니다. 소통에 있어서도 지식이 공유가 되어야 내 지식이 될 수 있고 내 삶의 지표가 될 수 있습니다. 지식인은 어떤 것이 지식인지 무지몽매한 사람들에게 보여줘야 하는데, 일반인에게 '당신들은 알아듣지 못하니 우리끼리만 지식을 공유하고 소통한다'는 식으로 나아가서는 안 됩니다. 정보와 지식의 차이에도 정보를 확산시키는 것과는 다르게 지식인들은 그것이 어떤 차이가 있는지에 대해서 정확히 이야기해야 합니다. 지식은 현실과의 연관성입니다. 지식인들이 해야 할 것은 사태가 세계와 어떤 식으로 연결될 수 있는지에 대해서 파악하고 현실과의 중요성을 구별할 수 있는 안목을 확산시키는 것입니다.

저는 또 과거의 지식인이라고 이야기되었던 교수들이 정보 편에서 있는 것 또한 문제라고 생각합니다. 자신이 갖고 있는 지식을 정보화시켜서 그것을 통해 많은 사람들에게 인기를 받습니다. 페이스북 · 트위터 등은 정보를 통해서 유명해지는 것인데, 자신이 가진 지식을 지식화하지 않고 정보화함으로써, 또 정보를 통해서 유명해집니다. 그러나 사람들은 제대로 된 지식이 아닌 정보를 취하게 됨으로써 이러한 혼란이 확대되는 것입니다.

김광수 : 보통 사람들에게 지식을 소통시키는 것은 쉽지 않고, 이것은 상당히 어렵습니다. 그나마 소수가 그 자리를 지켜나가는데, 이것이 다수가 되도록 노력하는 것이 중요합니다. 그래서 그들이 크게 벗어나지 않게 하는 것을 돕는 것이 지식인의 역할이 아닐까 싶습니다. 하지만 이는 굉장히 어려운 일입니다.

이정모 : 대중들이 원하는 것은 왔다–갔다 하면서 자기가 신뢰할 수 있는

어떤 한 사람, 혹은 그룹이 나타나기를 기대합니다. 핵심은 그들이 정보처리의 부담을 줄이는 것이 아닙니다. 현재 한국에는 신뢰를 줄 수 있는 사람이 없다고 생각합니다. 그렇기 때문에 누가 뭐라고 했을 때 믿기가 어렵습니다. 과학자들이 그러한 지위에 올라가 있지 않고, 철학자들도, 종교인들도 모두 이러한 위치에 놓여 있지 않습니다. 지금 한국 사회는 무슨 말을 해도 자기가 믿고 싶은 대로 합니다. 그것이 소통의 불화를 초래하는 중요한 이유 중의 하나라고 여겨집니다.

엄정식 : 오늘은 여러분들께서 생각보다 의미가 있었을 뿐만 아니라 즐겁기까지 했기를 바라면서 여기서 마무리하겠습니다.

문진포럼 요약

문진포럼 1: 상상과 증명

- 상상은 인간의 다원성에 토대를 두고 있다. (진형준)
- 여러 지각들을 새로운 배합으로 떠올리는 것을 일반적으로 상상이라고 한다. 이러한 작용은 인간의 어떠한 지적인 활동에서도 일어난다. (정대현)
- 창조는 발상의 전환이다. 우리 사회는 창조적인 상상을 방해하는 다양한 문제들이 편재되어 있다. (이형구)
- 상상력은 여타의 모든 학문에 영향을 주어 다양한 시도가 이루어지고 있다. (김무경)
- 이야기는 모든 상상력의 출발이다. 상상력은 인류의 진화를 도왔고, 이러한 상상력의 산물이 문명이다. 오늘날은 누가 먼저 상상하느냐가 경쟁력의 관건이다. (홍사종)
- 상상력은 이제 우리의 모든 생활을 지배하고 있다. 상상을 통해 미지의 세계가 열릴 것이다. (정민)

– 상상력은 갑자기 개발되는 것인가, 노력이 누적돼야 신장되는 것인가? (최재천)

– 상상력은 주관의 판단이 들어가기 때문에 객관적으로 인정받지 못 해왔다. 어차피 세상은 주관적 판단으로 살아간다. 모든 영역에서 실천적인 방향으로 인식의 전환이 필요하다. (진형준)

– 상상력은 교육이 가능하다. 눈에 닿는 모든 것이 상상이고, 상상력은 길러질 수 있다. (정대현)

– 상상력은 길러질 수 없다. 수렴적 사람이 있는 반면, 상상력이 뛰어난 사람이 있다. 모두가 상상을 해야 하는 것은 아니다. (홍사종)

– 상상력과 창의성은 목적성을 통해 억압적 기제로 작용될 수 있다. (이대일)

– 상상력은 교육에 의해 학습되지 못한다. 획일화되면 독특성은 사라지기 때문이다. (이형구)

– 상상은 개인과 사회, 개인이나 상호 다양한 경험을 연결시켜주는 것이다. (김무경)

– 창의적인 상상력이란 우리 눈에 보이지 않는 것을, 그리고 상관없는 것들끼리 서로 연결할 수 있는 힘이다. 모든 것들을 큰 틀에서 볼 수 있어야 한다. (진형준)

– 각 시대마다 자연과학 · 인문과학 · 사회과학을 차별화하는 시도들이 있어왔다. 기존의 틀을 깨는 것, 이것이 상상의 구조적 특성이다. (정대현)

– 기억력에도 논리가 있듯이 상상력을 발휘하는 데에도 논리가 있다. (엄정식)

– 과학의 분야에서는 낮은 수준과 높은 수준의 상상력을 인정한다. 상상력을 단순화시키면 안 된다. (이덕환)

– 학문에 단계가 있듯이, 상상에도 단계의 문제가 있고, 상상력의 종류에 영향을 줄 수 있다. (정민)

– 상상도 폭넓게 보면 우리가 수용할 수 있고 수용할 수 없는 결과에 따라 품위의 문제가 있다. (이덕환)

– 교육받은 상상력이 문학적 · 예술적 상상력보다 못한지에 관한 고민이 필요하다. (최재천)

– 많이 알고 지식이 있어야 적절한 상상력에 도달할 것이다. (정대현)

– 문화의 단절이 극심한 시대가 우리 사회이다. 상상은 인문학적 · 예술적 · 사회과학적 상상을 모두 포함한 것이다. (이덕환)

– 오늘날은 복잡계 사회이다. 이러한 문제를 풀기 위해서는 전체적인 소통을 해야 문제를 풀어낼 수 있다. (최재천)

– 창의적 교육도 필요하지만 주입식 교육도 필요하다. 배우지 않고 생각만 해서는 아무것도 나오지 않는다. (장지상)

문진포럼 2: 정치와 소통

– 정치학에서 말하는 소통에 대한 세 가지 패러다임은 다음과 같다.

① 자유주의적, 이익집성 개념: 각각의 개인의 이익이 고정되어 있다는 자유주의적 대전제에서 최적의 이익집성을 찾을 때, 그것은 모든 사람이 자기의 이익을 명확히 표출하는 속에서 이루어진다는 관점을 말한다. 그러나 이것은 복잡해지며 파편화된 현대사회에서는 이익집성이 갈수록 힘들게 된다는 난점이 있다.

② 이에 대한 대안으로, 이익통합의 관점은, 각 개인들이 공정 영역에 모여 토의 · 토론을 통해 새로운 쪽으로 이익을 통합시키는 것을 말한다.

여기에서 강조되는 것은 숙의민주주의로, 상호 숙의를 통해 각 개인의 이익은 우리의 이익으로 변경될 수 있다는 새로운 결론을 창출해낼 수 있다고 말한다. 여기에서 강조하는 것은 이익통합이 안 되더라도, 이익통합을 하려고 노력하는 과정에서 상호 믿음이 생겨 관용이 함양된다는 입장이다. 그러나 이것은 '이상적'이기는 하지만 '현실'에서 작동될 수 있는지에 관한 난점을 지닌다.

③ 이에 대한 대안이 성찰적 민주주의이다. 이익통합의 관점에서의 숙의는 면대면 숙의에 의해 이루어지는데, 이 과정 속에서 여러 부작용을 통해 어떤 실마리를 찾아나가다가 성찰하게 된다는 것이다. 여기에서는 내적 숙의가 나타나는데, 다른 사람과 숙의하면서 자기 스스로 성찰하여 다른 사람들의 입장을 헤아려 내적 숙의를 하면 이익집성 · 이익통합을 이룰 수 있다는 입장이다. 그러나 과연 내적 숙의를 어떻게 할 수 있는지에 관한 난점을 지닌다. (임성호)

– 어떻게 하면 정치적 소통이 투명하고 올바르게 이루어질 것이며 그것은 어떤 양상을 취하는가? (한국 사회 정치 영역에서의 소통 단절의 이유 분석을 통해)

① 한국 현대 정치의 출발점이 분단과 전쟁의 경험에서 유래하기 때문이다. 20세기 일상화된 정치세력의 정권 교체 과정이 한국 사회에는 보이지 않는다. 이념이 다른 정치세력은 대화나 소통의 대상이 아니라 숙청의 대상으로 받아들인다.

② 한국의 제도정치가 허용할 수 있는 정치이념이나 이데올로기의 지평이 획일화되어 있다. 여러 정당이 섞여 있지만 질적으로 차별화되지 않는다.

③ 실제적 이해관계의 충돌을 해결하는 것보다 자신의 가치관에 대한 우위와 순결성에 집착한다. 우리 사회는 가치판단이 사실판단을 압도하

는 문화적 전통이 있다. (윤평중)

– 우리 사회 신뢰의 문제는 정보원 신뢰(source trust)와 내용 신뢰(content trust)에서 발생한다. 누구와 소통을 하고 무엇과 소통을 하고 어떻게 소통을 해야 하는지도 고민되어야 한다. (류석진)

– 객관적 사실이 존재하는가? 그것은 인간이 끊임없이 창출해내는 것이지 주관을 떠나 객관적으로 있을 수 없다. 그렇다면 우리는 상이한 가치관을 가지고 있는데, 소통은 어떻게 가능한 것인가? 오늘날 불통의 문제는 근현대 이데올로기에서 유래하는 것이 아니라 고려시대부터 유래하는 한국 정치문화의 특색이다. (이대일)

– 사실이라는 것이 열려 있는 잠정적 의미의 사실에 관한 네트워크라고 할지라도 사실성이 존재한다. 열려져 있는 사실에 근거한 사회과학에서도 객관적인 사실을 말할 수 있다. 객관적 사실이 존재하지 않는다면 학문 공동체 내에서도 심도 깊은 논의가 진행될 수 없다. (윤평중)

– 과학적 지식과 같은 전문가적 지식 전체에 대한 평판이 전 세계적으로 떨어져 있다. 현대인들은 매스미디어를 통해 과학적 지식을 접하다보니, 과학적 지식이 굉장히 변질되어 일반 대중은 과학적 지식에 불확실성을 가진다. 이러한 이유로 전문가 집단에 대한 신뢰가 많이 떨어져 있다. 현대사회에서 소통의 대부분은 전문가의 권위에 의존한다. 이런 상태가 지속되면 소통의 기반 자체가 없어진다. 이러다 보니 현대인들은 자신들이 지닌 선입견이나 편견을 버리지 않는다. (전상진)

– 소통의 문제는 기본적인 소통에 관한 규칙이 없는 것에서 유래한다. 우리 사회는 사회 영역의 사실이 과학적 사실보다 더 힘을 발휘한다. 이는 과학적 신뢰도를 증가시켜야 하는 과학자들이 사회에 관심이 무지하다는 점에서도 유래한다. 이러다보니 우리 사회가 의존할 만한 과학적 사실을 제공할 수 있는 전문가 집단이 없다. 이런 상황에서 정치적

으로 과학적 사실이 등장하니까 과학자들이 당혹스러운 것이다. (이덕환)

- 사실의 문제의 구조는 인간이 사실을 생성시킴과 동시에 그 생성된 사실이 역으로 인간을 다시 형성하는 것이다. 정치의 소통의 전제조건으로 과학이 수단이 될 수도, 안 될 수도 있다. (이대일)
- 과학적 사실에 대한 조율의 메커니즘이 과학기술계 내에 있어야 하는데, 우리나라는 그렇지 못하다. 그렇기 때문에 우리 사회에 제시되는 과학적 사실들이 충분한 설득력을 가지고 있지 못한다. 그 상당수의 책임은 과학기술계 내에 있다. 그러나 과학적 사실과 우리 사회의 누구나 동의할 수 있는 것에 관한 정치적 소통의 문제와는 구별되어야 한다. (이덕환)
- 거짓말을 계속하면 안 믿듯이, 소통은 누적적인 것이다. 따라서 일상 속에서의 소통을 통해 어떻게 신뢰관계를 구축해나갈 것인지에 초점을 맞추어야 한다. 신뢰를 구축하면 위기는 발생되지 않는다. 우리 사회가 소통이 되지 않는 것은 국회 파행과 같은 혼란을 매일 접하다보니 머릿속에 우리는 소통이 안 된다고 각인되어버린 것이다. (류석진)
- 진정한 소통이 가능하기 위해서는 대화하는 당사자들 사이에 최소한의 신뢰가 전제되어야 하는데, 우리 사회는 정치권에 대해 그렇지 못하다. (윤평중)
- 전 세계적으로 정부에 대한 신뢰도는 떨어지고 있다. 서구가 성숙돼 보이는 것은 이전에 높은 신뢰도를 가지고 있기 때문이다. (류석진)
- 미국 의회가 극적 타결이 가능한 이유는 정파성에 의한 경직성이 없이 개인적으로 움직이기 때문이다. 소수의 중도주의자가 그것이다. 그러나 우리는 집단주의적 경직성이 강하기 때문에 결정적 순간에 양보를 하지 않는다. 이것이 한국 정치계가 소통이 안 되는 근본적인 원인이

다. (임성호)

– 분쟁과 전쟁 등 한국의 역사적 토양들을 고려하더라도, 현재 정치계의 개선은 잘 정비된 제도를 통해 가능하다. (임성호)

– 사회적 문제에 관한 해법은 개개인에 대한 신뢰보다는 절차가 지켜지고 있는 제도이다. 정치적 소통의 진정한 문제는 정치 엘리트들이 대중들을 조작과 선동의 대상으로 본다는 것과 역으로 일반 대중은 정치 엘리트의 지위를 인정하지 않는다는 것이다. 해법은 엘리트층의 절차에 대한 실천이다. 엘리트들이 먼저 절차를 지킴으로써 일반 대중이 따라오도록 사회 전체에 그러한 의식이 확산되는 것이 출발점이다. (전상진)

– 일본인들의 전형적인 대화 방식은 속으로 상대방과의 관계를 생각하면서 자기 이야기만 하다가 결론을 내리고 이를 반복하면서 의견이 통일이 된다. 이것은 성찰이 아니라 내부 계산을 하는 것이다. 그런데 이것은 한국을 포함한 대부분의 문화에서 나타난다. 그 이유는 같은 마을에서 계속 살아가야만 하기 때문에 계산할 수밖에 없는 것이다. (한경구)

– 소통의 선순환적 관계가 가능하기 위해서는 반복게임이 되어야 한다. 즉, 일회성으로 만나고 헤어지면 선순환적 구조를 만들지 못한다. 우리나라의 정치인들은 동일한 정당인으로 남아 있는 것이 아니라 이합집산 해버리는 것이 비일비재하다. 그러다보니 소통의 상대방과 신뢰관계가 구축될 수가 없다. (류석진)

– 절대로 한 번에 죽일 수 없는 사회, 즉 반복게임이 되는 곳이 신뢰 사회이다. 이런 곳에서는 내가 상대방을 공격하려고 할 때, 보복을 생각해서 적당하게 한다. (한경구)

– 대화의 순서는 이상적 자아와 현실적 자아, 이 두 자아가 먼저 서로 소통하고 그 이후에 다른 사람과 소통을 시도하는 것이다. 따라서 민주주

의의 관점에서, 생각을 안 하는 자유주의보다는 공동선을 생각하는 공동체주의가, 그리고 이상적이기는 하지만 숙고를 통해 소통 없이 이심전심하는 숙고적 민주주의가 성숙한 민주주의이다. 정당한 권위(de jure authority)가 존재할 때, 따르기만 하면 되기 때문에 소통은 필요 없다. 그러나 그런 권위를 만들어내야 하기 때문에 문제가 발생한다. 현재의 민주사회는 과도기적 상황이기 때문에 소통의 문제가 심각한 것이다. (엄정식)

- 소통이 안 되면 결국 강자에게 유리하게 된다. 따라서 정치적으로 소통이 되지 않으면 나쁜 의미의 권위가 특정 정치집단에게 더 많이 생겨나는 비극이 일어난다. (임성호)
- 소통의 기본적인 조건은 대화나 언어가 아니라 문화적 특성이다. 우리나라 사람들은 일본이나 중국과 달리 격(格)을 지키지 않는다. 따라서 우리 사회의 소통 부재의 문제는 새로운 제도보다 우리 문화나 역사에 대한 반성 속에서 가능하다. (이대일)
- 문화도 중요하지만 새로운 제도를 먼저 찾아야 한다. 진정성이 있는 국회의원도 국회에 가면 달라진다. 진정성을 가로막는 제도가 있다면, 그런 제도를 없애는 것이 문화를 바꾸는 데 도움이 된다. (임성호)
- 언어는 명제를 담아야 비로소 언어가 되며, 그것이 의미 있는 이유는 객관적 사실을 담았기 때문이다. 그런데 우리는 객관적 사실을 제대로 담지 못하기 때문에 대화하는 것이다. 즉, 서로의 언어가 객관적 사실을 담았는지 비교해보기 위해 대화하는 것이다. 이러한 의미에서 대화하면서 둘 중 하나가 이겨야 한다고 대화하는 것은 대화의 개념을 타락시키는 것이며, 오히려 대화할 필요 자체가 없어진다. (엄정식)
- 우리의 민주주의가 선진국들에 비해 압축 성장을 한 것이기 때문에 한국 정치현실에 대해 너무 좌절할 필요는 없다. 소통이 이루어지기 위해

서는 자신의 입장을 체계화하고 정교화하여 자신과 이해관계가 있는 사람과 논리를 통해 합의점에 도달해야만 한다. (윤평중)

문진포럼 3: 문화와 소통

– 우리가 사용하고 있는 문화 개념은 20세기 말에서 21세기 초에 들어온 개념으로, 개인이 중심이 되어 발전되어왔다. 이 개념은 21세기에 들어서 인간 자체를 문화적 존재로 규정하게 된다. 이렇게 인간을 문화적 존재로 규정했을 때, 가장 중요한 것은 바로 소통 개념이다. 인간의 문명사를 두 축으로 보았을 때, 그 한 축은 소통의 구조의 변화에 따라 문화의 차원이 달라진다는 것이다. 소통에 있어서 중요한 것은 소통의 상대자, 즉 타자가 있다는 것이다. 소통은 나와 다른 생각을 하는 사람이 있고 정보를 전달해 나와 같은 생각을 공유하는 것이다. 즉, 소통은 두 사람이 상호주관적인 입장에 놓이게 된다. 그러나 소통에 있어서 어느 누구의 것이 의미를 가졌다고 할 수는 있지만, 어느 한쪽이 진리를 가졌다고 할 수는 없다. 소통이라는 것은 항상 열린 자세로 상대방의 이야기에 귀를 기울이는 것이다. 소통에 있어서 또 다른 중요한 것은 정보와 소통과의 관계이다. 정보의 유통이 원활하거나 많다고 소통이 잘 되는 것은 아니다. 중요한 것은 상대방의 입장으로 내려가 그 사람의 언어로 설득시키려는 '노력'이 있어야 한다는 것이다. 문화는 소통이라고 했을 때, 인간끼리 소통이 있어야 한다는 것이다. 소통에 있어서 선의(善意)만 있으면 되는 것이 아니라, 이 선의(善意)가 소통을 통해 공유되어야 문제가 해결된다는 것이다. 우리 사회의 모든 갈등은 선의를 가지고 소통을 해결하고자 하는 노력을 안 하기 때문이다. (이기상)

- 인간을 포함한 자연물은 물리법칙의 산물이지만 인간으로부터 나오는 정신은 물리법칙의 산물이 아니며 물리법칙에 지배를 받지 않는 인공물을 창출한다. 문화는 인간 정신이 창조해내는 인공물로, 자연물과 다른 존재론적 위상을 가진다. 이를 문화존재론이라고 한다. (김광수)
- 문화란 '사이-존재'로서의 인간이 자연 속에서 자연을 자기 삶에 맞추어가는 것을 말한다. 따라서 문화는 물리화학적 · 생물학적 · 신체적 · 사회적 단계를 지닌다. 이것은 자연 속에서 인간이 무엇을 활용하느냐에 달려 있다. 문화는 인간의 삶에 맞물려 발전한다. 이렇게 인간은 다차원적 존재로서 그 밑바탕에 소통이 깔려 있다. 소통이 대두되는 이유는 이 시대가 매체의 시대, 문화다원성의 시대이기 때문이다. (이기상)
- '사이-존재'로서의 인간은 감성 · 지성 · 이성 · 영성의 차원의 존재이다. 문화적인 존재로서 인간은 이 네 가지를 통합적으로 보아야 한다. 그동안 우리는 인간의 이성적 측면만 강조했는데, 이것은 서구적 인간관으로 인간을 아무런 반성 없이 가져다 쓴 것이다. '사이-존재'로서 인간을 규정하면 현대사회에서의 인간 규정에 잘 부합한다. (이기상)
- 동물에는 없고 인간의 마음에 고유한 것이 내러티브(narrative)이다. 마음이 내러티브적인 성격을 갖기 때문에 의미는 발생하며 소통이 가능한 것이다. 이렇게 인간의 마음은 논리적 · 합리적으로 생각하는 것만이 아니라 인문학적 · 인공물적인 내용을 가진다. (이정모)
- 문화를 자연과 대비시켰을 때, 문화의 물리학적 · 생물학적 측면은 확실히 자연법칙의 범주 안에 든다. 그렇다면 문화와 자연이 분리 불가능하다. (이덕환)
- 물질 자체는 인간이 만들어낼 수 없지만, 변형은 인간이 한다. 핸드폰

은 분명 물리법칙에 의해 작동하지만, 그렇게 작동하게 만든 것은 인간이다. (김광수)

- 자아에 관한 인식이 타자에 의해 성립하듯이, 문화도 타자에 의해 성립한다. 타자의 문제는 21세기적인 문제가 아니라 문화 개념 자체가 강화시켜놓은 개념이다. (한경구)
- 그리스 시대에는 명상만을 하는 삶을 인간다운 삶으로 보았으며 이들은 노동에서 배재된 특권층이었다. 이러한 개념을 축소시킨 것이 '문화' 개념으로서, 한 인간이 자기 존재의 고유하고 진정한 형상에 이르게 되는 과정, 즉 수련 양성으로 이루어져 있다. 타자의 문제는 21세기에 크게 확장된다. 근대까지만 해도 소통은 힘 있는 사람이 타자를 의식하지 않고 그냥 명령을 하는 것이었다. 근대 이후에 상호주관성, 즉 주체와 주체가 부딪히게 된다. 즉, 타자를 만난다는 것은 나와 똑같은 주체를 만난다는 것이다. 타자성을 인정한다는 것은 고유성을 인정하여 나와 똑같은 차원에서 그 사람을 인정하는 것이다. 따라서 문화에서 가장 중요한 것은 타문화의 인식틀 · 세계관 · 가치관을 인정하는 것이다. 유럽연합은 탈근대의 모델을 만들고 있는데, 그것은 다양한 문화권이 서로 같은 주체임을 받아들이는 것이다. 여기에서는 타자성을 관용 · 협상 · 공존이라는 개념으로 받아들인다. 소통에는 타자성이 있고, 타자성에는 협상이 있고, 협상에는 관용이 있으며, 관용에는 공존을 위한 목표의식이 있다는 것이다. (이기상)
- 인간과의 소통에는 각자의 인생관이 들어 있다. 인생관은 만났을 때 뚫리는 것이 아니다. 서로의 자아를 인정해야만 하는 것으로, 관용으로 소통한다는 것은 사회통합적 관점에서 보아야 한다. (이기상)
- 모든 사람이 자기주장만 하게 되면 이런 상황은 소통이 전혀 이루어지지 않는 상태이다. 소통 개념은 좁은 문화적 차원에서 보아야 한다. (엄

정식)

– 현대는 미디어의 개념이 달라진다. 소통 개념이 매체가 되는 상황에서 과거에 다루는 차원에서 다룰 수 없다. (이기상)

– 이전과는 달리 자아가 강해져 다른 자아와 충돌이 생긴다는 것이 커뮤니케이션의 문제점이다. 정리된 자기와의 소통이 먼저 선행된 후에 커뮤니케이션을 하는 것이 소통을 원활하게 하는 것이다. (엄정식)

– 소통 문화는 여러 가지가 있을 수 있다. 작가의 작품, 범죄자들의 범죄 방식, 종교 · 예술 등등 다양한 소통이 있을 수 있다. 그러나 이때 도덕 · 진리 · 정의를 같이 생각하며 소통이 논의되어야 한다. 그렇지 않을 경우, 근본적으로 소통이 되지 않는 것이다. 따라서 소통 방법론이 중요하게 연구되어야 한다. (김광수)

– 소통은 목적성을 지닌 것으로, 내용과 방법에 있어서 일치성이 강한 것을 말한다. 어떤 집단에서 소통이 잘된다는 것은 모든 면에서 잘된다는 것인가, 부분적으로 잘된다는 것인가? (이대일)

– 일단 우리는 소통을 좋은 것이라고 전제한다. 모든 소통은 다 좋은 것인가? (김광수)

– 소통 개념은 규범적 차원과 기능적 차원으로 구분된다. 규범적 차원은 의지로 무엇을 이루려는 것을 말한다. 기능적 차원은 정보의 원활한 소통을 말하는데, 정보가 너무 많으면 오히려 소통이 더 안 되는 비소통(非疏通)의 불통이 등장하여 갈등의 상황이 나타나고 있다. 이렇게 모든 갈등의 밑바닥에는 소통의 부재가 깔려 있다. 따라서 비소통을 줄이기 해서는 상호작용, 공감, 공존할 수 있는 소통이 필요한 것이다. 오늘날 기술이 급속도로 발전했기 때문에 소통이 잘 된다고 생각하는데, 이것이 함정이다. 기술은 속도전인데, 인간과 인간의 만남은 속도전이 아니기 때문이다. 소통에서 가장 중요한 것은 인간 대 인간의 상호작용이

다. 그러나 미디어의 발달로 상호작용은 많은데, 사람들은 고독함을 느낀다. 삶 자체는 소통인데, 소통의 시간은 정보의 시간과 다르다는 것을 반성해야 한다. (이기상)

- 지각없는 사람들끼리 소통을 할 경우, 잘못된 메시지가 소통될 경우, 세상은 엄청난 혼란에 빠질 수 있다. (김광수)
- 소통과 정보는 구분되어야 한다. 소통은 공유되고 공감되고 같이 생각되는 것이다. (이기상)
- 오늘날, 정보는 무척 많이 산출되는데, 일반인들에게 공감을 못 얻고 왜곡되어 삐뚤어지는 상태가 되어 문제가 심각한 상황이다. (이덕환)
- 정보가 넘쳐나서 수신자는 자신이 스스로 의미를 부여해 선택적으로 정보를 받아들여 정보 소통의 문제가 발생한다. (이기상)
- 제대로 된 소통에 관한 연구를 위해서는 문화의 유형, 소통의 방법, 사람들의 인지적 메커니즘 등 체계적인 연구가 필요하다. (이정모)
- 소통에서는 누구나 무엇인가를 공유하고 있어야 하는 것이 있어야 하는데, 그것은 자연법칙과 관련된 부분이다. 자연법칙과 관련된 부분은 세대나 문화에 상관없이 수용되어야 한다. (이덕환)
- 과학적 사실을 과학적 사실로 받아들인다는 것은 소통문화의 독특한 틀이 될 수 있다. (한경구)
- 결과를 예측할 때, 요소들이 많을수록 공통된 것이 있어야 한다. 그것은 과학적 사실이다. 그러나 우리 사회는 최소한의 사실 자체가 공유되지 않는다. (이덕환)
- 과학과 비과학의 본질적인 차이는 그 신념체계의 내용과는 상관없이 바꿀 용의가 있는지의 여부에 달려 있다. 비이성적, 즉 감성적 측면이 강할수록 신념체계를 바꾸려고 하지 않는다. 다원화 · 민주화 · 상업화되면서 감성적이고 충동적인 개인이 전면에 등장하고 집단화되어

커뮤니케이션이 잘 이루어지지 않는다. 감성적 부분을 최소화하면 이성적 부분의 극대화가 가능하고 소통이 잘 이루어질 것이다. (엄정식)

– 과학자들의 합의에 의한 이론이나 법칙은 다른 경쟁 이론에 압도되기 전까지는 그 문화 안에서 최고의 지위를 가진다. 만일 그렇지 않다면 새로운 문제가 발생한다. (김광수)

– 과학적 정보를 가능하게 한 정신을 우리가 체득할 때 과학자가 어떤 태도로 임했는지 잘 살펴보아야 한다. 과학자는 감성을 배제하고 이성적으로 개방적인 자세를 임한다. 이런 자세로 임할 때 건전한 시민이 탄생한다. 물론 오직 이성적일 수는 없지만 이래야 소통이 극대화될 수 있다. 감성적 요소를 극소화할수록 소통의 폭은 넓어진다. (엄정식)

– 진정한 소통은 극소수에 의해서만 이루어진다. 나머지 대다수는 잘못 이해해서 결과적으로 소수들을 따라갈 뿐이다. (김광수)

– 전달하는 사람과 이해하는 사람은 부조화될 수밖에 없다. 결국 소통은 설득이다. (이정모)

– 오늘날 정보는 넘쳐나는데 지식은 어디 있는지 알 수 없다. 정보를 가진 사람들이 대중의 욕망을 부추기고 있는데, 주변에 몰린 지식의 위상을 찾아야 한다. 소통에서도 정보가 아닌 지식이 공유되어야 한다. 지식인은 정보와 지식의 차이가 있는지에 대해 정확히 말해야 한다. 그러나 지식인은 자신이 지닌 지식을 정보화함으로써 유명해지기 때문에 사람들은 제대로 된 지식이 아닌 정보를 취함으로써 혼란이 확대되고 있다. (이기상)

– 현재 한국 사회는 신뢰를 줄 수 있는 사람이 없기 때문에, 무슨 말을 해도 자기가 하고 싶은 대로 한다. 이것이 소통의 불화를 초래하는 이유이다. (이정모)

상상과

상상력의 탐구

엄 정 식
한양대학교 기초융합교육원 석좌교수
문진연구센터 기획위원회 위원장

엄정식

서강대학교 철학과를 졸업했으며 서울대학교 언론학 석사학위, 웨인주립대학교 인문학 석사학위와 미시간주립대학교 철학박사학위를 받았다. 한국철학회 회장, 서강대학교 대학원장, 서강대학교 철학과 명예교수, 하버드대학교 철학과 교환교수, 교육과학기술부와 한국연구재단의 문진연구센터 기술위원장을 역임했으며, 현재 한양대학교 기초융합교육원 석좌교수로 활동 중이다. 저서로는 『비트겐슈타인과 분석철학』, 『확실성의 추구』, 『지혜의 윤리학』, 『자아와 자유』, 『길을 묻는 철학자』 등이 있다.

Ⅰ. 머리말

요즈음에는 유난히 창의력이나 창조성을 많이 강조하는 경향이 있다. 아동의 교육에서부터 신입 사원의 채용에 이르기까지 성실성이나 신뢰성보다는 새로운 가치의 창출에 필요한 능력과 도전적인 자세가 더 높게 평가되는 추세에 기인하는 것 같다. 이러한 추세와 맞물려서 갑자기 인문적 가치가 부각되고 인문학의 소중함이 광범위하게 논의되는 것도 매우 흥미로운 현상이다. 전통적 가치가 무너지고 '아노미'(anomy) 현상이 만연되며 자아의 상실이 보편화되고 있다는 현대 사회에서는 극히 환영할 일이지만 어쩐지 의구심이 생기는 것도 또한 사실이다. 그것이 모두 인간의 존엄성을 되찾고 진정한 자아의 인식을 위한 것이라면 다행이지만 그렇다고 보기에는 구호가 지나치게 요란하고 떠들썩하기 때문에 오히려 세간의 일시적 풍조가 아닌가 하는 의구심이 생기기도 한다. 칸트(I. Kant)가 그의 『도덕형이상학의 기초』에서 강조한 것처럼 "인간을 단순히 수단으로 삼지 말고 동시에 목적으로 대하라."라는 격률을 실천하기 위해서가 아니라 소비자로서의 인간을 오히려 더욱더 철저하게 수단으로 삼고 도구화하기 위하여 인문적 가치의 분석과 활용이 필요하다고 믿는지도 모르기 때문이다.[1] 그렇지 않다면 무한 경쟁의 자본주의 시대에서 국가적 차원의 여러 기관이나 대기업의 광고매체에서 더욱 광분하는 이유가 무엇인가.

창조성이나 창의력의 중심에는 '상상력'(imagination)이라는 정신작용이 도사리고 있다. 그것은 원래 예술적 성향이 강한 사람들에게 필요한 능력으로서, 합리성이나 이성적 판단력이 강조되고 기존의 가치체계에 순응하며 도덕성을 중시하는 사회에서는 반사회적인 요소로 금기시되어온 것도 사실이다. 그러나 점차 인간에 대한 체계적인 과학적 탐구가 진행되면서 정신작용 중에 상상력이 차지하는 비중이 막중하다는 사실이 밝혀지고 있으며, 특히 심리학과 교육학의 발달에 따라 이에 대한 연구도 매우 활발하게 진행되고 있는 실정이다. 이에 따라 인간의 이러한 능력을 막연히 억압하고 통제한다든지 예술가나 인문학자들의 전유물로 도외시할 것이 아니라 그것을 개발하고 활성화하여 보편적으로 삶의 전반에 적용하는 것이 시대적 특징으로 부각되기에 이른 것이다. 그러므로 이러한 특징이 어떤 것인지 이해하려면 '상상'이란 것이 무엇인지 좀 더 자세히 살펴볼 필요가 있다.

심리학에서는 '상상(想像)'이란 과거의 경험에서 얻어진 심상(心像)을 새로운 형태로 재구성하는 정신작용으로 규정한다. 여기에는 몇 가지 특징이 있다. 우선 그것은 실재와는 일치하지 않는 세계를 만들기 때문에 그

---

1 I. Kant, *Foundations of the Metaphysics of Morals*, trans. L. W. Beck(N. Y.: The Bobbs-Merrill Co. Inc., 1959), p. 46.

러한 점을 강조하여 공상이라고 부르기도 한다. 그 다음, 그것은 지각에 의한 자극과 같은 객관적 요인에 의해 생기는 체험과 달리 전혀 자유롭고 자발적인 심적 활동에 의해서 만들어지므로 구체적이고 직관적인 경향이 있다. 또한 그것은 기본적으로 과거의 경험을 재구성하지만 전체로서 나타난 결과는 경험을 넘어서는 새로운 것이므로 창조적인 측면이 있는데, 그러한 점에서 본질적으로 기억과 구별되며 추상적 개념을 구사하는 사고(思考)와도 다르다. 끝으로, 상상의 내용에는 어떤 사람의 요구나 감정 등이 투영되어 있으므로 흔히 개인의 인격이 반영되며 스스로 그것을 의식하게 된다. 그러한 점에서 그것은 망상이나 환각과도 구별된다. 그러나 상상의 내용이 항상 상상의 세계에만 머물러 있는 것은 아니다. 달 여행은 한때 공상이었지만 점차 상상으로 발전하더니 이제는 현실이 되었다. 우리가 과학기술시대에 새삼스럽게 상상의 소중함을 거론하는 이유도 바로 여기에 있다. 어떤 과학자의 상상이 언제인가는 과학기술에 힘입어 현실이 될 수도 있기 때문이다.

심리학자들이 말하는 상상에는 적어도 네 종류가 있다. 첫 번째, 수동적 혹은 도피적 상상으로서 백일몽이 그 좋은 예가 된다. 소아마비인 사람이 올림픽에 출전하는 달콤한 생각에 빠진다든가, 자기는 고귀한 사람의 사생아라고 상상하는 것을 백일몽이라고 한다. 두 번째로 상징적 상상이 있다. 아이들이 막대기에 올라타고는 말을 탄 것처럼 여기거나 둥글게 붙잡아 맨 새끼줄 안에 들어가서 기차를 탔다고 생각하는 것이 그것이다. 세 번째는 목적적 상상이 있다. 가령 도예가가 완성된 질그릇을 상상하면서 소재를 가지고 토기를 만들어가는 경우로서 이것을 "토기의 행위"라고도 한다. 끝으로 생산적 상상이다. 이것은 예술、과학 및 발명과 같은 분야에서 새로운 것을 창조하고 인위적으로 자유롭게 관념을 재현하는 경우이다. 물론 이러한 유형의 상상이 항상 뚜렷하게 구별되는 것은 아니며 흔히 복합적으로 작용하기도 한다. 그러한 것은 원래 철학자들의 관심사였으므로 이제 철학에서는 이 주제에 관해 어떠한 탐구가 이루어졌는지 간단히 살펴보자.

II. 상상력의 철학적 탐구

서양철학에서는 플라톤과 아리스토텔레스의 영혼에 관한 탐구 이후 상상에 관한 관심이 지속되었지만 그것이 중요한 철학적 주제는 아니었다. 그러한 경향은 서양철학의 주지주의적이고 합리주의적인 전통 때문이었다고 말할 수도 있다. 가령 플라톤에 의하면 이른바 "선분의 비유"에 잘 나타나 있듯이, 상상력은 영상 혹은 사물의 그림자를 형성하는 능력으로서 대상에 대한 참된 지시의 근거가 될 수 없으며 인식의 가장 낮은 단계에 속할 뿐이다. 그림자란 원래 유동적이고 가변적이며 흔히 환상적이기 때문이다. 그의 인식론에서 지식은 사물의 불변하는 본질을 파악하는 것이며 그렇게 하기 위해서는 무엇보다 감각이나 '상상'(eiksia)을 넘어서서 지성적 영역으로 도약하는 것이 필요하다. 그러나 가령 시인들은 저급한 모방을 통해서 우리를 추측의 수준에 머물게 할 뿐이다. 플라톤은 소크라테스의 입을 빌려 이렇게 말한다.

> 시인들은 신발 수선에 대해서는 아무것도 모르면서 신발 수선공과 흡사한 모습을 만들어내려는 수선공과 같다. [……] 그렇다면 우리는 모방자가 이야기할 가치가 있는 어떤 지식도 없다는 것에 충분히 동의할 것이다. 모방은 놀이 또는 스포츠의 일종이며, 비극 시인이나 서사 시인은 가장 높은 차원의 모방자들이 아닌가.[2]

그러나 플라톤이 상상력을 무조건 폄하한 것은 아니다. 그것이 뮤즈 혹은 다이몬(daimon)에 의한 악마적 미혹의 결과이며 이성적 기능이 아님을 지적한다고 해서 신적인 것을 전하지 못한다고 그가 주장하는 것은 아니기 때문이다. 플라톤이 『이온』에서 지적하듯이 "시를 짓는 것은 기예에 의해서가 아니라 신의 선물에 의한 것"일 수도 있다는 것이다.[3]

한편 아리스토텔레스는 플라톤적 관념론을 탈피하여 상상력을 심리학적 혹은 생물학적 관점에서 조명하며 감각적 지각의 중요성을 부각시킴으로써 그것이 지식의 형성에도 필수적인 요소가 된다는 점을 강조한다. 그는 상상력이 감각에 의존하고 사유를 가능하게 함으로써 양자를 매개하는 기능을 수행한다고 주장하며 이렇게 말한다.

> 상상력은 감각 없이는 발견되지 않으며, 판단력 또한 상상력 없이는 발견할 수 없지만 그것이 지각이나 추론적 사고와는 다르기 때문이다. 이 활동이 판단과 동일한 활동이 아니라는 점만은 분명하다. 그것은 언제든지 우리가 원할 때, 가령 심적 영상을 사용하여 기억술을 수행할 때 하나의 그림을 떠올릴 수 있듯이 우리의 능력 안에 있기 때문이다. 그러나 의견을 구성할 때는 자유롭지 않은데, 진위를 가리는 것을 피할 수 없기 때문이다.[4]

아리스토텔레스는 이와 같이 이데아 설에 입각한 플라톤의 형이상학적 접근을 심리학적이고도 생물학적인 방향으로 전환시킴으로써 이 주제

---

2 Plato, *Great Dialogue of Plato*, New American Library of World Literature(N. Y., 1956), *The Republic* 600b~601.

3 Ibid., *Ion* 534c 그는 이어 이렇게 말한다. "시인은 덧없는 것이며 날개 달린 신성한 것이기 때문이다. 시인은 감흥을 받아서 지각을 잃어버리고 아무런 분별도 남아 있지 않을 때까지는 시를 쓸 수 없다. 누구도 이성을 유지하고 있는 한 시를 쓰고 신탁을 노래할 수 없다."

4 *Aristotle, Selections, De Anima* 3권 3장 427b(N. Y., Chalrles Scribner's Sons, 1957).

에 관한 탐구에서 커다란 두 주류를 형성했을 뿐만 아니라 계몽시대에 근대과학의 출현과 함께 좀 더 체계적이고 심층적인 접근을 시도하는 데 계기를 마련하기도 하였다.[5] 물리학의 영향을 받은 이후 근세의 철학적 해명에서는 상상력에 대한 심리학적 접근의 현상이 뚜렷해졌으며 그것은 감각과 지성 사이의 어떤 기능으로 보는 아리스토텔레스의 전통에 입각한 것으로 볼 수 있기 때문이다. 이 시기에 플라톤적 전통이 데카르트의 이원론적 양상으로 나타났다면 아리스토텔레스의 전통은 홉스(Thomas Hobbes)의 일원론적인 유물론 혹은 경험론의 형태로 구체화되었던 것이다.

홉스에 의하면 "인간 정신 안에는 애초에 전체적으로나 부분적으로 감각기관에 의해 생겨나지 않은 것이 없다."[6] 지식은 외적 감각에 주어진 대상들로부터 비롯되는데 이것들은 기억 안에 저장되며, 나중에 감각적 인상들과 영상들을 남긴다. 이 모든 작용은 상상력에 의한 것이며, 그것은 환기되고 재결합되는 '쇠잔해진 감각' 혹은 '기억'일 뿐이다. 홉스는 이 구도를 인식의 구조뿐만 아니라 예술적 창조의 본질을 설명하는 데 적용하기도 한다. 그러나 그는 공상이 항상 합리적 판단의 통제 아래 있어야 한다는 플라톤적 경고를 잊지 않는다. 그는 이렇게 지적한다.

> 꾸준함과 목표를 향한 지속성 없이는 위대한 공상은 일종의 광기에 지나지 않는다. 가령 대화를 진행함에 있어서 생각나는 모든 것에 의해서 목적으로부터

---

5 Aristotle은 상상력이 현재 또는 과거의 감각적 지각으로부터 영상을 형성하는 능력이라고 보는데, J. H. Randell에 의하면 이것은 "실제의 감각에 의해서 생성되는 일종의 운동"으로서 "물리적 현상"이고 "정신적인 것이 아니라 신체적인 것"이라고 한다. 그의 *Aristotle*(N. Y.: Columbia Univ. Press, 1966), p. 95 참조.

6 Thomas Hobbes, *Leviathan*(Indianapolis: Bobbs-Merrill, 1968), p. 25.

벗어나는 것이 그것이다.[7]

이와 같이 홉스는 상상력을 경험론적으로 접근한 대표적 인물이다. 그에 의해서 이제 상상력은 통일된 영상을 제공하며 기억 안에서 그것을 환기하게 해주는 매우 광범위한 기능으로 이해되었다. 그러나 뉴턴의 영향을 받아 근대 과학혁명이 완성된 이후 철학사에서도 상상력에 대한 탐구에 새로운 양상이 전개되었다. 특히 경험론의 완성자인 흄(David Hume)이 상상력을 철학적 주제의 중심에 올려놓은 대표적인 인물이 되었던 것이다.

흄은 이 주제에 대한 올바른 이해야말로 다른 문제들을 풀 수 있는 관건이 된다고 믿었다. 그는 철학적 주제의 대부분이 전통적으로 합리적 사고의 산물이라고 간주하고 그 해법을 주로 추상적이고 사변적이며 논리적인 분석을 통해서 찾으려고 했다고 그는 생각했다. 더구나 자연주의자로서 흄은 우리의 온갖 신념이 주로 '비합리적'인 부분이라고 할 수 있는 상상이나 본능, 혹은 습성이나 성향과 같은 능력을 통해서 형성되었다고 믿었다. 물론 이성적으로 분석하고 계산하여 생기는 신념도 있겠지만 인과성、존재성、자아동일성 등 철학적 신념은 물론 대부분의 일상적 믿음들도 이러한 능력에 의해 형성된다는 것이다. 가령 그는 어떤 물체의 존재에 관한 신념에 관하여 『인성론』(*A Treatise of Human Nauture*)에서 이렇게 주장한다.

> 우리의 이성은 물체가 우리와는 상관없이 독립하여 지속적으로 존재하고 있다는 확신을 어떠한 가정 아래서도 주지 못하고 또 줄 수도 없다. 그러한 믿음은

---

7 Ibid., p. 68.

전적으로 상상력에 의해 생긴 것임에 틀림없다.[8]

이러한 주장은 일상적 믿음에 두루 적용되고 상상력은 감성의 영향을 받기 때문에 결국 신념이란 "본성의 인지적 행위라기보다는 감성적인 작용으로 보는 것이 더 적절하다."는 것이다.[9] 이와 같이 여기서 그가 의미하는 '상상'이란 보통 우리가 생각하는 것보다 훨씬 광범위하고 통상적으로 심리학에서 쓰는 의미와도 다르다. 이른바 객관적인 사실이나 과학적으로 입증된 존재의 세계도 결국은 대부분 상상력의 소산에 지나지 않는 것으로 간주되기 때문이다.

흄의 경험론적 인식론과 상상력에 관한 입장은 홉스를 비롯한 경험론적인 전통을 계승한 것이지만 이에 못지않게 당대의 저명한 물리학자였던 뉴턴으로부터 크게 영향을 받았다. 무엇보다 그는 뉴턴이 물질의 세계를 설명하기 위하여 그의 자연철학을 신학적 근거로부터 독립시키고 별도의 역학적 체계를 정립했듯이 자신의 인성철학을 수립함에 있어서 전통적 형이상학이나 도덕철학과 차별화하였으며 철저하게 뉴턴의 과학적 방법론을 도입하였다. 그렇게 함으로써 그는 인간 오성의 본질과 인식의 과정을 이성적이고 합리적으로 정당화하는 것이 아니라 사실적이고 경험적으로 설명하려고 시도하였으며 이 문제를 과학화하는 데 심혈을 기울였다. 그 결과 그는 자신이 전통적인 의미의 철학자라기보다는 오히려 심리학자로서의 면모를 과시했던 것이다. 그것은 또한 인간이 물체들과 마찬가지로 자연의 일부이며, 따라서 인간의 심리현상도 물리현상을 설명

8 David Hume, *A Treatise of Human Nature* ed. by S. A. Selby-Bigge(Oxford Univ. Press, 1978), p. 193. 흄의 자연주의와 상상력에 관한 논의는 김효명의 『영국경험론』(아카넷, 2001), pp. 102~115를 참조할 것.

9 Ibid., pp. 11~13.

하는 자연주의적 방식으로 접근해야 하고 또 그렇게 설명되어야 한다는 것을 전제로 하는 것이다.

흄에 의하면 모든 인식은 기초적인 경험으로부터 비롯된다. 이 경험은 우선 대상으로부터 생생한 인상을 형성하게 되는데 그 복사물로서 관념이 나타난다. 그런데 여기서 복사 혹은 재생의 역할을 수행하는 것이 상상력과 기억력이다. 그러므로 생각을 한다는 것은 관념을 갖는다는 뜻이요 관념을 갖는다는 것은 상상력과 기억력에 의해 과거에 가졌던 인상을 재생한다는 뜻이다. 그런데 기억은 이 과정에서 생생하고 강하게 원래의 인상을 재생하고 관념들을 시간과 공간의 질서에 따라 반영하는 반면, 상상은 재생할 때 희미하고 활력이 없지만 관념들을 자유롭게 변화시킨다는 차이점이 있다. 그러므로 어떤 관념이 원래대로 재생되었다면 기억력에 의한 것이고, 그대로가 아니라면 상상력에 의한 것이다. 이와 같이 상상력은 구체적인 시간과 공간의 질서에 얽매이지 않기 때문에 어떤 사물을 복합적으로 재생할 수 있고 그 과정에서 새로운 관념을 형성할 수 있으므로 '창조적'이라고 할 수 있다. 가령 야생마의 관념과 독수리의 거대한 날개라는 관념이 상상력에 의해서 합쳐지면 페가수스 혹은 천마의 관념이 탄생한다는 것이다.

그러나 상상력이 무제한의 자유를 누리며 무질서하게 작동하는 것은 아니다. 관념들은 질량을 가진 물체들이 역학의 법칙에 따라 움직일 수밖에 없는 것처럼 상상력도 어떤 원리에 따라 작동하지 않으면 안 되는 것이다. 그것을 흄은 "관념연합의 원리"라고 부른다. 이 원리에 의하면 관념들은 서로 유사하거나 시간적 및 공간적으로 근접해 있는 것들, 그리고 서로 인과관계에 놓여 있는 것들끼리 연합되기 쉽다는 것이다. 그러므로 상상력은 자유를 누리지만 느슨하게나마 "자연적으로 이끄는" 방식, 즉 유사성、근접성 및 인과성이라는 자연연의 원리에 따라 결합하는 경향이 있다는 것이다. 이것이 곧 비록 신화의 세계에만 존재하는 동물이지만 페가수스가 엉덩이나 발굽이 아니라 등에 날개를 달고 다닐 수밖에 없는 이유이며, 소설과 같은 허구의 세계에서 일어나는 사건이나 등장인물들이 때로는 현실의 세계에서보다 더 실감나고 큰 감동을 주는 이유이기도 한 것이다.[10] 상상은 이와 같이 '자유롭게' 펼쳐질 수 있지만 상상력은 '자연스럽게' 작동한다는 것이 흄의 입장이다.

흄에 의하면 상상력은 "영구적이고 불가항력적이며 보편적인 것"으로서 인간의 자연적 본성에 속하는 것이다. 그러므로 그것은 "인간의 모든 사유와 행위의 기초이기 때문에 이것 없이는 인간의 본성도 즉각 소멸되고 파괴되어버릴 것"이라고 한다.[11] 따라서 인간의 정신작용이 어떠한 방식으로 작동하고 갖가지 신념들이 어떻게 형성되는지 밝히려면 상상력에 대한 이해가 필요하다는 것이다. 여기서 특히 그에게 중요한 것은 우리가 어느 특정한 신념을 갖는 것이 정당한 것인지의 여부가 아니라 어떻게 해서 그러한 신념을 갖게 되었는지 해명하는 문제라는 점이다. 그러한 신념을 갖는 것은 음식을 먹거나 잠을 자는 것과 마찬가지로 자연스러운 일이므로 정당화를 요구하는 문제가 아니기 때문이다.

상상에 관한 흄의 입장은 여러 가지로 비판의 여지가 있지만 이 주제에 관해 획기적인 전환점을 마련해주었고 아직도 우리에게 많은 시사점을 제시해준다. 이미 지적한 바와 같이 그는 상상을 철학적 담론의 전면에 부각시킴으로써 철학사에 새로운 장을 열었을 뿐만 아니라 정신작용을 뉴턴의 영향을 받아 원자론적이고도 기계론적으로 접근함으로써 심리학의 학문적 기초를 마련하기도 하였다. 그리고 무엇보다 상상력이 많이 작동

---

10 Ibid., p. 225.
11 Ibid., p. 183.

하는 신화나 예술뿐만 아니라 종교의 인간학적 이해와 과학적 탐구의 심리학적 접근에도 크게 기여했다고 말할 수 있는 것이다.

칸트(I. Kant)는 서양철학사적 관점에서 볼 때 경험론과 합리론을 비판적으로 종합한 근대철학의 완성자이며 현대철학의 출발점을 제공하기도 한다. 그의 비판철학은 이른바 "3대 비판서"에 잘 집약되어 있는데, 이것을 관통하는 주제는 '판단력'이라는 개념으로 축약될 수 있다. 그에 따르면 "모든 판단력은 표상들을 통일하는 하나의 공통적 표상으로 묶는 활동의 통일"이기 때문이다.[12] 따라서 이 작업을 우리는 "경험과 인식에서 의미 있는 통일과 질서가 성취되는 방식들에 대한 탐색"으로 간주할 수 있으며 존스(Mark Johns)가 지적하듯이 상상력(Einbildungscraft)이야말로 이러한 질서를 확보하는 중요한 수단이 되는 것이다.[13]

칸트에 의하면 상상력에는 적어도 네 가지 주요한 단계를 거쳐 전개되는데, 재생적 · 산출적 · 도식적 및 창조적 혹은 통합적 측면이 그것이다. 이러한 접근 방법은 대체로 경험론적 접근 방식을 계승한다고 볼 수 있으며, 특히 재생적 측면을 강조할 때 그렇다. 그는 상상력이 통일된 영상을 형성하고 여기서 형성된 것을 기억에 환기시키기 때문에 이 기능을 통일되고 정합적인 경험을 구성하는 능력으로 이해한다. 그러나 우리가 경험하는 것은 연속적인 의식 상태라기보다는 그 상태들에 대한 '나'의 의식

12 I. Kant, *Critique of Pure Reason*, trans. N. K. Smith(N. Y.: St. Martins, 1965), A69, B93.

13 M. Johns, 노양진 역, *The Body in Mind*(『마음속의 몸』), 철학과현실사, 2000, p. 303. 그는 칸트의 입장을 비판적으로 고찰하고 이렇게 말한다. "한편으로는 창조적 기능과 다른 한편으로는 재생적 기능, 산출적 기능, 그리고 도식화 기능 사이에 간극이 있는 것으로 보인다. 그것들을 연결하는 것은 그것들 모두가 정신적 표상들을 우리의 경험 안에서 의미 있는 통일로 구조화해서 정돈한다는 사실이다. 그러나 창조적 상상력의 자유(새로움의 산출)는 자동적이고 질서정연한 재생적 및 산출적 기능만으로는 설명될 수 없다. 칸트는 이 괴리를 메우지 않는다. 그것은 체계 안에서 메워질 수 없는 것으로 보인다. 칸트는 창조적 상상력의 작용을 서술하지만 그것을 설명하지는 않는다." 그 자신의 입장은 pp. 303~320 참조.

이라는 점을 그는 지적한다. 그가 경험론을 극복하고 강조하고자 하는 것이 바로 이 부분이다. 그에 의하면 "내가 주어진 표상들의 다양함을 하나의 의식으로 결합할 수 있을 경우에만 이 표상들 안에서(즉 통해서) 의식의 동일성을 나 자신에게 표상할 수 있다."[14] 여기서 나타나는 의식의 통일에 근거해서 우리는 객관적이고 공적이며 공유된 경험을 할 수가 있는데, 그것이 경험에서 비롯되지 않는다는 점에서 칸트는 '초월적'이라고 부르며 이 과정에서 결정적인 역할을 하는 것이 곧 상상력의 작용이라는 것이다. 칸트는 이 초월적인 종합 작용을 특히 '산출적' 상상력의 작용이라고도 부른다. 이 모든 표상들의 집합이 공유된 세계 안의 대상으로 경험되려면 서로 합치해야 하는 구조를 산출해야 하기 때문이다.

칸트는 정합적이고 통일된 의미 있는 경험과 이해를 성취하기 위해서, 그리고 여기에 필요한 객관적 구조를 마련하기 위해서 상상력이 전제되어야 함을 역설한다. 도대체 상상력이 없으면 아예 경험이란 것이 성립될 수 없음을 지적하는 것이다. 그는 이러한 입장을 좀 더 구체화하기 위하여 도식적 측면을 부각시킨다. 그것은 감각과 지성 사이를 매개하는 활동으로서 상상력을 검토하는 문제인데, 추상적인 정신적 구조가 감각적 지각의 내용과 연결되는 방식을 해명하는 문제라고 볼 수도 있다. 그에 의하면 시간이 내적 감각뿐만 아니라 모든 인식의 형식이기도 한데, 상상력이 항상 시간 안에서 표상들을 정돈하는 도식화 작용에 기여한다는 것이다. 여기서 '도식'이란 영상을 산출하고 표상을 정돈하는 상상력의 절차가 되며, 그렇기 때문에 상상력의 시간적 특성이 경험에 질서를 세우기 위한 중요한 수단이 된다는 것이다. 가령 어떤 삼각형의 구체적인 영상과 '삼각형'이라는 추상적 혹은 일반적인 보편적 개념을 매개하는 것이 바로 상상

14 Kant, Critique of Pure Reason, op. cit., B113.

력이라는 것이다.[15]

끝으로 칸트는 『판단력 비판』의 주제인 '반성적 판단력'과 관련하여 상상력의 창조적 특성을 설명한다. 무엇보다 그는 정신이 감각을 통해 받아들인 것들을 단순히 조직화할 뿐 아니라 새로운 질서를 찾고 그렇게 함으로써 새로운 의미를 생성하기 위해 표상을 반성한다는 사실에 주목한다. 그는 이러한 판단력을 '규정적 판단력'과 구분하여 '반성적 판단력'이라고 부르며, 이미 "만들어진 개념의 관점에서 주어진 표상들을 다른 표상들, 또는 어떤 사람의 인식 능력과 비교하고 결합하는 것"으로서 '비판적' 능력이라고 할 수 있다. 그에 의하면 이러한 능력은 지식을 구성하거나 산출하지는 않지만 표상들을 조직화하는 가능한 방식들을 찾아서 지각 · 영상 · 개념 등 다양한 표상들을 조작함으로써 상상적 활동을 수행한다는 것이다.

한편 칸트는 심미적 가치의 형성과 그 대상을 탐구함으로써 창조적 상상력에 대한 논의를 전개한다. 가령 우리가 장미 한 송이를 바라볼 때 그것이 우리가 지닌 '장미'라는 개념과 일치하거나 쓸모가 있기 때문이 아니라 단순히 그 형태와 구조 · 구성 등에만 관심을 쏟았을 뿐인데 어떤 쾌감, 혹은 그 조화와 우아함 같은 것을 경험했다면 이른바 '취미 판단'을 한 셈이다. 칸트는 이러한 판단은 형식적 적합성에 대한 상상적 반성이 이루어졌을 때 얻는 쾌감에 근거한다고 주장한다. 더 나아가 그는 이러한 판단이 공유된 개념에 근거해 있지는 않지만 우리가 동일한 방식으로 반성할 수 있기 때문에 보편적 타당성을 요구할 수도 있다고 역설한다. 이러한 입장은 예술을 창조하는 데 규칙이 있을 수 있으며 그것을 근거로 예술품에 대한 어느 정도의 객관적 평가가 이루어질 수 있고, 그가 말하는 이른바

15 Ibid., A141, B180.

'심미적 이념'을 규정할 수도 있다. 그는 이 이념에 대해 다음과 같이 말한다.

> 어떤 확정적 사고, 즉 그것에 부합할 수 없는 어떤 개념도 없이 깊은 사고를 불러일으키는 상상력의 표상이다. 따라서 그것은 언어에 의해 완전하게 포섭되고 설명될 수는 없다.[16]

상상력에 관한 칸트의 이론은 존스가 지적한 바와 같이 여러 가지로 미흡한 데가 많이 있다. 그러나 그는 주체성 혹은 선험성을 부각시킴으로써 흄의 경험론적 접근을 수정하고 보완하고자 노력하였으며 "경험에서 상상력의 범위와 편재성, 그리고 중요성을 파악하게 해주었던 것"은 인정해야 할 것이다. 그러므로 우리가 좀 더 만족할 만한 이론을 정립하려면, 다시 말해서 상상력의 작용을 서술하는 데 그치지 않고 그것을 충분히 서술하려면 그가 도달한 지점을 정확하게 파악하고 바로 그 지점에서 출발하지 않으면 안 될 것이다. 그러나 상상력과 상상의 의미를 이해하기 위해서 반드시 심리학이나 철학에 의존할 필요는 없다. 우리는 신화나 종교, 혹은 문학이나 과학을 통해서 상상력이 실제로 어떻게 작동하고 상상의 세계가 어떤 양상으로 전개되는지 실감할 수 있기 때문이다.

III. 신화와 예술, 그리고 상상의 세계

인간은 항상 그리고 자연스럽게 신화를 만들어낸다. 상상력이 있고 문학

16 Kant, *Critique of Judgment*, trans. James Haden(N. Y.: Hafner, 1968), 49절.

적이며 종교적 심성이 있는 한 과학기술 시대에도 여전히 우리는 각종 신화를 만들어낸다. 그것은 이성(logos)의 관점에서 보면 비과학적이고 비합리적이다. 그러므로 나쁜 신념이나 무모한 이데올로기와 동일시되기도 했다. 그러나 그것은 초월과 꿈에 대한 상상적 원망의 표현이기 때문에 근원적인 것에 대한 열망과 희구를 낳기도 한다. 흄의 관점에서 보면 이러한 원망은 단순한 허구나 환상이 아니며 일반적으로 객관적 혹은 역사적 사실이라고 알려진 현상과 연장선 위에 있는 것이다. 그러므로 관점에 따라서는 이러한 상상의 세계는 반드시 필요하고 문화의 진보와 정신의 고양을 위해서도 소중하게 간직되어야 하는 것이다.

루카치(György Lukács)는 이러한 맥락에서 현대가 상실과 실향의 시대인 반면 역사 이전의 그리스 시대를 황금시대로 여겼다. 이 시대에는 인간이 자신의 총체성을 지니고 있었고 신과 자연과 인간이 유기적으로 작동하여 서로 조화를 이룸으로써 구성진 삶을 살아가는 최고의 시대였다고 한다. 그러므로 신화는 기능주의와 물신주의를 살아가는 현대인에게 인간의 총체성 회복이라는 희망을 안겨준다는 점에서 여전히 의미가 있다는 것이다. 기억력에 의한 사실의 확인과 검증에만 몰입할 것이 아니라 상상력의 증진을 통해 삶을 더욱 풍요롭게 할 필요가 있다고 이해해도 좋을 것이다.[17]

융(Carl G. Jung)에 의하면 사고에는 '정향적'인 것과 '상상적'인 것이 있다. 이 중에서 후자가 훨씬 더 넓고 풍부하며 역사도 오래되었고, 꿈이나 환상, 신화 등을 만들어내며 논리보다 심상의 연상과 직관을 통해서 이루어지는 사고이다. 상상적 사고는 정향적 사고가 중단되어 리비도가 퇴

17 G. 루카치의 마르크스주의적 문학이론에 대해서는 박정호 · 조만영 역, 『역사와 계급의식』(거름, 1986); 김성민 역, 『사회적 존재의 존재론』(동녘, 1996); 한기상 · 안성권 · 김경연 역, 『이성의 파괴』(I, II, III)(심설당, 1997) 등을 참조.

행한 지점에서 이루어지지만 결코 미숙한 사고가 아니다. 그러므로 이 사고에서 나온 신화를 문자 그대로 보면 이상해 보일지 모르지만 상징적으로 보면 그 안에는 논리적 사고로 나타낼 수 없는 심오한 의미가 담겨 있다는 것이다. 융은 "신화 속에서 생각하며 살았던 인간은 성숙한 실재였지 네 살배기 아이가 아니었다. 신화는 어떠한 유치한 환영이 아니라 오늘날 우리의 삶에 과학이 그러한 역할을 수행하듯이 원시적 삶에 필요한 가장 중요한 도구였다."고 주장한다.[18]

잘 알려져 있는 바와 같이 신화는 일반적으로 이야기 형태로 전개되지만 서사시적인 율동감과 아울러 여러 주제들이 반복되면서 메아리를 울리며 뒤얽히는 형태로 나타난다. 그것은 대체로 음악적이어서 무수한 이야기들의 웅장한 관현악을 연상하게 한다. 그렇기 때문에 신화는 본질적으로 상상력의 산물이지만 동시에 상상력을 더욱 자극함으로써 상징성을 낳고 다음 세대로 전수되며 시대마다 새로운 모습으로 재현되기도 한다. 지역마다 다소 다른 양상을 보이기도 하지만 그것이 창조신화와 개국신화 혹은 영웅신화, 유래신화 등 매우 유사한 형태로 변주하며 나타나는 이유도 여기서 찾아볼 수 있다.

시대적 특징을 반영하며 새로운 모습으로 각색된 신화의 주인공으로는 오이디푸스와 카산드라가 좋은 예가 될 것이다. 오이디푸스는 무지의 죄로 행복의 정점에서 불행의 나락으로 떨어진 한 개인의 역전된 운명을 그리고 있다. 이 이야기는 원래 라이오스와 아들들의 이야기로 전해 내려오던 것이 소포클레스가 희곡의 형태로 처음 작품화하였다. 그런데 이 신

18 C. G. Jung, 한국 융연구원 역, 『상징과 리비도』(솔출판사, 2005), p. 49. 그는 또한 정향적 사고가 "전달을 위한 것이고, 언어적 요소를 지니며 사람을 힘들고 지치게" 하지만 상상적 사고는 "힘들지 않게, 이미 존재하는 내용을 가지고 무의식적 동기에 이끌려, 말하자면 저절로 작업한다"고 지적한다. p. 41.

화는 17세기와 18세기 프랑스 고전주의 시대에 다시 주목을 받았고 20세기의 문학에서는 패러디 혹은 해석학이나 정신분석학의 대상이 되었으며, 이 시기에는 오이디푸스가 신의 장난감이 아니라 개성을 지닌 존재로 각색된다. 앙드레 지드는 『오이디푸스』에서 권위에 도전하는 반항아를 발견했고, 장 콕토는 『지옥의 기계』에서 반체제 혁명가의 모습을 그려냈다. 인간의 비극적 운명이 많이 퇴색된 것이다. 그러나 이러한 작품들은 인간의 본성과 자아의 정체성이란 동일한 구조에 대해 상상력이 보여주는 변주곡일 뿐이다.

카산드라의 경우도 예외가 아니다. 그녀는 예언의 능력만 받고 구애를 받아들이지 않자 아폴론은 아무도 그녀의 예언을 믿지 않는 형벌을 내린다. 이 신화가 그 모습을 갖춘 것은 아이스킬로스의 비극 『아가메논』에서였다. 트로이의 참화를 예언했으나 그것은 일방적인 '시니피앙'에 그칠 뿐 그 누구에게도 '시니피에'가 되지 못한다. 카산드라는 연합군 사령관 아가멤논의 수중에 들어갔다가 그 아내의 손에 살해당한다. 그녀는 히스테리 환자의 모습을 보여주지만 여성의 종속성을 은유하기도 한다. 크리스티 볼프의 『카산드라』는 20세기의 증인으로서 "내게 증언을 간청할 인간이 존재하지 않을지라도 나는 증인으로 남고 싶다."고 절규한다. 그러한 점에서 그는 무력한 지식인을 닮았다. 이와 같이 상상력은 시대와 역사를 넘어서 진화하며 새롭게 태어난다.

신화는 인간의 운명적 한계를 비극적으로 묘사하기도 하지만 심리학자들은 무의식의 표출로 활용하기도 한다. 현대에 들어와서 상상력은 무의식과의 연관 속에서 이해되는 경향이 있다. 저명한 신화학자인 캠벨(Joseph Cambell)은 그의 『신의 가면』에서 신화를 "신들에 대한 자연과학"이라고 부르며 "전 세계 신화를 비교하다 보면 인류의 문화사를 단일한 것으로 보지 않을 수 없게 된다. 불 훔치기, 홍수, 죽은 자의 땅, 처녀 출생,

부활한 영웅 같은 주제들이 전 세계적으로 널리 분포되어 있지만, 그것들은 몇 개의 동일한 요소들이 각 지역에서 새롭게 조합되어 나타난 것에 불과하기 때문"이라고 주장한다. 그는 또한 "삶의 충만성은 합리적 사유가 아니라 각자가 지니고 있는 신화의 깊이와 폭에 직접 비례하는 것 같다."고 주장한다. 그러나 신화라는 것은 인간이 만든 것이다. "인간 정신은 모든 신들의 창조자이자 파괴자이며 신들의 노예이자 주인인 것이다." 좀 더 정확히 말한다면 신화는 상상력에 의한 관념들의 화려한 연합의 산물이기 때문에 인간에게 정신작용이 허락되는 한 그러한 것을 창조하는 것은 자유로울 뿐만 아니라 자연스러운 것이라고 할 수도 있다.[19]

예술에서는 흔히 공상과 구분되지 않는 상상의 역할이 중요한 부분을 차지한다. 미술사가인 곰브리치(E. H. Gombrich)는 막대기로 말놀이하는 경우, 말하자면 상징적 상상력을 예로 드는데 말은 달리는 능력이 있고 막대기는 어린이의 상상 속에서 말의 속도 개념에 부응하기 때문이다. 사실 이러한 예는 정도의 차이는 있지만 일상적인 생활에서도 얼마든지 찾아볼 수 있다. 그러나 상상은 역시 예술 분야에서 가장 두드러진 현상이라고 해야 할 것이다.[20]

워즈워드(W. Wordsworth)는 그의 『서시』(*Prelude*)에 어린 시절의 경험을 담고 있는데 이러한 현상을 설득력 있게 보여주고 있다. 그가 너무 어려서 말고삐도 잡기 어려울 때 승마를 배웠다. 어느 날 실수로 혼자 교수대의 잔해들이 있는 들판으로 달려가게 되었는데, 그는 거기서 엄청난 충격을 받았고 훗날 그 경험을 상상에 실어 이렇게 노래하였다.

---

19 J. Campbell, 『신의 가면』, 이진구 · 정영복 역(까치, 2004), pp. 123~126 참조.
20 E. H. Gombrich, 백승길 · 이종승 역, 『서양미술사』(예경, 1995), p. 125 참조.

[……] 나는 도망쳤네.

비틀거리며 어지러웠고, 도로를 무시하면서
간신히 황폐한 언덕에 닿아서, 그리고 보았네.
언덕 아래의 황량하고 벌거벗은 웅덩이를,
언덕 꼭대기에는 횃불이 보이고, 점차 가까워지네.
머리에 물주전자를 인 소녀가 보이네.
그녀의 발걸음은 무거워 보였네.
부는 바람과 싸우듯이, 그것은 실로
평범한 광경이었으나 나는 그것을
느낌과 글로써 모르는 사람들에게 알려야 했네.
환상적인 황량함을 그리기 위해서
내가 잃어버린 안내인을 찾으러 둘러보는 동안에
횃불은 결국 외로운 언덕의 꼭대기에 닿았고
여자들과 그녀들의 옷은 휘날리며 펄럭거렸네
거센 바람에.

워즈워드는 이것이 무심코 보아 넘길 "평범한 광경"일 수 있지만 시인에게 심미적 대상으로 회상될 때에는 이상한 힘에 실려 '환상적 황량함'으로 재현될 수 있다는 것이다. 한편 서정주는 「국화 옆에서」에서 여러 가지 수단을 사용하여 우리의 감각적 경험을 되살리려고 한다. 우리는 국화에 대하여 추상적인 얘기를 듣고 있는 것이 아니라 그 시인의 관점에서 "노오란 꽃잎"의 국화를 "보고 있다." 우리가 언제인가 황국화를 보던 기억이 살아나는 것이다. 이와 같이 대상을 감각적으로 인식하는 말을 우리는 보통 '심상'(心像)이라고 하는데, 그것은 상상(image)의 다른 번역일 뿐이다. 그러나 문학적 심상은 반드시 시각적 의미만 갖는 것이 아니다. "천

둥은 먹구름 속에서 또 그렇게 울었나보다"는 시각과 청각이 한데 어울린 심상이다. 이상섭이 지적하듯이, "냄새, 맛, 촉감을 자극하는 심상들"도 있을 수 있으며, "오관 말고도 정서적 충동을 주는 이미지들, 즉 슬픔, 분노 등 여실한 희로의 감정을 자극하는 심상들"도 있다.[21]

그러나 우리는 예술작품에서 완전한 실상을 기대하지는 않는다. 그러므로 그것은 여러 미학자들이 지적하듯이 무지개와 같은 '허상'일 뿐이며 실재를 고려할 필요가 없는 '가상'에 불과한 것이다. 가령 크로체(Croce)는 예술작품을 '상상적'이라고 했고, 랑게(Karl Lange)는 '속임수' 혹은 '의식적 자기 현혹'이라고 주장하였다. 그러나 그것이 객관적으로는 실재(real)하지 않더라도 여전히 우리에게 실감(real)나는 것은 역시 흄이 지적한 대로 자유스럽지만 자연스러운 흐름 혹은 '결'을 따라 흐르고 있기 때문이며, 칸트가 역설하듯이 우리의 심미적 판단력에 합목적성 같은 것이 있기 때문일 것이다. 여기서 우리는 자연과 예술의 차이점을 발견할 수 있다. 자연의 아름다움을 감상하기 위해서 상상력을 동원할 필요는 없다. 그러나 예술작품을 제대로 감상하게 위해서는 상상력이 필요한데 그것이 바로 상상의 소산이기 때문이다. 예술이 인간이나 자연의 무의미한 복제가 되어서는 안 된다는 이유도 여기서 발견할 수 있다.

IV. 과학적 탐구와 상상력의 위상

자연은 상상력의 대상이 아니며 단순히 상상의 소산도 아니다. 그것은 인간에게 무한한 자양분을 제공하고 삶의 터전을 마련해주기도 하며 예술

---

21 이상섭, 『문학의 이해』(서문당, 1979), pp. 75~76.

적 상상의 소재가 되기도 하지만 그것 못지않게 기억의 대상이며 과학적 탐구의 표적이 되기도 한다. 그러므로 인간은 신화의 세계에만 항상 머물러 있을 수는 없고 신화의 상당한 부분도 한때는 '과학'으로 받아들여진 것도 부인할 수 없는 사실이다. 그러나 인지가 계발되면서 점차 세계와 인간에 대한 이해와 인식의 방식이 달라졌다. 인간은 자연에 대한 막연한 공포나 예찬 혹은 미화에서 벗어나 그것을 객관적으로 이해하고 합리적으로 설명하며 효과적으로 이용하려고 시도하였다.

가령 탈레스(Thales)와 같은 철학자는 아폴로의 신탁이나 호메로스의 서사시와 상관없이 만물의 근원을 물질에서 찾고 그것을 '물'이라고 하였다. 피타고라스나 유클리드, 플라톤 등은 수학적 상상력을 활용하여 세계의 실상을 이해하고자 하였으며, 프톨레마이오스를 비롯하여 코페르니코스, 갈릴레이, 뉴턴 등은 실험과 관찰과 추론이라는 방법을 동원하여 우주의 운행 원리를 해명하고자 하였다. 그렇게 해서 근대과학이 탄생하였지만 뉴턴이 주장하듯이 이 분야에서는 상상력에 너무 많이 의존하는 "가설은 만들지 않는다."는 것이 특징이다. 이것은 동시에 과학에서 상상력이 무시되어서도 안 된다는 것을 의미한다.

과학은 단순히 자연의 역사도 아니며 사실의 축적에 불과한 것도 아니다. 과학과 다른 지적 활동, 가령 예술이나 철학, 혹은 신학과 구분해주는 것은 그것이 주로 실험적 방법을 통해서 이루어진다는 것이다. 이 방법은 매우 엄정한 것이어서 그 결과가 일치하거나 부합되지 않는 이론은 수정되거나 그 과정에 어떤 오류가 있었는지 검증되고 증명되어야 한다. 또한 과학은 정량적 실험의 결과를 적당히 옹호하는 수학적 법칙이나 법칙의 체계를 고안해내는 것도 아니다. 이론은 반드시 설명의 근거를 제시해야 하며 궁극적으로는 자연의 역동적 체계를 해명할 수 있어야 한다. 과학에도 상상력이 필요한 이유가 바로 여기에 있다.

과학적 탐구는 실험실에서의 작업 못지않게 상상력을 동원해야 하는 작업이기도 하다. 그러나 사물의 본성에 관한 가설을 세우는 것은 신화나 문학의 경우와 달리 합리적으로 통제되고 훈련된 상상력에 의해서만 이루어지는 것이다. 가설이란 이미 관찰된 사건들의 관계뿐만 아니라 미지의 사건까지도 포함하는 보편적 관계를 추측해보는 것이기 때문에 상상력의 개입이 필수적이다. 과학자는 대체로 사물의 운동이나 변화를 일으키는 메커니즘을 상상을 통해 먼저 추측해야 하는데 바로 그러한 상상이 그들을 좀 더 깊이 있는 탐구의 영역으로 유도할 뿐만 아니라 그 결과인 과학적 진리의 수준을 좌우하기 때문이다.

과학적 진리는 가령 문학적 진실과 서로 구별된다. 문학에서는 과학에서와 같은 진리를 탐구하지 않는다. 이미 지적한 바와 같이 실재하는 세계와는 다르지만, 그럼에도 불구하고 실감나는 세계, 때로는 실재보다 더욱 실감나는 세계를 다룬다. 문학은 진리를 주장하지 않는다. 소설이나 희곡에서는 역사적인 사실이나 과학적인 탐구의 내용 같은 것을 많이 다루는 경우가 있더라도 전체적인 허구의 내용 중에서 한 부분으로 활용될 뿐이지 그것의 사실성이나 실재성을 전제로 하는 것은 아니다. 대체로 문학이 그려낸 세계는 과학적인 관점에서 볼 때 검증이 불가능한 것이다. 그러나 문학을 평가하는 기준은 있다. 문학적 진실성의 정도가 그 기준이다. 그것이 결여되면 과장되고 위장된 허구적 이야기에 불과한 것이다. 진실성은 문학에서 어떤 목적을 위해 선택하는 수단과 방법이 될 수 있고 기술과 전략이 될 수 있으며 방편과 전술이 될 수도 있다. 가령 문학작품이 선택하는 이념이 그러한 진실성의 문제를 제기할 수 있게 한다. 이념은 역사의 방편이고 전략일 수도 있기 때문이다.

문학적 상상력은 과학에서의 상상력과 다르다. 과학적 상상력은 진리를 발견하기 위한 공학적 상상력이며 그러한 의미로 '고안적' 상상력이라고 할 수도 있다. 이러한 상상력의 원동력이 되는 것을 보통 '고안력'(ingenuity)이라고 한다. 그러나 문학적 상상력은 주로 관념을 여러 가지로 연합하여 새로운 관념을 창출한다는 의미로 '창조적' 상상력이라고 하며, 그것을 검증하게 하는 힘을 흔히 '창조력'(creativity)이라고 한다. 그러나 이것을 모두 창의력의 범주에서 논의할 수 있을 것이다. 이러한 의미의 창의력은 문학과 과학에 다 같이 적용될 수 있지만 적용하는 방식과 목적이 다르다. 철학이 문학과 과학의 중간쯤에 위치한다고 가정하면 그것은 과학적 고안력과 문학적 창조력의 산물일 수도 있다. 그것은 과학처럼 진리성을 추구하기 때문에 과학적 고안력을 구사하기도 하지만 경험적 증거에 국한하지 않기 때문에 거기에 머물러 있지 않는다. 또한 그것은 문학처럼 진실성을 갈구하기 때문에 문학적 창조력의 힘을 빌리지만 현실과 지나치게 괴리된 결론을 피하며, 어느 정도 사변적일 때도 있지만 논증의 방식을 취한다는 점에서 독자성을 과시한다.

문학적 상상력은 흔히 인간의 번성과 운명에 관해 예언적 요소가 있지만 과학적 상상력은 인류의 문명과 미래에 대해 예측의 능력을 지닌다. 과학은 주로 실현될 수 있는 상상의 내용을 가설로 설정하며 과학의 미래 그 자체를 예견하기도 한다. 가령 다이슨(Freemam Dyson)은 과학자로서의 상상력을 통해 21세기의 세계뿐만 아니라 과학이 어떤 모습으로 변모하게 될지를 예측하는 것이다. 그에 의하면 앞으로 100여 년 동안 생물학이 과학을 주도하게 될 것이다. 특히 유전학과 신경생리학은 새로운 기술이 개발될 경우 해결될 수 있는 문제들이 산적해 있다. 특히 인간 발생의 유전 프로그램에 대한 연구에 그는 많은 기대를 하고 있다. 이것은 생명의 기원에 대해 많은 문제를 해결할 것이다. 그는 우선 어떤 도구가 필요한지 열거한다. 가령 지질학에서는 가장 오래된 바위에서 생명 기원의 흔적을 발견하는 새로운 기술이, 화학에서는 현미경을 사용해야 식별할 수 있는 미세한 고대 화석을 분석하고 그것의 원래 구조에 대한 증거를 찾아내는 새로운 기술이, 미생물학에서는 현대 세포를 구성하는 가장 오래된 요소들의 구조에 대한 정확한 지식, 특히 고대 박테리아 계통의 미생물 안에 있는 리보솜의 원자 구조에 대한 정확한 지식 등이 필요할 것이라고 한다.[22]

물론 이러한 예측은 틀릴 수 있다고 다이슨은 인정한다. 과학의 본질과 근본적인 목적이 변할 수도 있기 때문이다. 이것은 분명히 인간의 기원에 대한 창조 신화적 설명이 아니다. 그러나 그는 또한 이러한 시도가 "과학적"이 아니라고 주장하는 시대가 올 수도 있으리라고 예측한다. 과학은 아퀴나스(St. Thomas Aquinas)의 영향을 받았음에도 불구하고 그에게 양자역학이 낯선 것일 수 있듯이 우리의 후손들에게 현대의 과학은 일종의 신학으로 간주될 수도 있기 때문이다. 그는 이렇게 말한다.

> 지금부터 1000년이 지나서도 자연의 비밀을 탐구하는 사람들은 여전히 있을 것이고, 그들은 여전히 과학자라고 불릴 것이다. 그러나 그 과학자들이 사용하는 도구와 목적은 우리와 달라서 현재의 과학자들과 같은 연구를 하는 사람으로 인식되지 못할 수도 있다.[23]

그는 또한 "종교는 미래에도 과학과 동등한 힘을 가질 것이고, 인간의 조건에 대한 장기적인 개선에 과학과 함께 참여할 것"이라고 주장한다.[24] 만약 이것이 사실이라면 신화와 과학, 혹은 상상과 사실의 차이도 종류의

---

22 Freeman Dyson, 신중섭 역, 『상상의 세계』(*Imagined World*)(사이언스북스, 2000), pp. 82~83.

23 Ibid., p. 85, 24; Ibid., p. 176.

24 Ibid., p. 176,

차이가 아니라 정도의 차이일 뿐이라고 볼 수도 있다. 그리고 바로 그것이 종교와 과학이 상대를 항상 의식하며 함께 가야 하는 이유일 것이다.

V. 맺는말

오늘날 우리는 선진국의 문턱에 서서 경제 · 정치 · 사회 및 문화 등 다방면으로 어려움을 겪고 있다. 선진국의 길은 흔히 최고의 제품을 생산하여 저렴한 가격으로 수출하고 우리들 자신은 검소하게 생활하는 것이라고 한다. 그런데 최고의 제품은 창의력에 의해서만 가능하고 수출은 국제화를 통해 소통과 신뢰, 상호 이해가 충분해야 하며 검소한 생활은 교양을 쌓고 인성을 함양함으로써 가능하다. 그러나 이 모든 것은 우리가 과학기술의 시대를 살아가고 있다는 사실을 전제로 하고 그것을 절감할 때 비로소 현실화될 수 있다.

과학적 기술은 논리체계의 기본이 되는 수학 교육과 기초과학 연구에서 나온다. 수학은 자연법칙을 추구하는 학문은 아니지만 과학은 간명하고 엄밀한 수학적 기술과 추리를 통해서 이룩된다. 수학에는 대수학과 기하학이 있는데 창의력은 주로 논리체계의 기본인 기하학에서 나오며 이미 지적한 바와 같이 그것은 상상력에 의해서 비롯된다. 정보화 시대에는 자유롭고 활발하게 의사를 개진할 수 있고, 대화에 적극적이고 토론에 능숙하여 인간관계를 튼실하게 하는 인재가 필요한데 그러한 인간만이 창의력을 발휘할 수 있고, 세련된 상상력으로 단련된 인간만이 그러한 능력을 갖출 수 있는 것이다.

기술적인 측면에서 상상력 혹은 고안력은 보통 세 가지로 접근할 수 있다. 첫째, 기존의 기능을 향상(upgrade)시키는 것, 둘째, 그 기능을 복합

(composite)적으로 응용하는 것, 그리고 셋째, 그것을 새로운 기능으로 대체(substitution)시키는 것 등이다. 또한 그러한 기능은 결국 사용자를 염두에 두어야 하므로 그들의 필요나 취향, 혹은 문화적 요구에 따라 다양하게 디자인하지 않으면 안 된다. 새로운 시대가 도래함에 따라 대량생산보다는 질적 평가의 중요성이 더 부각되고 있다. 그러므로 시대의 흐름을 읽을 줄 아는 통찰력, 시대를 더욱 풍요롭게 하는 지식의 창의력, 시대의 요청에 부응할 수 있는 정보의 적용력이 더욱 절실하게 요구된다. 그런데 이것을 뒷받침하기 위해서는 과학적 상상력인 고안력만으로서는 부족하다. 문학과 철학과 역사에서 활용하는 인문적 상상력인 창조력의 도움이 필요하며, 그것은 항상 인간을 단순히 수단으로 삼지 않고 동시에 목적으로 대한다는 사실을 절감할 필요가 있다.

중국의 고전인 『열자』(列子)와 『한비자』(韓非子)에는 코끼리에 관한 이야기가 있다. 사람들이 땅을 파보니 거대한 동물의 뼛조각들이 발굴되었는데 그것이 무슨 동물의 뼈인지 알 수 있는 사람이 아무도 없었다. 그 뼈들을 조립해보아도 여전히 답은 나오지 않았다. 그러한 형태의 뼈를 가진 동물을 보았거나 지식을 가진 사람이 없었기 때문이다. 결국 사람들의 의견을 모아서 한 마리의 동물을 상상해보았는데 그것이 바로 나중에 '코끼리'로 알려진 것이었다. 이것이 '상상'(想像)이라는 단어 속에 코끼리 '상'(象)자가 들어가게 된 이유라고 한다. 코끼리는 애초에 집단 상상력의 산물이었던 것이다.

흄이 지적하듯이 정신작용 속에 상상은 의외로 큰 비중을 차지한다. 만약 우리가 상상력을 통해서 믿고 있는 것이 모두 허구가 아니라면 이른바 '실체'나 '사실'이라는 것에도 상상력이 개입되어 있다는 점을 인정해야 할 것이다. 우리는 제한된 감각적 경험과 이에 근거한 논증과 추론, 그리고 어느 정도의 상상력을 동원해 결국 사물에 관한 실체에 접근한다. 그러나 우리가 지닌 인식의 한계 때문에 이러한 방법을 모두 동원한다고 하더라도 실체 그 자체를 파악할 수 있는 것은 아니다. 그런데 이들 중에 어떠한 방법에 더 큰 비중을 두는지에 따라 진상은 그 코끼리처럼 다른 모습을 드러낸다. 가령 과학과 종교, 도덕과 예술 등이 그 좋은 예가 될 것이다. 그러나 어떠한 경우이든 상상력의 체계적 탐구를 통해서 코끼리의 실상이 좀 더 구체화될 것임에 틀림없다. 만약 이것이 사실이라면 신화가 우리의 정신세계를 확장하듯이 상상적 사고는 우리의 삶 그 자체를 더욱 풍요롭게 할 수도 있을 것이다.

논 리 적 상 상

김 광 수
전(前) 한신대학교 철학과 교수

김광수

서울대학교 철학과를 졸업하고 미국 캘리포니아대학교(University of California, Santa Barbara) 철학과에서 석사학위 및 박사학위를 받았다. 한신대학교 철학과 교수를 역임했으며, 저서로는 『논리와 비판적 사고』(쇄신판), 『둥근 사각형의 꿈: 삶에 관한 철학적 성찰』, 『마음의 철학』, 『비판적 사고론』 등이 있으며, 주요 논문으로 「유물론과 자유」, 「부조리 상황과 인간의 삶」, 「설명과 기술」, 「실존적 가능성에 대한 시적 명상」 등이 있다.

상상(想像)은 사실이 아닌 것을 마음속에 그리는 일이다. 보거나 듣거나 만져보지 않았음에도 불구하고 마음속에 어떤 구체적 상(像)을 떠올리는 일이다. 인간만이 가진 이 재주는 대단히 중요하다. 인간은 대체로 상상하는 것을 이루어가는 삶을 살기 때문이다. 어떻게 이러한 일이 가능할까? 필자는 이 글에서 상상의 논리적 구조를 탐구하고자 한다. 필자는 인간이 이성적 존재이기 때문에 상상을 해야 하고, 그 상상은 논리적일 수밖에 없으며, 논리적 상상이 삶과 역사를 방향 짓는다고 논증할 것이다.

상상과 가능성

소설은, 카프카의 표현을 빌리자면, 작가가 자신의 생애라는 집을 헐어 그 벽돌로 지은 다른 집이다.[1] 소설은 작가의 상상의 산물인 것이다. 그 단

1 밀란 쿤데라, 권오룡 옮김, 『소설의 기술』(민음사), 196쪽.

적인 예는 고골리가 26세(1835년)에 쓴 「코」라는 소설이다. 이 소설에서는 코가 "커다란 깃이 달린 금실로 수놓은 예복에 양가죽 바지를 입고, 허리에는 대검을 차고" "닭털이 달린 모자"를 쓴 5등관 행세를 하고 다닌다.

꾸며낸 이야기가 소설이라지만, 황당무계한 이야기이다. 『아웃사이더』의 작가 코린 윌슨은 그의 『문학과 상상력』에서 「코」를 혹평한다. "고골리가 일찍이 러시아 리얼리즘의 아버지로 간주되었다는 사실은, 좀체 믿어지지 않는 사실"이라고 지적하고, 예컨대 「코」가 "환상이 아무런 '닻'을 갖지 못한 채, 꿈의 차원을 넘는 일이" 없는 "변덕스럽고 독선적인" 작품이라고 잘라 말하고 있다. 소설이 상상의 산물이라고 하면서도, 「코」가 전혀 사실성이 없다는 점을 비판하고 있는 것이다.

윌슨의 비판은 상상이 사실성을 벗어나서는 안 된다는 것은 전제하고 있다. 그러나 그의 견해는 받아들일 수 없다. 첫째, 우리는 사실성을 벗어나더라도 모순만 되지 않으면 무엇이든 상상할 수 있다. 예컨대 탱크에 깔려 납작해진 몸이 다시 멀쩡한 모습으로 돌아오는 모습을 상상할 수 있다. (그러한 장면을 컴퓨터 그래픽으로 만든 영상물이 돈이 되는 세상이다.) 둘째, 소설에 그려진 상상의 세계는 사실성이 아니라 메시지가 중요하다. 「코」는 적어도 존재의 필연성(예컨대, 코가 사람의 얼굴에 붙어 있어야 한다는 필연성)에 의문을 던지는 이야기로서, 고골리는 현대철학의 반본질주의적 대세를 예고하는 소설을 썼던 것이다.

'바늘 끝에 천사가 몇 명 앉을 수 있는가?'는 중세의 학자들이, 요즘으로 말하자면, 국제학술대회 격인 공의회에서 토론한 논제였다. 미소를 자아내게 하는 논제이지만, 그들은 진실 게임을 하고 있었다. 그들은 당시 신학 담론 체계 내에서 아주 중요한 문제였던 '천사의 존재론적 위상'을 논하고 있었다. 이 논제는, 천사가 실체이지만 연장(延長)이 없는 영적 존재라는 것을 '증명'하고자 의도된 것이었다. "한 명의 천사도 바늘 끝에 앉을 수 없다."는 답은 천사가 어떤 존재인지 모르고 있다. 천사가 연장이 없는 영적 존재라는 것을 받아들이게 되면, "무한히 많은 천사들이 바늘 끝에 앉을 수 있다."는 답이 나오기 때문이다.

토론을 벌이면서 공의회의 참석자들은 다소간 어리둥절했을 것이다. 어떻게 무한히 많은 천사들이 바늘 끝에 앉을 수 있다는 것인가? 도대체 하나의 천사라도 바늘 끝에 앉을 수 있는가? 이런 의구심을 이해하자. 당시에는 가능성의 다양한 양상에 대해 알려진 것이 없었기 때문이다.

어떻든 위의 논제는 '가능성'이라는 말의 모호성 때문에 중세 지성인들의 골머리를 앓게 하였을 것이다. 그러나 또한 '가능성'이라는 말은 누군가의 가슴을 철렁이게도 하였을 것이다. 신을 필연적 존재의 자리에서 가능한 존재의 자리로 끌어내리려는 불측한 음모가 싹틀 수도 있을 것이기 때문이다. "이 세계는 달리 될 가능성이 없을까?" 누군가 이런 이단적인 생각을 품을 수도 있을 것이다.

어떻든 '가능성'은 존재와 삶을 새삼스러운 각도에서 엿보게 하는 키워드이다. 나는 자동차를 운전할 수 있다. 나의 개인적 가능성이다. 그러나 나는 전투기를 조종할 수는 없다. 나의 개인적 능력을 벗어난 가능성이다.

우리는 화성을 탐사할 수 있다. 기술적(技術的) 가능성이다. 그러나 우리는 화성에 관광여행을 할 수는 없다. 우리의 과학기술이 아직 거기까지는 못 미친다.

줄기세포 치료로 무릎 연골 재생 효과를 볼 수 있다. 물리적 가능성이다. 즉 물리법칙에 따라 일어날 수 있는 일이라는 말이다. 그러나 코가 사람 행세를 하는 일은 물리적으로 불가능하다. 그걸 가능하게 하는 물리법칙이 없기 때문이다.

그렇지만 코가 5등관 행세를 하는 것을 상상할 수는 있지 않은가! 그렇다. 논리적 가능성이다. 어떤 사태가 논리적으로 가능하자면, 그것을 모순 없이 상상할 수 있으면 된다. 둥근 사각형은 논리적으로 가능한 도형이 아니니다. 모순되기 때문에 상상 자체가 되지 않는다. 중세 학자들이 헷갈렸던 것은 물리적 가능성과 논리적 가능성을 구분할 줄 몰랐기 때문이다. 고골리의 「코」는 물리적으로는 불가능하지만 논리적으로 가능한 이야기인 것이다.

우리는 대체로 개인적 가능성의 범위 안에서 산다. 보다 앞선 사람들은 기술적 가능성을 넘나들며 산다. 우리 모두는 알건 모르건 물리적 가능성의 한계 안에 존재한다. 그러나 상상은 논리적 모순의 영역이 아니라면 어디에서든 가능하다. 적어도 상상 속에서는 무한히 가능한 세계가 인간에게 열려 있는 것이다.

환상, 공상

「서울, 1964년 겨울」, 「무진기행」 등의 작가 김승옥은 1981년의 '광주사태'에 충격을 받아 글을 쓰지 못하고 방황하던 중 신비체험을 하게 된다. 그는 "하느님에 의해서 내 영안이 열리고, 하느님의 크고 하얀 손을 보게 되고, 그 손에 의해서 어루만짐을 받게 되고, '누구냐?'라는 내 질문에 '하느님이다.'라는 음성의 대답을 듣게 되고, 또 그 이후 1982년엔 '그리스도의 명령이다. 인도에 가서 전도하라!'는 음성의 대답을 듣게 되고, 다음해인 1983년엔 예수 그리스도의 발현으로, 그 하얀 내리닫이 옷을 입으신 하얀 몸—하얀 머리칼, 하얀 수염, 하얀 피부의 얼굴 등, 하얀 모습의 부활하신 예수 그리스도를 내 눈으로 보게 되는 등, 극치의 구원이 나에게 임하신 것이다. 아무리 생각해도 놀랍기만 한 신비의 연속적인 체험이 나에게는 광주사태 이상으로 충격적인 것이었다."라고 간증하였다. 그리고 그는 작가 생활을 접고 전도사의 길을 간다. 신비체험이 그의 삶을 바꿔버린 것이다.

신비체험은 상상의 산물이 아니다. 굳이 말하자면 신비체험은 환상의 체험이다. 환상은 실상이 아닌데도 실상처럼 느껴지는 것이다. 상상하는 것이 환상으로 나타날 수는 있으나, 모든 환상이 상상의 산물인 것은 아니다. 전혀 상상하지 않은 것이 환상으로 나타날 수 있기 때문이다. 상상은 논리적으로 설명되는 반면, 환상은 논리적으로 설명되지 않는다.

중세의 영국 사람들은 '코칸'이라는 이름의 이상향을 다음과 같이 그리고 있다.

> 하나님도 보증하는 일인데
> 그곳으로 거위들이 꼬치에 꿰인 채 구워져서 날아들며
> '잘 익은 거위 먹어요, 잘 익은 거위 먹어요' 하고 울어재낀다네
> 거위마다 마늘로 옷을 입었는데, 음식 중에서는 최상이라네
> 또한 매끄럽게 털 뽑은 종다리들이 스튜우 속에 질식된 채
> 게다가 계피가루를 잔뜩 묻히고 사람 입 속으로 곧장 날아든다네
> 누구나 잔뜩 마실 수 있고, 돈 갚기 위해 땀 흘릴 필요 없다네.[2]

잘 익은 거위가 마늘 옷을 입고 입으로 날아드는 것을 상상할 수 있다. 논리적으로 가능한 사태인 것이다. 그러나 논리적 구조를 가지고 있느냐에 따라 상상과 공상은 구분된다. 공상은 논리를 결여한 상상이다.

---

2 안나 파츄스카, 『사회주의』(오월), 20쪽.

지식과 상상력

지식은 참인 것으로 정당화된 믿음이다. 존재와 삶에 관한 믿음이 단순한 믿음이 아니라 참인 것으로 정당화된 것이 지식인 것이다. 그런데 인간의 지식 체계는 상상 없이는 이루어질 수 없다. 조각그림(퍼즐) 맞추기를 생각해보자.[3] 아이들이 조금씩 모양이 다른 조각들을 이리 맞추고 저리 맞추면서 그림을 완성해간다. 그림이 완성되어감에 따라 정체가 불분명한 조각들이 전체 그림 속에서 없어서는 안 되는 중요한 부분으로 자리 잡는다.

인간이 지식을 확장해가는 것도 이와 유사하다. 현상계에 관하여 경험을 통해 얻은 자료들은 '지식'이라는 조각그림 맞추기의 기본 '조각'이 된다. 그런데 놀이를 위한 조각그림 맞추기와 지식을 위한 조각그림 맞추기는 본질적인 면에서 다르다.

첫째, 놀이조각들은 모두 주어져 있지만 지식조각들은 그렇지 않다. 주어진 지식조각들은 오직 감각 경험을 통해서 얻는 자료들이고, 이 자료들만으로는 그림을 완성할 수가 없다. 조각들 사이에 빈 공간이 너무 많이 있기 때문이다. 이 빈 공간은 단순히 우리의 경험이 불충분해서 생긴 것이 아니다. 조각들 사이의 빈 공간은 원칙적으로 우리가 경험을 통해서 알 수 없는 부분이기 때문에 생긴 것이다. 그러나 우리는 이 빈 공간을 여러 가지 추리를 이용하여 얻은 상상의 조각들로 메운다. 과연 어떤 조각으로 빈 공간을 메우는 것이 최선인가 하는 '정당화'의 문제가 여기서 발생한다.

둘째, 놀이를 위한 조각그림 맞추기와 지식을 위한 조각그림 맞추기는

---

3 이 견해에 대하여는 필자의 『둥근 사각형의 꿈: 삶에 관한 철학적 성찰』(철학과현실사), pp. 182~157 참조.

보다 중요한 점에서 다르다. 전자의 그림은 주어져 있으나, 후자의 그림은 주어져 있지 않다. 어린이들은 완성될 조각그림이 어떤 것인지 안다. 그림이 주어져 있기 때문이다. 그래서 그들은 주어진 그림을 보면서 조각들을 맞추어가면 된다. 그러나 우리는 완성된 지식의 체계가 어떤 것인지 모른다. 그림이 주어져 있지 않기 때문이다. 만일 신이 세계를 창조하였다면, 세계 창조를 위한 신의 '설계도'가 그 '그림'에 해당할 것이다. 그러나 우리에게는 신이 세계를 창조했는지 자체가 조각그림 맞추기의 어느 빈자리에 적합한지를 논해야 할 문제이다. 거칠게 말해서, 인간의 지식 체계는 상상의 산물이다.

논리적 상상

어떻게 상상이 이렇게 큰일을 할 수 있을까? 완성된 조각그림이 주어져 있지 않다고 해서, 지식의 조각그림이 자의적 상상의 조각들로 만들어지는 것은 아니다. 이성적 동물인 인간은 상상도 논리적이기를 요구하기 때문이다. 논리적 상상은 무중력의 공간에서 부유하는 화물들을 묶는 밧줄이다. 이 논리적 상상은 어떻게 가능한 것일까?

첫째, 이성적 존재인 인간은 세계를 있는 그대로 보지 않고 '이성의 틀'로 본다. 있는 그대로의 세계는 미완의 조각그림 또는 '구토'를 일으키는 바닷가의 조약돌일 뿐이다.[4] 인간은 세계 속의 사물들과 사건들이 라이프니츠가 말한 '충족이유율'(充足理由律)에 따라 일어난다고 믿고, 이 충족

4 사르트르의 『구토』에서 로캉탱은 조약돌이 공연한 존재라는 생각에 구토를 느낀다. 사르트르, 『구토』(중앙문화사), p. 163.

이유율에 따른 사건들의 인과 사슬이 이성적으로 수긍할 수 있는 원칙에 따라 전개되는 것으로 본다. 충족이유율에 의하면 "우주 속에서 일어나는 사건들은 각각 그렇게 일어날 만한 이유가 없이는 일어나지 않는다." 어떤 사건이 다른 사건이 아니라 바로 그 사건인 것은 그럴 만한 이유가 있어서인 것이다.[5]

둘째, 우리의 지적 탐구는 진공 속에서 이루어지는 것이 아니다. 무엇보다도 우리는 현상계에 대한 방대한 경험적 자료들을 가지고 있다. 이 경험 자료들 자체는 종잡을 수 없는 개별자들의 집적물일 뿐이다. 그래서 경험적 자료들 자체는 어떤 그림도 시사해주지 않는다. 그럼에도 불구하고 이 경험적 자료들은 지적 탐구를 해야 할 이유이고 단초가 된다. 도대체 이 경험적 자료들은 어떻게 해서 존재하게 되었는가? 이렇게 묻고 이 경험적 자료들을 설명하는 그림조각을 상상한다. 이러한 방식으로 우리는 경험만으로는 알 수 없는 법칙계와 형이상학계에 대한 지적 탐구를 할 수 있는 것이다.

셋째, 우리는 자연의 제일성(齊一性)에 대한 경험을 가지고 있다. 동식물의 종(種) 또는 유(類)에서 보는 것처럼 일정 범위 안의 것들이 똑같은 특색을 지니는 성질(공존의 제일성)이 있고, 물리적 현상들의 경우 같은 원인이 똑같은 결과를 가져오는 것(계기의 제일성)을 볼 수 있다.

이러한 자연의 제일성은 무질서하고 우연하게 발생하는 듯한 현상들이 사실은 어떤 일정한 규칙에 따라 발생한다는 생각을 불러일으킨다. 그래서 우리는 다양한 현상들을 일정한 방식으로 일반화하고, 현상들 간의 인과적 법칙을 '발견'해내며, 가장 추상적인 수준에서 세계를 총체적으로 설명하고자 하는 형이상학적 '진리'를 구상해본다. 물론 자연현상을 일반

5 라이프니츠, 『단자론』, §31.

화하고 설명하고 형이상학적으로 의미를 부여하는 일은 모두 경험을 넘어서는 상상을 통해서 이루어진다. 자연의 제일성에 대한 신념은 지식의 조각그림을 완성해가는 데에 있어서 상상의 범위와 한계를 정해준다.

넷째, 또한 우리는 지식의 체계가 정합적이라는 신념을 가지고 있다. 지식들은 서로 잘 어울려야 한다. 새로운 지식은 기존의 지식과 잘 어울리면서, 나아가 기존의 지식 체계를 강화시킬수록 좋다. 지식의 체계가 정합적이기 위해서는 적어도 모순을 포함해서는 안 된다. 도대체 왜 지식의 체계가 정합적이어야 할까? 왜 지식의 체계는 서로 유기적 관계가 없는 모래알들과 같은 정보 부스러기들의 단순한 집적이면 안 되는가? 이 물음에 대한 답은 무엇보다도 우리의 인간성에서 찾아볼 수 있다. 이성적 존재로서의 인간에게는 무엇보다도 세계가 이성적으로 보다 더 잘 이해할 수 있는 것이어야 하고, 그러기 위해서는 세계에 대한 지식의 체계가 정합적이어야 하기 때문이다. 정합성에 대한 신념 또는 요구는 자연의 제일성에 대한 신념으로 얻어진 상상의 산물들을 단단한 하나의 덩어리가 되도록 묶어준다.

다섯째, 우리는 주어진 전제들로부터 새로운 지식을 도출시킬 수 있는 지적 탐구의 방법론을 가지고 있다. 연역추리와 세 종류의 비연역추리를 이용한 비판적 사고의 방법론이 그것이다.[6] 비판적 사고는 존재 전체를 위에서 아래로의 인과적 구조로 본다. 연역추리를 통해서는 위로부터 아래로의 추리가 이루어진다. 귀납추리 · 유비추리 · 가설추리 등의 비연역추리를 통해서는 아래로부터 위로의 추리가 이루어진다.

이러한 추리들을 가능하게 하는 것은 상상력이다. 비연역추리는 주어진 전제들로부터 연역적으로 도출될 수 없는 결론을 얻을 수 있게 하는데,

6 비판적 사고의 방법에 대하여는 필자의 『논리와 비판적 사고』(쇄신판)(철학과현실사) 참조.

이는 상상력이 발휘되지 않으면 가능하지 않다. 연역추리는 참인 전제들로부터 참인 결론을 얻을 수 있게 하는 것으로서, 그 자체로는 상상력의 역할이 없는 듯하다. 그러나 연역추리의 전제들은 궁극적으로 비연역추리를 통해서 얻는 것들이다. 네 종류의 추리들은 모두 상상의 벽돌들로 지식의 탑을 축조할 수 있게 한다.[7]

마음 읽기[8]

마음 읽기는 논리적 상상이 어떤 것인지를 잘 보여준다. 우리는 타인의 마음을 볼 수 없다. 그럼에도 불구하고 우리는 타인도 마음을 가지고 있다고 생각한다. 다음과 같은 추리를 하기 때문이다.

1. 나와 타인은 같은 사람으로서 말하고 행동하는 방식에서 유사하다.
2. 나는 마음을 가지고 있다.

∴3. 타인도 마음을 가지고 있다. (1, 2 ↔)[9]

---

7 이 점에 대하여 Runkle은 다음과 같이 말한다: "사실들이 의미를 갖기 위해서는 상상력이 필요하다. 사실들을 넘어선 어떤 것이 생각되어야만 한다. 귀납적 결론이 끼어드는 곳은 바로 여기에서다. 귀납적 결론은 사실들을 관계시키고 사실들을 의미 있게 만든다. 귀납적 결론은 어떤 유형을 제시한다. 귀납적 결론은 사실과 상상력 사이에 행복한 결혼이 이루어지게 한다. 이론 없는 사실들은 맹목적이고, 사실들 없는 이론은 공허하다"(Gerald Runkle, *Good Thinking: An Introduction to Logic*, New York: Holt, Rinehart and Winston, 1978, pp. 257~258).

8 마음 읽기의 논리적 구조에 대하여는 필자의 『논리와 비판적 사고』, pp. 238~241 참조.

9 화살표들은 여러 가지 추리들을 구분하기 위하여 필자가 고안한 것이다. ↓: 연역추리, →: 귀납추리, ↔: 유비추리, ↑: 가설추리. 『논리와 비판적 사고』, p. 354 참조.

나와 타인의 유사성을 전제하고, 내가 마음을 가지고 있으니 타인도 마음을 가지고 있을 것이라고 상상하는 유비추리이다.

뿐만 아니라 우리는 타인의 행동을 보고 어떤 생각으로 그러한 행동을 하는지를 추리한다. 타인의 마음속에서 일어나는 생각들을 경험할 수 없는데도 불구하고 마음 읽기를 하는 것이다. 카잔차키스의 『희랍인 조르바』에서 뭇 남자들의 간장을 녹일 정도로 아름다운 과부에 관하여 안드룰리오가 친구에게 말한다.

> "내 말 들어보게. —하느님, 그 여자에게 자비를 베푸소서! 아마 자네는 눈치를 못 챘을지 모르겠네만 요즘 마을에 태어나는 아이들이 어떤 종류의 애들인지 아나? 과부에게 축복을 주라고 나는 말하겠어! 그 여자는 이를테면 온 마을 사람의 정부라고 할 수도 있지. 자네가 불을 끄고 난 다음에 뭘 하지. 자네 품에 안는 것은 마누라가 아니라 그 과부라고 자네는 상상할 테지. 그리고 내 말 잘 들어줘. 바로 그러기 때문에 우리 마을에서는 요즘 그처럼 훌륭한 애들을 세상에 내놓고 있는 것이라네!"[10]

안드룰리오의 말은 다음과 같이 재구성되는 논증이다.

1. 요즘 우리 마을에서 아이들이 태어나고 있다.
2. 나도 너도 그 아름다운 과부를 품고 싶어 한다.

∴*3. 마을 남자들은 모두 그 과부를 품고 싶어 한다.* (2 →)

4. 만일 마을 남자들이 마누라를 품을 때 그 과부를 품는 것으로 상상하면, 비록 그 과부를 직접 품지는 못하더라도, 그 과부를 품는 것처럼

10 카잔차키스, 박석기 역, 『희랍인 조르바』(삼성출판사), p. 119.

느낄 수 있다.

∴5. *마을 남자들이 마누라를 품을 때 그 과부를 품는 것으로 상상한다.*
[1(3, 4↓)↑]

∴6. 그 과부를 축복해야 한다. [(1↑5)↓]

안드룰리오는 마을에서 요즘 출생하는 아이들(1)이 어떤 아이들인지를 "마을 남자들이 마누라를 품을 때 그 과부를 품는 것으로 상상한다."(5)는 가설로 설명하고 있다. 그는 이 가설을 마을 남자들이 [(3, 4)↓5]와 같은 연역추리를 하기 때문이라는 가설을 통해 얻는다([(3, 4)↓5] 자체는 연역추리이지만, 그것은 안드룰리오의 마음 읽기, 즉 가설추리인 것이다).

이 추리에서 사실(현상)은 1과 2뿐이다. 3은 2를 상상 속에서 일반화하는 귀납추리이고, 마음 읽기[(3, 4)↓5] 부분은 모두 상상 속에서 이루어지는 것이며, 6은 상상한 것[가설추리(1↑5)]이 옳다는 것을 전제한 연역추리의 결론이다. 상상이 논리적으로 진행되며, 연역추리도 상상에 의존하고 있음을 잘 보여주고 있다.

과학적 상상

미국 철학자 암스트롱은 인류가 과학을 통해서 비로소 진리에 대한 희망을 갖게 되었다고 주장한다.

> 만일 우리가 모든 분야에서의 진리 탐구를 고려해 본다면, 자신들의 분야에 통달한 사람들이 다소 시간이 걸린 조사 끝에, 그리고 경우에 따라서는 한 사람의 일생이 걸리는 탐구 끝에, 무엇이 참인지에 대한 본질적 합의에 도달할 수 있는

> 것은 과학에서 뿐이라는 것을 발견하게 된다. 우리가 도대체 쟁점이 되는 문제들에 대한 지적인 동의에 도달한 듯이 보이는 것은 단지 과학적 탐구의 결과로서 나온 것뿐이다. [……] 과학은 논쟁이 가득한 무지의 바다 위에서 우리를 지탱시켜주는 진리의 섬을, 또는 진리의 조각배를 제공해 주었다. [……] 나의 결론은 인간의 본성에 관한 최선의 실마리는 인간에 관한 철학이나 종교나 예술이나 도덕의 관점이 아니라 과학적 관점에서 찾아진다는 것이다.[11]

암스트롱이 지적하고 있는 것은 두 가지이다. 첫째, 과학의 성공만으로는 설명할 수 없는 현대인의 과학에 대한 절대적인 신뢰는 다른 학문 분야가 이루지 못한 진리의 발견 또는 진리 발견에 대한 희망을 과학이 제공해 주기 때문에 형성된 것이라는 점이다. 둘째, 예컨대 인간의 본성이 무엇인가를 탐구하는 문제를 포함한 과학 외의 다른 분야에 대한 탐구도 "철학이나 종교나 예술이나 도덕의 관점이 아니라 과학적 관점에서 찾아진다."는 점이다. '과학주의'를 넘어 가히 '과학지상주의'라고 할 수 있는 견해이다.

그러나 과학적 탐구는 본질적으로 현상을 설명하는 가설의 추리로 이루어진다. 그리고 가설추리는 비연역적 추리로서 비증명적이다. 전제가 아무리 참이라고 하더라도 결론의 참이 증명되지 않는 것이다. 그럼에도 불구하고 과학자들은 탐구를 할 수 있다. 가설추리를 이용하여 설명력 있는 가설을 추리해낼 수 있기 때문이다. 좋은 가설일 경우 그 가설로부터 전제가 연역적으로 도출된다. 바로 이 설명력 있는 가설을 생각해내는 일은 전적으로 상상을 통해 이루어진다.

---

11 D. M. Armstrong, "The Nature of mind", in C. V. Borst (ed.), *The Mind/Brain Identity Theory*(New York: St. Martin's Press, 1970), pp. 68~69.

옛 사람들은 모든 현상을 어떤 영적 · 정신적 존재가 모종의 목적을 가지고 일으키는 일로 생각하였다. 땅에는 지신, 산에는 산신령, 바다에는 해신이 있었다. 그리고 귀신은 공동묘지에만 있는 것이 아니라 흉가에도 있고 비바람 부는 날이면 아무데나 나타났다. 이 '신'들은 지진도 일으키고, 태풍도 일으키고, 해와 달과 별을 부리고, 인간의 운명을 좌지우지하였다. 간이 약한 사람들은 도깨비에게 홀리는 일이 흔하였다. 철학자들은 신화보다는 좀 더 세련된 이야기가 필요하였다. 세계는 거대한 목적의 체계로서, 모든 사건은 체계 전체의 어떤 목적과 관계되었다고 생각하였다. 그들은 세계에 대한 '목적론적 설명'을 하고자 한 것이다.

목적론적 설명은 근세에 들어 인과적 설명의 도전을 받는다. 갈릴레오, 코페르니쿠스, 뉴턴 등의 기계론적 세계관은 자연현상을 이해하는 데에 있어서 어떤 정신적 존재의 의도나 목적을 거론할 필요가 없이 인과적 설명만으로 족하다는 것을 보여주었다. 그리고 암스트롱이 예견한 대로 그 이후의 지성사는 자연현상뿐만 아니라 인간의 삶, 사회, 역사 등을 포함한 모든 현상을 인과적으로 설명하는 경향으로 전개되었다. 조금 단순화시켜서 말하자면, 인류의 지성사는 세계를 목적이나 의도로 설명하려는 경향으로부터 인과적으로 설명하려는 경향으로 변천해온 역사, 또는 존재계로부터 정신적인 요소를 제거해온 역사로 볼 수 있다.[12] 그래서 마침내 우리는 과학의 시대를 살고 있다. 이는 모두 세계를 가장 잘 설명하는 가설을 찾고자 하는 인류의 간단없는 노력과 열정이 멋진 상상을 통해 결실을 맺은 성과일 것이다.

---

12 목적론적 설명과 인과적 설명에 대하여는 필자, 『둥근 사각형의 꿈』, p. 51 참조.

도덕적 상상

「동물의 왕국」 같은 자연 다큐멘터리를 보면 놀라운 장면을 목격하게 된다. 여러 암사자들을 거느리고 위세 등등하던 수사자도 부상을 당하는 순간 무리로부터 버려져 홀로 죽어가는 것이다. 자연은 적자생존의 원리에 따라 강자를 선택하고 약자는 도태시키는 방향으로 진화한다. 그럼 인간 세계는 어떠한가? 트라시마코스가 소크라테스에게 "정의는 강자의 이익이다."라며 도전한 것을 결코 탓할 수 없다. 인간 세계에서도 자연선택의 원리가 작동하는 부분이 있기 때문이다. 그러나 인간 세계는 자연 세계와 근본적으로 다른 점이 있다. 이성적 동물로서의 인간은 도덕적 상상을 통하여 '인간선택'을 한다.[13] 가장(家長)이 늙고 병들었다고 해서 도태시키는 대신 극진히 돌볼 수 있는 것이 인간이다. 오늘날 성숙한 사회일수록 복지 · 인권 등을 중요시하는데 이는 인간선택의 원리가 불러온 경향인 것이다.

인간의 삶은 미래를 향해 나아가고 있고, 미래는 언제나 불확정적이고 우연한 조건들과 변수들의 열린 시공(時空)이어서, 몸에 익힌 덕목들을 가지고 자동적으로나 습관적으로 대처할 수는 없고, 깊이 생각하여 스스로 규범을 도출해가며 행동해야 한다. 천성적으로 선한 사람일지라도 사회적 인간이 된다는 보장은 없다. 고운 마음씨 때문에 오히려 악의 편에 들 수도 있는 것이다. 따라서 우리는 주어진 상황 속에서 가능한 최선의 도덕적 판단을 해낼 수 있어야 한다.

타인을 배려하는 정신은 공동체적 삶을 위해 대단히 중요한 덕목이다.

---

13 '인간선택'이라는 개념은 필자가 『둥근 사각형의 꿈』에서 처음 도입한 것이다. 제11장 이상사회 참조.

그러나 타인을 배려해야 할 이유는 무엇인가? 왜 "대접받고자 하는 대로 대접하라."[14]는 긍정적 황금률이라든가, "내가 바라지 않는 것을 다른 사람에게 시키지 말라."[15]는 부정적 황금률에 따라야 하는가? 이러한 정신은 도덕적 상상을 통하여 우리가 받아들일 수 있는 사실들로부터 추론해 낼 수 있다.

비 오는 날에 길을 가다보면 질주하는 자동차로부터 물벼락을 맞을 수 있다. 그런가 하면 동일한 상황에서도 운전자가 속도를 줄이거나 물이 고인 곳을 피하는 방식으로 운전을 하기 때문에 물벼락을 맞지 않을 수도 있다. 그 운전자는 어떻게 그처럼 타인을 배려할 수 있었을까? 그것은 그가 천성이 착해서일 수도 있다. 그러나 또한 그가 보도를 걷는 사람의 입장을 일반화할 경우 일어날 수 있는 일이다. 그는 비 오는 날 보도를 걷는 사람이 당할 수 있는 재난을 일반화한다. 그리고 그 일반성 속에서 자신을 발견한다. 자기가 보도를 걷고 있다면, 차들이 어떻게 운전해주기를 바랄 것이라는 것을 생각한다. 그래서 그는 자신이 바라는 대로 운전을 했을 뿐인 것이다.

이러한 일반화를 통한 타인에 대한 배려는 곧 자신에 대한 배려가 된다. 또는 자신에 대한 배려가 타인에 대한 배려로 나타난다. 그리고 이것은 바로 긍정적 황금률과 부정적 황금률이 요구하는 행위이며, "네가 그에 따라서 행할 수 있는 의지의 준칙이 동시에 마치 보편적 법칙이 되는 것처럼 그렇게 행위하라."는 칸트의 '정언명령'에 따른 행위가 되는 것이다.[16]

---

14 예수가 가르친 '긍정적 황금률'이다: "그러므로 무엇이든지 남에게 대접을 받고자 하는 대로 너희도 남을 대접하라 이것이 율법이요 선지자니라"(『신약성서』, 「마태복음」 7:12).

15 자공이 "평생 신조로 삼고 실천해 나갈 수 있는 그런 말은 어떤 것이겠습니까?"라고 물었을 때 공자는 이렇게 대답했다. "그것은 서(恕)란 것이다. 내가 바라지 않는 일을 남에게 시키지 않는, 즉 남의 마음으로 내 마음을 삼는 것이다"(공자, 『논어』, 「위령공」).

16 정언명령(categorical imperative)은 칸트 철학의 꽃이라고 할 수 있는 도덕적 행위 원리이

예술적 상상

상상은 다른 어떤 분야에서보다 예술에서 큰 역할을 한다. 예술가는 자신이 맛본 감동을 그림 · 음악 · 시 · 소설 · 희곡 등의 작품에 담아 전하는데, 감동을 담는 작품이 상상의 산물이기 때문이다.

1917년, 마르셀 뒤샹은 변기에 자신의 이름을 새기고 '샘'이라는 제목을 붙여 미국 뉴욕에서 열린 '앙데팡당'(independent) 전시장에 출품하였다. 이 작품은 당시 어떤 미친 작자가 장난으로 가져다놓은 것으로 여겨져 철거되었으나, 후일 미술에 대한 통념을 뒤집어엎는 다다이즘의 효시가 되었다. 감상자들은 전시장에 진열된, 거꾸로 선 변기를 바라보며 생각한다. 예술이란 무엇인가? 아름다움이란 무엇인가? 미술작품은 왜 미적 감동을 불러일으키는가? 왜 이 변기는 화장실에 있을 경우와는 달리 말할 수 없는 심오한 상념을 불러일으키는가? 감상자들은 이러한 생각들을 하면서 뒤샹이 맛본 감동에 접근한다. 이는 작가의 상상에 감상자가 동참하는 일에 해당한다.

남진우 시인의 「가시」라는 시를 감상해보자.

> 물고기는 제 몸속의 자디잔 가시를 다소곳이 숨기고
> 오늘도 물 속을 우아하게 유영한다
> 제 살 속에서 한시도 쉬지 않고 저를 찌르는

다. "만일 훌륭한 피아니스트가 되기를 원하면, 하루에 여섯 시간씩 연습해야 한다!"와 같은 '가언명령'(hypothetical imperative)과는 달리, 정언명령은 어떤 행위에 의해 달성되어야 하는 어떤 다른 의도를 명령의 전제로서 가지지 않는다. 칸트에 의하면 정언명령에 따른 행위만이 도덕적 가치가 있는 행위이다. 예컨대 무임승차는 정언명령에 따른 행위가 아니다. "나는 다른 사람이 나의 차비를 부담하게 한다"는 준칙을 일반화할 수 없기 때문이다. 이 준칙을 일반화하면 내가 다른 사람의 차비를 부담하는 모순된 결과를 빚는다.

날카로운 가시를 짐짓 무시하고
물고기는 오늘도 물 속에서 평안하다
이윽고 그물에 걸린 물고기가 사납게 퍼덕이며
곤곤한 불과 바람의 길을 거쳐 식탁 위에 버려질 때
가시는 비로소 물고기의 온몸을 산산이 찢어 헤치고
눈부신 빛 아래 선연히 자신을 드러낸다.

물고기를 말하고 있지만 기실 인간을 말하는 시이다. 물고기와 인간의 유사성을 전제하여 인간의 문제를 말하는 유비추리에 해당한다. 사람들은 자신들의 내부에서 쉬지 않고 찌르는 가시들을 무시하고 짐짓 평안하게 산다. 그것은 자신만의 고통일 수 있다. 못 다 이룬 꿈일 수도 있고, 한(恨)일 수도 있고, 탐욕일 수도 있다. 편견도 독단도 가시일 수 있다. 이런 가시들이 찔러대는데도 그냥 산다. 그러나 온 몸을 찢고 진솔하게 자신을 드러내야 하는 계기가 오면, 그 가시들은 선연히 자신을 드러내게 된다. 시인은 인간에 관한 이러한 통찰을 서술하는 대신 '물고기'라는 메타포로 표현한다. 인간의 내부에 감추어진 고통을 말하기 위해 물고기의 가시를 상상해낸 것이다.

소설은 작가가 상상해낸 실존적 가능세계에 관한 이야기이다. 실존적 가능성이 무엇인지 알기 위해 가능성에 관여 좀 더 생각해보자. 생존하는 천재 철학자로 알려진 솔 크립키(Saul Kripke)는 자신의 본질주의를 옹호하기 위하여 '형이상학적 가능성'이라는 개념을 내놓는다.[17] 우리가 사는 지구와 모든 면에서 같고, 단지 내가 노벨문학상을 수상한 작가라는 점에

17 Kripke, Saul, "Naming and Necessity", in D. Davidson and G. Harman (eds.), *Semantics and Natural Language*(Dordrecht: Reidel, 1972); also published by Harvard University Press; 정대현 외 역, 『이름과 필연』(서광사).

서만 다른, 쌍둥이 지구가 있을 수 있다. 현실 세계에서 나는 노벨문학상은 고사하고 소설 한 편 쓰지 않았다. 나의 인생사가 그렇게 진행되었던 것이다. 그러나 나의 인생사 중 어느 부분이 달리 되었더라면, 예컨대 내가 게으르지만 않았더라면, 세계적인 소설가가 될 수도 있지 않았을까? 과연 세계의 다른 부분을 고정시키고, 나의 인생사만 살짝 바꾸는 것이 가능할지는 의문이다. 그러나 어떤 형이상학을 택하는지에 따라 세계의 모습이 달라질 것은 분명하다. 이러한 생각들을 정리하는 데 '형이상학적 가능성'이라는 개념은 유용하다.

그러나 무한히 많은 형이상학적 가능세계들이 모두 우리 인간이 살 만한 곳은 아닐 것이다. 그럼 어떤 세계가 우리 인간에게도 가능하면서도 살 만한 세계일까? 그곳은 인간의 아픔 · 슬픔 · 꿈 · 열망 · 향수가 투영된 곳일 것이다. 작가는 인간의 실존적 기투(企投), 새로운 세계에 대한 꿈, 프로스트가 노래하는 것처럼, 지켜야 할 약속, 잠들기 전에(죽기 전에) 가야 할 길을 말해주는 상상의 벽돌들로 지어낸 이야기, 실존적으로 가능한 세계의 이야기를 상상해내는 예술가이다.[18] 예컨대 까뮈의 『이방인』은, 저자가 존재와 삶의 부조리성에 대한 통찰에 이르러 감동을 받고, 그 감동을 독자들의 마음속에 재현시킬 수 있도록 상상해낸 이야기이다. 『이방인』은 존재와 삶이 부조리하다고 말하지 않는다. 보여줄 뿐이다. 독자들은, 적어도 일정 수준의 독자들은, 까뮈가 상상해낸 실존적 가능세계에 들어가 존재와 삶의 부조리성에 전율하는 것이다.

18 '실존적 가능성,' '실존적 가능세계'라는 개념은 필자가 처음으로 도입한 개념이다. 필자, 「실존적 가능세계에 대한 시적 명상」, 『철학과현실』 84호(2010년 봄호, 철학문화연구소) 참조.

형이상학적 상상

형이상학은 존재 전체를 총체적 · 궁극적으로 설명하고자 한다. 그러나 과학적 상상이 검증될 수 있는 반면, 형이상학적 상상은 검증도 반증도 되지 않는다. 철학이 구름 잡는 학문(지나치게 상상에 의존하는 학문)이라는 비아냥거림을 받는 것도 바로 이러한 형이상학의 성격으로 인한 것이며, 현대철학의 경향도 대체로 반형이상학적이다. 그럼에도 불구하고 리처드 테일러는 "형이상학 없이는 완전히 이성적인 인간으로 살아갈 수가 없다."[19]고 말한다. 왜 그럴까?

인간 이성은 존재하는 모든 것이 이성적으로 납득할 수 있는 것이기를 요구한다. 그래서 자연과학이 꽃핀다. 그러나 자연과학의 성과에 만족하면, 아직 '완전히 이성적인 인간'이 되지 못한다. 자연과학적 설명은 총체적 설명이 되기에는 미완이기 때문이다. 과연 자연법칙이 실재하는가? 만일 자연법칙이 실재한다면, 그것은 어디서 왔는가? 자연법칙은 필연적인가 아니면 우연적인가? 필연성은 논리의 세계에만 있는가 아니면 자연 속에도 있는가? 적어도 이러한 물음들이 대답되어야 하는데, 이 물음들은 모두 형이상학적인 답을 요구하고 있다.

삶에서 도덕성은 대단히 중요하다. 그런데 도덕성은 인간이 자유의지를 가지고 있어야 성립한다. 그러나 만일 결정론이 참이라면, 자유의지는 환상일 수 있다. 과연 인간은 자유의지를 가지고 있는가? 자유의지를 포기하면, 도덕성의 기반이 무너진다. 그렇다고 결정론을 거부하면, 과학적 세계관을 부인하게 된다. 자유의지와 결정론은 양립할 수 없는가? 이러한 물음들 역시 형이상학에 속한다.

19 리차드 테일러, 엄정식 옮김, 『형이상학』(종로서적), p. 13.

인간은 이성적 존재로서, 다른 존재와는 달리, 자신의 신념과 소망(지향심)에 따라 행위를 선택한다. 그래서 자신의 삶, 사회, 역사, 문화를 창출한다. 바로 이 점에서 인간은 스스로 존엄한 존재라고 자부한다. 그러나 유물론에 의하면 모든 것은 물질에 불과하다. 인간의 마음을 포함한 모든 것이 물리법칙의 산물인 것이다. 과연 인간은 이성적 존재인가? '이성'이 무엇인가? 인간의 본질은 물질인가, 아니면 정신인가? 도대체 인간은 어떤 존재인가? 유물론은 옳은가? 이러한 물음들도 모두 형이상학적 답을 요구하고 있다.

세상에는 변화하는 것들도 많지만, 변화 속에 변하지 않는 것들도 있다. 그래서 콩 심은 데 콩 나고, 팥 심은 데 팥 난다. 바로 이 콩은 사라지겠지만, 콩을 콩으로 나게 하는 것은 사라지지 않고 계속해서 새로운 콩을 나게 하는 것과 같다. 일반적으로 존재하는 모든 것에는 불변하는 본질 또는 형상 같은 것이 있지 않을까? 과학적 탐구의 목표도 이 본질을 찾고자 하는 것이 아닐까? 이 본질은 신이 처음부터 완성된 상태로 창조한 것일까, 아니면 물질이 진화하는 과정에서 우연히 생겨난 것일까? 신은 존재하는가? 형이상학적 물음은 끝날 줄을 모른다.

이러한 형이상학적 물음들은 모두 우리의 이성이 미완의 지식 체계를 완성하고자 하는 데서 불가피하게 묻는 것들이다. 그리고 실제 삶 속에서 가부간 어떤 형이상학적 입장을 취하지 않을 수 없는 것도 우리가 인정해야 할 불가피한 사실이다.

독단, 광기

우리는 수많은 형이상학적 견해를 받아들이고 산다. 비록 검증도 반증도 되지 않는 견해일지라도 받아들이기로 결단할 수 있다. 그러나 이 경우, 독단에 빠지지 않도록 주의해야 한다. 독단은 어떤 신념을 전혀 의심하지 않고 받아들일 뿐만 아니라, 이유를 묻지 않고, 다른 사람이 이유를 물으면 용서할 수 없는 도전으로 여기고, 양립할 수 없는 다른 신념과 충돌할 경우 극단적인 대립을 서슴지 않는 자세를 말한다.

가장 위험한 독단은 종교적 독단이다. "자살 테러의 당사자가 천국에 감은 물론 테러로 인한 사망자들도 천국에 간다! 그래서 테러는 선행을 베푸는 일이다"라고 굳게 믿는 사람은 아무 주저 없이 온 몸에 장착된 폭탄을 점화시킨다. 종교적 독단이 사실은 형이상학적 상상의 산물임을 모르는 소치이다.

종교적 독단의 뇌관은 제거되어야 한다. 그리고 모든 종교는 양립할 수 없는 점들이 있을지라도 서로의 입장을 존중하는 상대주의의 완충지대에서 공존할 수 있어야 한다. 독단은 광기의 사촌이기 때문이다. 광기는 참담한 재앙을 부른다. 십자군전쟁이 그랬고, 히틀러의 나치즘이 그랬고, 마르크스의 공산주의가 그랬다.

광기는 상상과 사실을 구분하지 못하는 정신병이다. 푸코의 말을 들어보자.

> 광기는 상상을 넘어서는 것이지만 여전히 상상에 뿌리박고 있다. 왜냐하면 광기는 상상에게 당연한 가치, 총체적이고 절대적인 가치를 허용하는 것이기 때문이다. 옳건 그르건 간에 상상의 진위를 판단할 수 있는 합리적인 인간의 행위는 이 상상을 넘어서 상상을 극복하고 판단한다. 그러나 광인의 행위는 눈앞에 나타나는 상상을 넘어설 수 없고 상상 즉시 나타나는 현존에 굴복하고 상상에 포함되는 현존은 무조건 인정해 버린다.[20]

예컨대 자신이 유리로 만들어졌다고 상상하는 사람을 생각해보자. 이러한 상상은 누구나 할 수 있다. 그러나 자신이 유리로 만들어졌기 때문에 자신은 약하고 깨어지기 쉽다고 결론을 내리고, 따라서 자신은 단단한 물건은 손대서는 안 된다고 추리한 끝에 움직이지 않고 지내는 사람은 미친 것이다.

광인이 상상을 사실로 여기는 것은 자기가 거부할 수 없이 타당한 추리를 하였다고 생각하기 때문이다.

> 스스로 굶어 죽은 한 사나이의 삼단논법을 보면: "죽은 자는 먹지 않는다. 나는 죽은 자다. 따라서 나는 먹지 않는다." 귀납의 경우는 무한으로 확대된다. 피해망상으로 고통 받는 사람의 경우를 보자: "A B C는 나의 적이다. 그들 모두 사람이다. 따라서 모든 사람은 나의 적이다." 다른 광인에게서는 생략 삼단논법(enthymeme)의 예를 찾아볼 수 있다: "이 집에 살고 있는 대부분의 사람들은 죽었다. 그러므로 이 집에 살고 있는 나 역시 죽었다."[21]

광인의 확신과는 달리 추론들은 오류로 얼룩져 있다. 논리를 결여한 상상이 광기를 불러올 수 있음을 알 수 있다. 그러나 이러한 논리적 오류가 광인의 전유물이 아님은 전혀 놀라운 사실이 아니다.

20 미셸 푸꼬, 김부용 옮김, 『광기의 역사』(인간사랑), p. 100.
21 미셸 푸꼬, 김부용 옮김, 『광기의 역사』, pp. 100~101.

남은 말

인간 외의 다른 동물들은 원시시대나 지금이나 사는 모습에 차이가 없다. 그러나 인간의 삶은 원시 밀림으로부터 현대 문명사회까지의 거리만큼 변화하였다. 지적 탐구가 박진성(迫眞性)을 기대할 수 있게 되었고, 삶의 질이 향상되었으며, 인간의 존엄성이 제고되고, 전쟁을 일삼던 나라들이 공존의 길을 모색하는 등, 인류 역사는 놀랍게 변화해왔다. 다른 동물에게서는 찾아볼 수 없는 이러한 변화의 동력은 무엇일까?

이 물음에 대한 답은 인간의 본질에서 발견된다. 동물은 인과법칙에 떠밀리는 삶을 산다. 반면에 인간은 이성이 가리키는 방향을 향해 나아간다. 인간은 주어진 조건에 안주하지 않고 실존적으로 가능한 더 좋은 삶을 상상하고, 그 삶을 이루고자 하는 꿈을 가지고 나아간다. 덴마크의 미래학자 롤프 옌센의 말을 들어보자.

> 워크맨을 생산하자는 아이디어는 소니사의 사활을 건 시장조사 끝에 나온 결과가 아니다. 그것은 꿈이었으며, 그 꿈은 지금 전 세계 수백만 명이 공유하고 있다. 비행기도 꿈이었다—새들의 세계로 들어가는 꿈. 그러한 꿈이 없었다면 아무도 꿈을 실현시키기 위해 몸과 마음을 희생하지는 않았을 것이다. 인간을 달에 착륙시키려는 꿈을 위해서 1900년대에 수많은 사람들이 자신들을 육체적, 정신적 한계까지 몰아붙였다. 달 착륙은 전 세계 수십억의 사람들을 고무시켰다.
>
> 모든 획기적인 기술 뒤에는 항상 꿈이 있다. 신상품 뒤에도 항상 꿈이 있다. 비록 힘든 과정을 필요로 하지만 '꿈'이 현실을 창조하게 된다.[22]

22 롤프 옌센, 서정환 옮김, 『드림 소사이어티』(리드리드출판), 39쪽.

과연 그렇다. 인간은 늘 꿈을 꾸고, 그 꿈을 이루고자 하는 삶을 살아왔고, 그 결과가 오늘의 문화요 문명인 것이다.

그러나 아직 많은 문제점들이 있다. 지구촌 곳곳에서 전쟁이 진행되고 있고, 단지 먹지 못해 죽어가는 사람들이 수없이 많으며, 반사회적 이익집단이 국가의 운명을 좌우하고, 대다수는 진정한 삶의 가치를 추구하기보다는 물질적 필요의 노예로 살아간다. 우리가 더 좋은 꿈을 꾸어야 할 이유는 바로 여기에 있다. 우리는 줄곧 가능한 최선의 사회를 상상을 할 수밖에 없는 이성적 존재이기 때문이다.

"우리는 우리가 먹는 것이다."라는 포이어바흐의 말은 뼈저리다. 마찬가지로 상상은 우리의 뼛속 깊이 스며들어 있다. 아니 뼈 자체이다.

지 구 촌 시 대
문 화 인 의 소 통

이 기 상
한국외국어대학교 철학과 명예교수

이기상(李基相)

가톨릭대학교 신학부를 졸업하고 벨기에 루뱅대학교 신학대학원에서 석사과정을 수료했다. 그 뒤 독일 뮌헨 예수회 철학대학에서 철학 석사학위와 박사학위를 취득했다. 1984년부터 2012년까지 한국외국어대학교 철학과 교수로 재직하였고 지금은 명예교수이다. 〈우리말로 학문하기 모임〉의 초대회장이었으며, 우리사상연구소 소장이다. 열암학술상을 수상(1992)하였으며, 한국출판문화상 번역상을 수상(1994)하였다. 지은 책으로는 『하이데거의 실존과 언어』, 『하이데거의 존재와 현상』, 『철학노트』, 『하이데거의 존재사건학』, 『쉽게 풀어쓴 하이데거의 생애와 사상 그리고 그 영향』, 『콘텐츠와 문화철학』, 『지구촌시대와 문화콘텐츠』, 『글로벌 생명학』 외 다수가 있으며, 옮긴 책으로는 『존재와 시간』(M. Heidegger), 『형이상학의 근본개념들』(M. Heidegger), 『하이데거의 예술철학』(F. W. von Herrmann) 외 여러 권이 있다. 전자우편 주소는 saemom@chol.com이다. 소통을 위한 블로그(blog.naver.com/saiculture)가 열려 있다.

1. 왜 오늘날 소통이 문제인가?

1) 달라진 시대, 달라진 실존상황

요즘처럼 '소통'이 온갖 분야에서 모든 사람들의 입에 오르내리던 시대는 일찍이 없었다. 정치인들은 소통이 가장 중요하다고 호들갑을 떨고 교육계에서도 소통 중심의 교육을 펼쳐야 한다고 아우성이다. 예술 분야에서도 소통이 예술의 생명이라고 강조하고, 가족 간의 소통 부족으로 인해 자살률이 높다고 진단된다. 마치 우리가 사는 지구촌 시대의 시대정신이 소통이 된 듯한 느낌이다. 싸이의 「강남스타일」이 유투브 10억 이상의 조회 건수를 기록해 이 분야 세계 최고를 경신하였다고 언론매체에서는 전한다. 소통도 양적인 조회 수로 통계 내어 순위를 매기기까지 하는 지경에 이르렀다. 정치 · 경제 · 사회 · 문화 · 교육 · 예술 어느 분야건 소통을 기치로 내세우며 소통이 없다면 아무런 의미가 없다고 외친다.

시간을 조금 거슬러 올라가 볼 때, 50년 전만 해도 '소통'(communication)이 지금처럼 온 국민의 입에 오르내리지 않았다. 그렇다면 소통이 이렇게 많은 사람의 관심을 끌게 된 배경이 시대적 상황과 무관하지는 않다는 이야기다. 오히려 그 반대로 시대의 변화와 밀접하게 연결되어 있음을 입증하고 있다. 얼마 전까지만 해도 경제성장, 진보, 발전, 부의 분배, 인권, 환경오염, 생태계 파괴 등등이 우리들의 초미의 관심사들이었다. 그런데 20세기말을 지나 21세기가 되면서 소통 · 공감 · 배려 · 공존 · 공생 · 상생 등이 학자들뿐 아니라 일반 시민들에게도 관심을 끌기 시작했다. 이것은 분명히 시대 배경과 연관이 있다.

그렇다면 우리는 지금 어떤 시대에 살고 있는가. 디지털 기술이 열어준 정보와 통신 분야에서의 획기적인 발달로 인해 우리는 그전과는 비교하기조차 어려운, 말 그대로의 새로운 시대를 살고 있다. 이 새로운 시대에 대한 이름에서 우리는 그 독특함을 읽어낼 수 있다. 지식 정보화 시대, 인터넷 시대, 디지털 시대, 사이버 시대, 영상 시대 등은 우리가 사는 시대가 첨단 기술과학에 의해 작동되고 있는 기술문명의 측면을 부각시키고 있다. 그런가 하면 지구촌시대, 탈근대, 후기 산업주의 시대, 문화 다원주의 시대, 상호문화 시대, 문화의 세기 등은 사람들의 생활방식, 생산방식의 변화, 관계맺음과 욕구의 변화 등을 표현하고 있다. 한마디로 기술과 문화가 우리가 사는 현대를 특징짓는 표정이다.

이러한 지구촌 시대에 핵심 개념으로 떠오르는 것은 무엇일까? 그것은 바로 '문화'다. 온갖 문화권의 사람들이 한 지구 위에 어울려 사는 글로벌 시대에 문화 다양성은 인류의 존속을 위한 초미의 관심사가 되었다. 개인들의 삶에서도 문화가 중요한 사안으로 자리매김하기 시작했다. 문화인이 모두의 주목을 받는 문화의 세기다. 정치 · 경제 · 사회 등의 우선순위에서 항상 뒷자리를 차지하던 문화가 이제 중요한 핵심요소로 등장했다. 그렇다면 문화의 세기에 필요한 것은 무엇일까? 과거 정치와 경제, 사회에서 각각 중요하게 여겨지던 가치는 문화의 세기가 필요로 하는 가치와는 다를 수밖에 없다. 기존의 규칙이 아닌 새로운 규칙을 만드는 것, 지금이 바로 그러한 발상의 전환이 필요한 시기이며, 그것이 문화의 세기가 요구하는 것이다.

정치적 가치: 근대 정치에서 중요하게 여기는 가치들로는 자유 · 평등 · 인권 · 사회정의 같은 것들이 있다. 이러한 가치들의 중심에는 개인의 주체사상이 있다. 개인의 주체사상에서 주체들은 하나하나 고립된 주체들이다. 고립된 주체, 개인을 중심으로 두는 정치적 가치에서의 가장 큰 핵심은 권력의 쟁취이며, 이를 통해 신분 · 명예 역시 자연스럽게 따라붙게 된다. 그러므로 소수의 엘리트들이 이에 대한 욕구를 키워가면서 다수의 타인을 배려하지 않고 지배와 통치에만 목적을 둘 경우 정치적 가치란 악용될 여지가 크다. 나폴레옹이 '정치는 우리의 운명'이라고 한 것에서 짐작할 수 있듯 정치적 가치의 밑바탕에는 언제나 지배자와 피지배자라는 수직적인 관계가 깔려 있다.

경제적 가치: 경제적 가치 역시 개인과 그의 소유권을 강조한다. 따라서 사유재산권을 전제로 한 가운데 성장과 발전, 풍요, 경쟁, 선진, 성과 등의 가치들이 강조된다. 그러나 이것도 결국 가진 자들이 돈을 벌어들이기에 훨씬 더 유리한 조건을 마련해주는 방향으로 만들어지고 있기 때문에, 결국 정치적 지배자와 피지배자라는 구도가 다시 돈에 의해 가진 자와 못 가진 자라는 달라진 형태로 나타나게 된다. 마르크스가 '경제는 우리의 운명'이라고 한 데에는 이러한 구조적 모순에 대한 반발이 있었다. 그러나 지금도 우리 세계는 경제력과 권력을 가진 1%의 가진 자들에 의해 지구촌 전체가 좌우되고 있다.

과학기술적 가치: 경제적 성장을 위해서는 생산방식의 혁명이 필요하고 이를 위해서는 첨단 과학기술이 요구된다. 정치적 가치와 경제적 가치의 충돌을 과학기술에 의해 해결해보려는 다양한 합리적 방법이 모색된

다. 이에 따라 효율성, 편리함, 기능성, 적용과 통합, 확산 등이 과학기술적 가치들로 등장한다. 그러나 그것의 가치들이라고 여겨지는 합리성·체계성이라는 것도 따지고 보면 결국 권력과 경제력이 기반이 되는 산업의 다른 형태라고 볼 수 있다. 또 하나의 문제는 그런 가치들에 의해 지배될 경우 인간 역시 기술과 다름없는 부품의 하나로 취급받게 된다는 점이다. '기술은 우리의 운명'이라고 하였던 하이데거는 바로 그러한 문제를 지적했다. 우리의 삶과 세계를 구성하는 것이 기술인데, 이때 어떤 기술을 쓰느냐에 따라 우리의 삶이 완전히 달라질 수 있다고 보았던 것이다. 온갖 기기에 둘러싸여 살아가는 지금, 기술이 우리의 삶을 이전보다 훨씬 편리하게 해주고 있음을 알고 있지만 동시에 우리는 그것의 노예가 되었다는 것을 알아가고 있다. 우리는 더 이상 기술로부터 벗어날 수 없으며, 기술을 싸고 있는 정치·경제의 굴레를 뒤집어쓴 채 살고 있다.

2) 지구촌 시대가 요구하는 문화적 가치

인간의 행복이 삶의 중요한 목표와 목적이라고 한다면, 지금의 정치·경제·기술과학은 과연 누구를 위한 것이고, 또 무엇을 위한 것인지 물음을 던지게 된다. 흔히 볼 수 있듯 인간(인문학)적인 경제, 인간적인 정치, 인간적인 과학, 인간적인 기술 등에서처럼 인간적인 것을 앞세우는 지금과 같은 추세는 바로 이러한 의문에 대한 나름의 모색이라고도 볼 수 있다. 그러나 우리는 여기서 한발 더 나아가야 한다. '지구촌', '글로벌'이라는 말이 의미하듯 우리가 사는 이 지구가 유한한 것이라면 여기에 살고 있는 인간뿐 아니라 함께 살아가는 수많은 다양한 생물들과 생태환경도 고려할 수 있어야 한다. 많은 과학자들은 생물종의 다양성이 이 지구 생명의 필수조건이라고 얘기한다. 생명종의 다양성이 보장되지 않는다면, 이 녹색행성은 언젠가는 망할 수밖에 없으며 더불어 인간의 역사도 종말을 고하게 된다는 것이다. 이것이 바로 생태적 글로벌의 관점이며 생태와 글로벌은 그렇게 연결되어 있다. '생태'와 '경제'를 어떻게 일치시키느냐의 문제를 가지고 국제정치가 관심을 가지게 된 것도 바로 그 때문이다.

인간경제와 지구경제가 충돌하고 있는 지금의 위기상황에서 인간뿐 아니라 수많은 생명종을 포함한 전 지구적 차원으로의 관심과 인식의 확장은 필연적일 수밖에 없다. 그런 점에서 더 이상 정치 · 경제의 가치만으로, 기술과학적 가치만으로는 이러한 시대적 흐름과 요구를 해결할 수 없다. 그래서 이제는 문화적인 가치를 앞세워 그러한 문제를 풀어보자고 하는 문제의식이 문화의 세기에 등장한 것이고, 바로 이런 점에서 지구촌 시대인 현대를 곧 '문화의 세기'라고 할 수 있는 까닭이다.

그렇다고 한다면 이제 우리는 문화의 세기가 주장하는 가치들을 통해서 어떤 새로운 미래의 그림들을 그리고 있는지에 대해 관심을 가져야만 한다. 문화를 단순히 문화산업으로만 보고 킬러콘텐츠를 만들어 돈을 벌 생각에만 급급하다면, 지금 우리가 사는 시대가 왜 지구촌 시대이고 문화의 세기인지를 모르는 것이다. 이것은 시대적 흐름과 상황을 보지 못하고 경제적 가치를 통해 문화를 옥죄어 죽이는 것과 다름없다.

문화적 가치를 이끌어내기 위해 선행되어야 할 것은 다양성과 차이를 인정하고 받아들일 수 있는 관용과 공존의 생활방식이다. 차이를 서로의 독특함으로 인정하고 받아들일 수 있을 때 다양성은 전체와 조화를 이루고 공생하고 상생할 수 있다. 서로를 이해하고 인정하며 받아들이기 위해서는 무엇보다 소통이 필요하다. 여기서 강조하는 다양성 · 차이 · 조화 · 아우름 · 어울림 · 관용 · 공생 · 상생 · 소통 · 이해 · 공감 · 자기표현 및 실현이 문화의 세기가 요구하는 문화적 가치들이다. 이러한 문화적 가치 안에는 지구촌 시대인 오늘을 사는 우리와 우리의 후손을 위한 희망의 단초가 담겨 있다. 문화의 핵심을 이루고 있는 것은

바로 소통이다.[1]

3) 뉴미디어 시대의 커뮤니케이션

소통을 우리 시대의 화두로 만든 결정적인 시대적 배경은 두말할 것도 없이 뉴미디어의 등장이다. 인간의 역사에서 미디어가 학자들의 관심을 끌기 시작한 것은 불과 얼마 되지 않는다. 철학사전을 찾아보면, 미디어(media)나 커뮤니케이션(communication)이라는 개념들이 등장한 것은 20세기 말, 21세기 초에 들어서였다. 철학의 관점에서 볼 때, 미디어는 기술적인 것이고 철학은 시대정신에 관심을 둔다. 그래서 정신적인 것에 관심을 갖고 이성적인 이론 추구에 몰두하는 철학에는 기술적인 것을 무시하는 경향이 있었다. 맥루언(H. Marshall McLuhan)이나 플루서(Vilem Flusser)와 같은 매체학자들은 철학이 미디어를 괄시한 것을 비판적으로 지적한다. 그런데 그토록 무시당해왔던 기술이 현실을, 인간을 규정하게 된 것이다. 여기서 우리에게 중요한 것은 미디어라는 개념의 등장과 함께 출현한 새로운 의미의 '커뮤니케이션', 즉 '소통'이다.

'미디어'(media, 매체) 개념의 폭: 먼저 '미디어'라는 개념을 살펴보자. '미디어'는 영어 'media'로서, 흔히 '매체' 또는 '대중매체'라고 번역된다. media의 어원은 라틴어 'media'에서 나왔으며, 그것은 다음과 같은 세 가지 갈래의 의미의 폭을 지니고 있다.

첫째, media는 'medium'의 복수형이다. 여기에서 medium은 '중앙, 중심'이라는 뜻으로 사용된다. 둘째, 라틴어에는 세 가지 성(性)이 있는데, medius(남성), media(여성), medium(중성)이 그것이고 media는 그중 여

1 이기상, 「문화는 소통이다: 문화 다양성 시대의 소통과 공감」, 엄정식 외, 『문화는 소통이다』, 철학과현실사, 2012, pp. 15~75 참조.

성에 해당된다. 마지막으로 동사형으로서 medio와 그 부정형인 mediare에서 유래한다고 할 수 있다.

'medium'의 뜻 중에서 가장 널리 사용되는 것은 '가운데, 중간, 중용'이다. 이밖에도 '수단, 방도나 매개물, 매체, 매질'이라는 의미도 가지고 있다. 또한 medium에는 '공개장소'라는 뜻도 있는데, '뭇사람이 보는 앞, 만인의 주시'라는 점에서 '대중, 공중'으로서의 의미와 '공안, 공익'이라는 뜻도 포함된다. 형용사형인 medius는 '가운데, 사이의, 중간의, 한가운데'와 같은 뜻 외에도 '중립, 중용, 평범한, 절도 있는, 모호한, 애매한, 중재의, 중재인의'와 같은 뜻을 포함하고 있다. 동사형 mediare 역시 '중개하다, 중간에 있다, 중반에 접어들다.' 외에 '나누다, 가르다, 반분하다, 반을 나눠서 갖다.'와 같은 많은 뜻을 가지고 있다.

이렇듯 하나의 낱말에는 수많은 의미가 함축되어 있다. 그중에서 하나의 의미를 선택해서 강조할 때에는 낱말이 가진 전체 의미의 폭을 함께 살펴봐야 그것이 함축하고 있는 또 다른 의미를 고려할 수 있다. 지금은 '대중매체'라는 의미의 media가 널리 사용되고 있는데, 그것은 미디어의 의미 가운데 '대중, 공중, 공익, 공안'이라는 의미가 그 밑바탕에 깔려 있기 때문이라고 할 수 있다.

대중매체로서의 미디어가 갖는 의미: 어빙 팽(Irving Fang)이 자신의 책 『매스커뮤니케이션의 역사』[2]를 통해 강조하듯 오늘날 미디어는 점차 더 평등하게, 수평적으로 확산되어가는 추세에 놓여 있다. 뉴미디어의 발달에 발맞추어 우리 사회에서 수평적 소통이 중요해지는 이유도 거기에 있다.

미디어가 공중의 여론 조성에 한몫을 하고 그것이 사회 변화의 한 축을

2 어빙 팽, 심길중 옮김, 『매스커뮤니케이션의 역사』, 한울아카데미, 2002.

담당하게 된 것은 근대에 들어서서다. 그 이전 중세시대에서는 옳고 그름, 참과 거짓에 대한 모든 사회적 판단 기준과 권위, 즉 진리에 대한 판단은 종교적 권위를 앞세운 교회가 독점하고 있었다. 그러나 근대에 와서 사람들은 교회가 가진 이러한 권위에 반감을 품고 반기를 들기 시작한다. 교회가 가졌던 권리는 서서히 전문가들의 몫으로 넘어가고, 전문인이 인정하는 사안들이 사회에 통용되는 것으로 받아들여지게 된다. 특히 다양한 과학협회의 등장은 학술지를 포함한 저널의 탄생을 야기했고, 이후로 학술지나 저널에서 인정하는 것들이 사회에서 공인된 지식으로 받아들여지게 되었다.

과거 교회의 인정을 받아야 했던 것이 근대에 들어와서 지식인의 인정을 받아야 하는 것으로 바뀌는데, 이것이 지금의 공증인 셈이다. 하버마스가 「공중구조의 변천」이라는 교수임용자격논문에서 다루었던 주제도 바로 그와 같은 것이다. 가령 데카르트가 '나는 생각한다, 그러므로 나는 존재한다.'라는 명제로 『성찰』이라는 책을 내었을 때 그 대상은 지식인들이었다. 데카르트는 그들을 통해 자신의 주장이 받아들여질 것임을 예견했기에 그런 과감한 시도를 했던 것이다. 칸트의 『순수이성 비판』 역시, 옳고 그름을 판단할 수 있는 이성을 가진 인간들 앞에 자신의 주장을 담은 글을 써서 그들로부터 판단 받겠다고 하는 근대 사회의 시대적 분위기에 편승해서 출간된 것이라고 할 수 있다.

이렇게 글을 통해 사람들에게 인정을 받는다는 medium에서의 '공중'이라는 의미는 근대에 등장하게 된 것이다. 오늘날 근대 사회의 지식인이 맡았던 역할은 더 많은 사람들, 즉 지식인을 포함해 글을 깨쳐 읽을 수 있는 모든 사람들에게로 확산되었으며, 그에 따라 미디어의 의미도 변하게 되었다. 지금 우리가 쓰는 '대중매체'라는 뜻에는 시대 및 사회 분위기 변화에 따른 의미 변화가 내포되어 있는 것인데, 이것은 본래 미디어가 가지고 있던 의미이기도 하다. 현재 우리가 대중매체라고 이해하고 있는 미디어의 밑바탕에 본래적 의미의 미디어와 대중과의 소통이라는 의미가 함께 어울려 있다면, 거기에서 우리는 많은 사람들이 함께 공감하고 설득당하고 관계 맺고 교류하고자 하는 사회적 의식이 투영되어 있음을 읽어낼 수 있다.

커뮤니케이션의 개념: 일반적으로 커뮤니케이션이라고 말할 때, 표현은 커뮤니케이션이라고 쓰면서, 각자 서로 다르게 생각한다. 어떤 사람은 언어적인 것만 커뮤니케이션으로 인정하는가 하면, 어떤 사람은 그래도 기호까지는 들어간다고 하고, 어떤 사람은 그것만이 아니라 영상으로 전달하는 것 모두가 커뮤니케이션이라고 말한다. 따라서 커뮤니케이션에 대한 정확한 의미를 한 번 생각해볼 필요가 있다.

커뮤니케이션(communication)은 라틴어 'communicatio'에서 왔다. 'communicatio'는 '지식, 의사, 이런 것들을 전달하는 것, 의사소통'의 의미가 있다. 이외에도 '교류, 교제, 교환, 통신, 참여, 공동으로 향유, 함께 나눔, 교통, 왕래' 등 다양한 의미를 포함한다. 따라서 의사소통만 커뮤니케이션이 아니라 사실은 이런 모든 의미가 다 함축되어 있는 것이다.

'communicatio'를 학술적 용어로 가장 먼저 쓴 사람은 라이프니츠(G. W. Leibniz)다. 라이프니츠는 자신의 논문 「실체의 소통」(communicatio substantiae)에서 실체와 커뮤니케이션을 연결시킨다. 이때의 실체는 라이프니츠의 유명한 단자들이다. 라이프니츠는 모든 실체는 단자라고 했다. 단자는 다른 것들을 위한 창문이 없다. 그럼에도 불구하고 창문 없는 단자들이 소통을 한다고 라이프니츠는 설명한다. 하느님의 섭리에 따라서 교류를 한다는 것이다. 물론 라이프니츠가 사용한 communicatio는 지금 우리가 사용하는 그런 의사소통이라는 뜻은 아니다. 또한 지금의 의미로 국한되어 쓰기 전에는 물품 교환, 물품 교류 등등도 커뮤니케이션의 범주에

속했다. 이런 맥락에서 보면, 맥루언이 이야기한 커뮤니케이션의 확대된 의미를 이해할 수 있다. 맥루언에게 큰 영향을 끼친 캐나다의 매체학자 헤럴드 이니스(Herold Adams Innis)는 운송 수단을 1차적인 커뮤니케이션으로 봤다. 대체적으로 매체의 역사는 운송수단, 즉 증기기관, 철도 등과 밀접하게 연관되어 있는 것이 사실이다.

코무니카티오(communicatio)는 동사 코무니카레(communicare)에서 파생된 명사형이며, 동사인 코무니카레(communicare)는 다음과 같은 의미를 지닌다. "함께 나누어 가지다: 참여[관여]시키다, 한몫 끼게 하다, 나누어 주다, 참여하다, 끼어들다, 한몫 차지하다. 알려주다. 전달하다, 상의[협의]하다: 교류하다, 함께 지내다, 상종하다."[3]

이상의 어원 고찰에서 우리가 알 수 있듯이 커뮤니케이션이 지금과 같은 미디어적인 소통의 의미를 갖게 된 것은 비교적 최근의 일이다. 이전까지는 주로 교통 · 교류 · 교제 · 왕래 · 소통 · 전달 · 통신 · 관여 · 참여 등 넓은 의미의 교류를 의미했음을 알 수 있다. 이와 같은 교류는 물리적인 힘의 교류에서부터 정보의 교류, 물건의 교류까지를 모두 포함하는 것이라고 할 수 있다.

프랑스 철학사전에서는 소통을 다음과 같이 풀이한다.

> 소통의 개념은 사회적 교환의 여러 형태를 포함한다. 대체로 소통은 기호와 전언을 전달하고 교환하는 행위를 가리키는데 다양한 사물의 순환, 나아가 인간들의 순환에도 관련된다. 그래서 가장 넓은 의미의 소통 개념은 사회적 삶 자체를 가리킨다고 할 수 있다. 소통은 생명계에서 기호의 전달과 교환에 관계되는

---

3 가톨릭대학교 고전라틴어연구소 편찬, 『라틴－한글 사전』, 가톨릭대학교 출판부, 1995, p. 167.

다양한 현상도 포함한다. 20세기에 이르러 이 개념은 광범위하게 개발된 정보 매체들(언론, 라디오, 케이블, 위성, 영화 등)의 새로운 기술까지 포함하게 되었다. 공업 사회에서 '미디어'는 광범위하게 유포되어 있는 전언, 즉 '메시지'를 전달하는 그물망이다.[4]

2. 우주 안에서 실체들의 소통

정보와 통신 분야의 획기적인 기술로 열린 뉴미디어 시대에 소통이 핵심 화두로 널리 회자되고 있는 것은 사실이다. 그러나 소통의 실마리를 추적해 올라가면 그 단초가 인간 기술문명의 영역을 벗어나 고등생물에게로 뻗어가고 있음을 확인할 수 있다. 더 나아가 이미 세포의 단계에서도 정보의 교류를 이야기할 수 있다는 것이 오늘날 과학의 입장이다. 그렇다면 원자 또는 전자의 차원에서도 소통을 이야기할 수 있지 않겠는가? 거기에서도 중력 · 전자기력 · 핵력 등이 작용하여 어떤 형태의 상호작용과 교류, 즉 소통이 있을 것이니 말이다. 이렇게 볼 때 우리는 소통을 몇 가지 차원으로 구분해서 논의할 수 있을 것이다. 물리화학적 차원, 생물학적 차원, 인지적 차원, 인식론적 차원 등이 그것이다. 소통도 우주 진화의 흐름에 따라 차원을 달리하며 다양하게 변천해왔음을 확인할 수 있다.

1) 물리화학적 소통: 실체들 사이의 상호작용(물리화학 정보)

과학의 우주 발생설을 종합하여 보면, 기체들이 우주에 극도로 밀도 있

4 엘리자베스 클레망 외, 이정우 옮김, 『철학사전: 인물들과 개념들』, 동녘, 2001, pp. 165~166.

게 응축되어 있다가 대폭발(Big Bang)이 일어나 우주론적 진화가 전개되기 시작하였다고 한다. 대폭발 이후 별들이 생성되고 성운과 은하수들이 생겨났을 당시에는 많은 종류의 원자들, 분자들이 존재하지 않았다. 원자 · 분자들이 합치고 분리되는 과정에서 헬륨 · 질소 · 탄소 · 수소가 생겨나면서 그것들이 다양한 물리화학적 상호작용을 일으켜 다양한 성질의 물질들이 출현하게 된다. 이러한 원자와 분자의 끝없는 결합과 분리, 분리와 결합, 그리고 그에 따른 새로운 물질의 형성과 소멸 등의 과정을 우리는 물리화학적 소통에 의한 진화라고 할 수 있다. 여기에서는 중력, 전자기력, 약한 핵력, 강한 핵력 등의 영향 아래 힘과 물리정보가 교류되면서 온갖 형태의 물질들이 만들어진다.

이 우주에는 존재하는 개체 사물들이 두루 퍼져 있으며 그것들은 어떤 방식으로 서로 영향을 미치면서 서로서로 연결되어 있다. 그러한 사물들이 힘(동력)의 이동과 기능의 발휘에서 서로 얽히며 생성과 소멸, 활동과 변화 속에서 만들어내는 것이 사건들이다. 우주는 사물과 사건들로 이루어져 있다. 사물은 힘(동력)이 모여 있는 상태이고, 사건은 동력의 이동이 일어나고 있는 상태라고 할 수 있다. 개체는 물질(질료)과 꼴(형상)의 측면을 가지고 있다. 그리고 개체가 개체로서 실재하기 위해서는 힘(동력, 에너지)이 필요하며, 개체의 형상은 기능을 수반한다.[5]

사건이 일어나기 위해서는 동력의 작용과 정보의 작용이 필요하다. 동력으로서의 힘, 흔히 말하는 물리적 힘이 있어야 하며, 그 힘이 어떻게 적용될 수 있는지를 결정하는 정보의 힘이 있어야 한다. 정보는 동력으로 작용하는 힘이 어떤 성질의 것이며, 어떤 질료에 적용이 될 수 있으며, 어떤

---

5 따라서 한 개체가 개체로 실재하기 위해서는 아리스토텔레스가 말한 것처럼, 동력인 · 질료인 · 형상인 그리고 기능인(목적인)이 있어야 한다. 소흥렬, 『문화적 자연주의』, 조합공동체 소나무, 1996, p. 10 참조.

형태적 · 구조적 변화를 가져오며, 어떤 기능을 하게 하는 사건인가를 알려주는 구실을 한다. 하나의 사건이 일어나는 데도 동력인 · 질료인 · 형상인 그리고 기능인이 필요하다. 우리는 사물과 사건에서 동력으로서의 힘과 정보로서의 힘으로 나누어 생각할 수 있다.

개체와 정보의 관계를 생각해보면, 개체는 그것이 실재하는 데 필요한 네 가지 원인을 정보로 보유하고 있다. 그뿐 아니라 그것은 다른 개체와 상호작용하면서 어떤 측면의 어떤 반응과 기능을 할 수 있느냐에 대한 정보를 제공하기도 한다. 다른 편으로 개체를 동력(에너지)과 관계하여 보면, 개체는 에너지가 저장되어 있는 특수 상태라고 할 수 있다. 따라서 개체는 언제나 필요하고 충분한 조건만 갖추어지면 에너지(동력)로 바뀔 수 있는 것이다. 이러한 개체들의 세계는 작은 것들이 모여서 큰 것을 형성하고, 그 큰 것들이 모여서 더 큰 것을 형성하는 방식으로 서로서로 연결되어 얽히어 있는 중층적 구조를 이루고 있다. 대체적으로 말해, 소립자들이 모여서 원자가 되고, 원자들이 모여서 분자가 되고, 분자들이 모여서 물체가 되고, 물체들이 모여서 지구와 같은 별이 되고, 별들이 모여서 태양계와 같은 것이 되고, 그것들은 다시 은하계를 만들고 나아가서는 별들의 세계라고 할 물질적 우주를 형성하고 있다.

2) 생물학적 소통: 생명체들 사이의 교통 내지는 교감(유전정보, 인지정보)

그런데 이제 물리화학적 진화에서 우리의 관심을 끄는 것은 태양계다. 태양계가 형성이 된 시점은 대략 46억 년 전으로 이야기된다. 그래서 지구의 역사를 46억 년 정도로 생각한다. 지구라는 행성이 생기고 그 안에서 물리화학적인 진화가 계속되었다. 그러다 약 35억 년 전에 지구 위에 생명체가 등장한다. 과학에서는 생물학적 진화의 시작을 약 35억 년 전으로 계산한다.

생명의 출현 이후 우주는 새로운 진화의 궤도를 밟게 된다. 물질의 세계는 생명체의 출현으로 새로운 차원의 세계에 개방된다. 생명의 개입으로 물질은 외적 · 내적으로 변화의 흐름에 내맡겨진다. 우주에서의 개체사물들은 서로 사이에 새로운 관계(사이)의 시대에 들어서게 된다. 물리화학적 영향관계(관계맺음)와는 다른 새로운 사이와 관계가 생겨나 사물의 세계에 큰 변화가 초래된다. 유기물질이 생겨나 무기물질을 에너지로 삼아 자신을 새롭게 사르고 다른 개체들과 새로운 관계를 맺으며 주변세계(환경)에 반응하고 적응하며 새로운 기능과 구조를 만들어나간다. 유기물질과 무기물질, 유기물질과 유기물질 사이에 새로운 힘(에너지)의 교환관계와 상호작용이 생겨나서 새로운 유형(패턴)의 영향관계(관계맺음)가 생성된다. 이러한 생물학적 차원의 소통을 우리는 유전정보에 의한 관계맺음의 소통이라고 할 수 있다.

물질과 같이 원자나 분자가 아닌 세포를 구성단위로 한 유기체 또는 생명체라는 새로운 존재자가 등장한다. 이 최초의 생명체는 전혀 다른 힘(동력)의 사용과 기능의 발휘 속에서 관계맺음과 되어감의 독특함을 갖고 무섭게 활동하며 자기를 복제 재생산해내면서 확산되어 퍼져나간다. 생명체는 비슷한 생명체와 모여 살면서 다른 생명체와 생존의 관계를 유지하며 주변의 다른 사물들을 동력과 변화의 도구로 활용하는 식으로 주변의 모든 것과 서로 영향관계 속에 있으면서 자기로 되어간다.

생명체는 개체로서는 생명체라고 말할 수 없을 정도로 비슷한 생명체와 다른 생명체 그리고 주변의 모든 다른 사물들과 함께 더불어(공생[共生]) 서로 힘과 기능의 교환과 상호작용 속에서 서로 살리며 함께(상생[相生]) 산다. 생명의 시작에 생명체 각자의 자기로-됨은 개체로서의 자기로-됨이 아니라 그 생명체가 함께 모여 사는 그 종(種)이나 유(類)의 자기로-됨이다. 이러한 종이나 유의 자기로-됨은 일정한 경향과 성향(됨됨이)

으로 자리가 잡혀 자기복제 속에 다음 세대에 전달된다. 생명체의 기초 구성단위를 이루는 세포 속에는 이러한 종의 됨됨이가 일종의 강력한 생식인자로 각인되어 유전인자를 이룬다.

생명체의 소통은 유전인자 차원에서의 교류에 머물지 않고 감관을 활용한 정보의 교통에로 소통의 범위를 확장해나간다. 넓은 의미의 인식은 진화의 과정에서 인간이 존재하기 훨씬 오래전부터 시작되었다. 첫 번째 인식적 성취는 생명체의 시작과 거의 동시에 출현했다고 말할 수 있다. 대략 35억 년 전쯤 단세포체에서 시작됐다. 예를 들어 박테리아가 단성분에서 자기의 먹거리를 '보았다'면, 이것도 이미 어떤 의미에서는 '인식'이라고 말할 수 있을 것이다. 생명체는 구성적으로 열린 체계, 다시 말해 주위 세계와 연관된, 닫히지 않은, 자율적인 체계다.

먹이 섭취를 위한 동력 사용의 활동과 종의 보존과 확산을 위한 자기복제 기능을 갖춘 생명체는 활동양식의 변화를 통해 활동 범위와 영역을 넓혀나간다. 감각활동의 능력을 갖추어 자유롭게 돌아다니며 다른 생명체와 사물들과 관계를 맺게 되는 생명체(동물)는 자기 자신과, 비슷한 유의 생명체와, 다른 생명체들과 사물들과는 다른 방식과 양식으로 관계를 맺게 된다. 주변 전체, 비슷한 생명체 부류에 대한 결속성 또는 종속성이 약화되는 대신에 자기 자신에 대한 생존본능과 자각심(의식, 마음)이 강화된다. 지각활동의 발달과 더불어 개체성이 커져간다. 개체성이 커져감에 따라 생명체는 다른 생명체와 사물도 낱낱의 차원에서 관계맺는 방식을 터득하게 된다. 신호체계 · 기호체계가 발달되고 그것은 상징체계 · 언어체계로 진전된다.

3) 인식론적 소통: 인간과 세계 사이의 소통(언어정보)

진화는 생명체의 출현과 더불어 인지의 단계로 넘어감으로써 어느 정도는 자기인식을 수행하기 시작했다. 인지생명체들은 세계의 특성들을 파악하고 그로써 상응하는 세계의 구성요소들이 이제는 물리적 실재에 추가해서 인지적 현재를 획득한다. 처음에 그저 그 자리에 있던 것이 이제는 또한 인식되며 파악된다. 이것이 인간이 등장하면서 심화되고 확장되고 가속화된다.

이로써 진화의 과정은 새로운 차원에 들어선다. 진화는 이제 인식을 수단으로 자신의 발달된 형태를 촉진시키게 된다. 이것이 바로 새로운 것이다. 인식은 진화의 지속적 발전의 동력(모터)이 된다. 여기서 우리가 주목해야 할 점은 인식이 존재론적으로, 우주론적으로 영향을 미친다는 점이다. 생명체가 인식적 성취 속에서 활동함으로써 그것은 세계를 변화시킨다. 인식은 일종의 명확한 산출(생산)적인 관심사이다. 그것은 그저 현실인식에 그치지 않고 현실구성에 참여한다. 인식적 전개가 진행됨으로써 현실은 다른 현실이 된다. 인식은 근본적으로 볼 때 우주 진화가 자신의 고유한 변형과 발전을 위해 취하는 일종의 전략이다. 생명의 출현 이래 이런 변형과 발전은 무엇보다도 인식적 작용을 통해서 이루어졌다.

인간은 육체적으로, 생물학적으로 그리고 인식적으로 최고도로 진화적으로 각인되었다. 인간의 기본적인 지식의 내용들은 인간이 종족 발생의 역사로부터 전수받은 것들이다. 비슷한 것이 개체에게 생성된 인간의 뉴런적 통제 구조와 연관된 규율들에도 해당된다. 개별적 지각행위와 인식행위들에 (이를테면 형태지각에서처럼) 이르기까지 종족발생적 표본이 작동하고 있다. 그 뒤로 이어지는 인간의 모든 인식 획득은 바로 이러한 기초 인식에 뿌리를 두고 있다. 그런 한에서 인간은 (생리적으로 뿐만이 아니라) 인식적으로도 진화의 전 인류적 성과에 의존해서 살고 있는 것이며 진화적 기초 인식의 근간을 먹고 사는 것이다.

개체들의 중층적 구조를 인간의 세계를 중심으로 고찰하면, 분자들이 모여서 물체가 되는 방향 대신, 생명을 가진 세포가 되고, 세포들이 모여서 몸의 부분(기관)들이 되고, 그 부분들이 전체 몸을 형성하고, 몸의 기능 중에서 특히 두뇌의 기능이 바탕이 되어 개체적인 마음의 기능이 나타나고, 그것은 다시 개체적인 영혼 또는 정신의 기능까지 가능하게 하는 중층성으로 전개되어간다.

그리고 인간 세계에는 또 하나의 중층적 구조가 있다. 이 구조는 개인들이 모여서 가족을 이루고, 가족들이 모여서 사회를 이루고, 사회들이 모여서 국가를 이루고, 국가들이 모여서 인류 사회를 이루는 방향으로 펼쳐져가고 있다. 그런데 어느 차원의 사회든 하나의 유기적 사회로 기능하기 위해서 그것은 인간의 마음, 정신 또는 영혼의 기능을 필수조건으로 전제한다. 그렇기 때문에 소립자의 차원에서부터 정신이나 영혼의 기능에 이르는 중층적 구조와, 개인에서 시작하여 인류 사회에 이르는 중층적 구조는 서로 밀접하게 연관되어 있는 하나의 유기적 구조로 이해될 수 있다. 그리고 아마 이러한 복합적 중층 구조는 종국에는 물리적 세계라고 한 별들의 세계, 즉 물리적 우주의 세계 전체와도 관련시켜서 이해되어야만 할 것이다.

개체와 정보의 관계를 좀 더 살펴보자. 개체는 그것이 실재하도록 하는 네 가지 원인에 대한 정보를 보유하고 있을 뿐만 아니라 다른 개체와 상호작용하는 데 필요한 네 가지 기능에 대한 정보도 제공한다. 그러한 개체들이 중층적 세계를 이루고 있으므로 개체의 차원에 따라서 그것에 관련된 정보도 다를 수밖에 없다. 다시 말해 정보의 세계는 그것대로 하나의 중층적 구조를 나타내게 된다는 것이다. 대체적으로 말해 에너지(동력)의 특수상태로서 소립자 · 원자 · 분자 그리고 물체가 형성되는 데 필요한 정보는 '물리정보'라고 할 수 있다. 그러나 분자들이 모여서 세포를 만들고, 생명체(몸)을 형성하는 데 필요한 정보는 '유전정보'다. 생명체는 감각(지각)기능을 하므로 '감각(인지)정보'를 필요로 한다. 그리고 두뇌의 기능 중에서 마음의 기능이 가능하게 되는 데는 '언어정보'가 필요하다고 생각되며, 마음의 기능보다는 한 차원 높은 기능이라고 할 '정신의 기능'이나 '영혼의 기능'에는 '직관정보'가 필요하다고 할 수 있다.

3. 인간의 문화적 소통

1) 소통의 얼개

지금까지 소통을 넓은 의미에서 우주론적 차원의 실체들의 소통이라는 관점에서 대략적으로 살펴보았다. 이제는 현재 인간이 놓여 있는 시대적 상황 속에 등장한 소통이라는 현상에 초점을 맞추어 논의를 펼쳐나가도록 하자. 많은 학자들이 시도하고 있는, "발신자-메시지-수신자"의 모델로 소통을 설명하려는 이론은 인간의 소통(커뮤니케이션)을 다 아우르기에도 협소하다. 그래서 필자는 소통으로서의 문화에 걸맞은 '소통' 개념의 얼개를 아래와 같이 정리해본다.

산다는 것은 소통하는 것이다. 물리화학적 · 생물학적 차원에서 힘과 에너지, 유전자의 소통이 일어나고 있고, 문화적인 차원에서 다양한 양태의 정보의 소통이 펼쳐지고 있다. 개인적 삶이건 집단적 삶이건 소통, 즉 교류, 교환, 대화 없는 삶은 상상할 수 없다. 소통은 인간의 내재적 조건이다.

소통의 목적은 개체적 · 종적 삶의 유지라는 물리생물학적 목적 외에 다른 문화적 목적과 지향성이 있다. 죽을 수밖에 없는 유한한 인간이 느끼는 고독감과 불안감을 떨쳐내기 위해 다른 사람 또는 사물(생물)과의 소통이 필요하다. 인간은 이러한 소통을 통해 신뢰감을 쌓고 친밀한 관계를 유지하여 보다 돈독한 사회적 연대와 결합을 결속하려고 한다.

소통에서 핵심은 관계다. 대화와 교제를 통해 친밀한 관계를 맺어 서로 간에 신뢰감을 얻게 되면 관계가 돈독해진다. 이 돈독한 관계의 망이 넓게 형성되면 사회적 결속력이 강화된다. 그러면 그 사회는 안전하고 안정적인 사회가 된다.

죽음의 위험 속에 노출된 인간은 외로움을 해소하고 긴장감을 풀기 위해 다양한 양태의 소통을 시도한다. 함께함의 든든함(안정감)과 유쾌함, 표현의 즐거움, 연출의 짜릿함, 실천의 보람, 앎의 기쁨, 터득의 뿌듯함, 일치의 황홀함 등이 소통을 통해서 얻게 되는 상태들이다.

소통에는 구조상 소통의 주체로서 **소통하미(소통의 당사자)**가 있고, 소통의 주제 또는 내용(메시지)로서의 **소통거리**가 있고, 소통의 매체로서 **소통다리(채널)**인 미디어가 있고, 소통거리가 지시하는 관련항(실재의 사물/사태/사건)으로서의 **소통걸이**가 있다. 그리고 소통이 펼쳐지는 **소통의 마당(소통상황)**이 있다.

소통하미는 서로서로 소통거리를 소통다리(채널)라는 미디어를 통해서 주고받는데, 소통거리에는 그것이 지시하고 있는 소통걸이가 있다. 예를 들어, 우리가 갈색 책상에 대해서 이야기한다고 해보자. 이때, 책상은 갈색이고, 나무로 되어 있다는 기본 정보는 소통거리다. 그런데 이 거리가 지시하는 것은 사물로서의 책상이다. 소통이 걸려 있는 걸이는 책상인 셈이다.

인간적인 차원에서 이야기하자면, 소통은 어떤 사람이 다른 사람에게(소통하미) 어떤 특정한 매체(소통다리)를 사용해 어떤 일어난/일어나는/일어날 사건/사태/사물(소통걸이)에 관해 어떤 정보(소통거리)를 주고받는 것을 뜻한다.

넓은 의미의 소통은 힘과 정보의 교류 · 보존 · 축적 · 확산이다. 소통의 양식에 따라 소통의 주체는 분자(원자) · 세포 · 몸 · 마음 · 정신 · 영혼이 될 수가 있다. 정보는 다양한 차원에서 전개되는데 그 교류 방식과 상대에 따라 물리정보 · 유전정보 · 감각(인지)정보 · 언어정보 · 직관정보로 분류될 수 있다. 소통을 넓은 의미에서 본다면, 자연적인 지향까지도 포함해서 힘과 정보의 교류 전체를 소통이라고 할 수 있다.

좁은 의미의 소통은 물리정보와 유전정보를 바탕으로 해서 기호와 상징에 의해 이루어진다. 인간의 소통은 크게 언어적 소통과 비언어적 소통으로 구분될 수 있다. 언어적 소통은 상호작용으로서 대화와 담론으로 분류될 수 있다. 플루서에 따르면, 대화는 다양하게 존재하는 정보를 새로운 정보로 합성하는 방법이다. 담론은 자연의 엔트로피적 작용으로부터 정보를 보존하기 위해 사용 가능한 정보를 분배하는 방법이다. 제러미 리프킨(Jeremy Rifkin)이 쓴 엔트로피 개념을 열역학적인 개념에서 학자들이 많이 활용하고 있다. 플루서도 엔트로피 차원에서는 정보가 보존이 안 된다고 말한다. 정보를 보존하고 유통하고 확산하는 것은 반엔트로피다. 자연의 엔트로피를 거스르는 것으로 본 것이다. 담론은 바로 반엔트로피의 차원에서 이루어진다고 플루서는 말한다.

그런데 지금 대부분의 매체에서는 소통걸이(사건/사태/사물)는 괄호 안에 넣고 거리(정보)의 차원에서만 소통이 되고 있다. 이것이 바로 정보의 유통이다. 정보는 사물 · 사태 · 사건을 확인하지 않는다. 여기서 정보와 지식의 차이가 발생한다. 지식은 이 차원(소통걸이)을 항상 고려한다. 즉, 실제 지시하는 정보가 참이냐 거짓이냐를 따져 묻는다. 반면 정보는 참과 거짓을 따지지 않는다. 다만 주고받기만 한다. 하이데거는 이것을 '잡담'이라고 표현했다. 잡담은 지시체, 즉 사물에 대해서는 문제제기하지 않고 이야기를 나누는 것을 의미하는데, 이것이 오늘날의 미디어를 통한 커뮤니케이션의 특징이다.

현대 사회의 커뮤니케이션에서는 소통걸이가 중요하지 않다. 현대를 특징짓는 기호론적 전환에서 어차피 기호는 사물/사태를 있는 그대로 반영하지 않는다고 생각한다. 누가 무엇을 어떻게 봤느냐 하는 차원에서만 이야기가 된다. 이 정보가 참이냐 거짓이냐를 따지지 않고 주고받는 것만으로도 충분히 친해질 수 있고 인간다움을 느낄 수 있고 외로움을 극복할 수 있다. 현대인의 미디어를 통한 소통이 가진 중요한 의미가 바로 여기에 있다. 소통 그 자체가 중요하게 된 것이다. 참 · 거짓보다는 소통을 위한 소통, 사이하기 위한 소통, 가까워지기 위해 거리를 거리로서 나누는 소통이 그 나름대로 의미가 있다는 것이다.

현대인의 소통에서 또 한 가지 중요한 것은 모든 것들이 항상 상황 속에 있다는 것이다. 소통하미도 상황 속에 있고, 소통걸이도 상황 속에 있고, 소통거리도 상황 속에 있고, 소통다리도 상황 속에 있고, 이 모든 것이 다 상황 속에 놓여 있다. 각각의 상황이 다 다르기 때문에 소통거리도 다양한 상황에 따라 다르게 해석될 수밖에 없다. 따라서 이 상황을 무시하고, 미디어를 단순히 "발신자 – 정보 – 수신자"라는 구조로만 보고, 한쪽에서 정보를 쑥 집어넣으면 파이프를 통해 다른 한쪽에서 그 정보를 가감 없이 받아들인다고 생각하는 것은 인간의 독특함을 너무나 무시하는 것이다. 정보를 받아들이는 사람과 상황이 어떠하냐에 따라 반응이 달라지기 때문이다. 소통은 정보를 일방적으로 던지는 것이 아니라 반응을 감안해서 이야기하는 것이다.

2) 소통의 주체로서의 대중과 대중문화

이제 소통하미의 상황에 대해 살펴보자. 20세기 문화적 혁명의 핵심은 대중문화의 탄생이다. 그것은 대중이 문화의 주체로서 전면에 나서기 시작하는 문화의 변신이다. 그때까지 대중은 문화세계에서 소외되어 왕족들 · 귀족들 · 성직자들 · 부자들이 하는 문화잔치에 초대받지 못한 주변인으로 살아왔다. 그들은 자신들이 정하는 문화의 잣대에 맞추어 문화인과 비문화인을 구별하는 차별화 전략으로 자신들의 위상을 높였다. 자신들의 학식과 신분, 재산에 걸맞은 문화적 멋과 취향을 문화의 기준으로 내세워 그렇지 못한 사람을 배우지 못한 사람, 교양 없는 사람, 천박한 사람이라 무시하고 멸시했다. 문화 향유의 주체는 극히 소수에 제한될 수밖에 없었다.

20세기에 들어와 사진 · 영화 · 복제기술의 등장으로 문화의 판도는 확연히 달라졌다. 중요한 예술작품들이 사진으로, 동영상으로, 모사품으로 다양하게 복제되어 많은 사람들에게 접근 가능한 문화상품이 되기 시작했다. 문화가 문화재가 되고 문화자본이 되고, 급기야는 문화산업이 되어 오늘날은 최고의 돈벌이 수단이 되었다. 이제 문화도 더 이상 희귀성 · 원본성 · 일회성 · 독창성을 앞세운 '아우라'의 척도에 따라 정의될 수 없게 되었다. 일종의 제의적 성격의 종교적 숭배가치를 가진 것으로 간주되던 예술작품은 이제 많은 사람이 보고 즐길 수 있는 전시가치의 성격을 띠게 된다. 예술작품의 전시는 예술작품을 향유 또는 즐김의 대상으로 전환시켰다. 또한 그 수용 방식에 있어서도 이전의 예술작품이 개인적인 방식으로 집중적이고 예술작품에 침잠(沈潛)해 들어가는 지각 방식을 요구한 데 반해, 새로운 예술작품은 대중적 혹은 집단적인 방식으로 정신오락적인 분산적이고 촉각적인 지각 방식을 요구한다. 새로운 전자기술과 미디어의 등장으로 문화의 주체, 대상, 양태, 향유 방식 등이 전체적으로 다 바뀌는 상황에 이르게 된다. 20세기 후반에 들어서 이제는 더 이상 문화의 주체를 왕족이나 귀족, 지성인과 부자로 잡을 수 없게 된다. 모든 사람이 다, 대중이 모두 예술작품의 관람객이고 향유자로서 문화의 주체로 떠오르게 된다. 고급문화와 대중문화의 구별이 철폐되며 문화가 곧 대중문화인 문화의 시대가 열린 것이다.

이로써 무엇보다 대중의 위상이 달라지게 되었다. 이제 예술가들은 대중을 의식하지 않을 수 없게 되었다. 대중의 공감을 얻지 못한다면 예술가로서 성공했다고 자신할 수 없기 때문이다. 작품이 가지는 예술성이라는 것이 있긴 하겠지만 대중과 소통하지 못하는 예술이 진정한 예술이라고 할 수 있는가라는 문제들이 제기된다. 백남준은 "예술을 위한 예술은 사기다."라고까지 말한다. 이제 예술의 잣대는 '대중과의 소통'이 되었다. 문화의 세기는 대중이 주인이고 주체가 되는 시대이다. 우리는 모든 면에서 대중을 의식하고 대중의 공감을 얻으려고 노력해야 한다. 대중의 상황으로 내려와 대중의 눈높이에 맞추어 대중의 관심에 귀를 기울이고 대중의 입장에서 대중을 이해하려고 힘써야 한다. 그것이 소통으로서의 문화가 지향하는 바이다.

3) 소통의 구조와 계기

소통의 일차적 기능은 공감의 확장을 통해 **신뢰감, 친밀한 관계, 사회적 결합**을 이루는 것이다. 그런데 공감을 얻기 위해서는 상대방과 공유하는 것이 있어야 한다. 상대방과 무엇을 공유하기 위해서는 내가 가진 것으로 상대방을 유혹해야 한다. 상대방이 내가 가진 것에 관심을 갖도록 유도해야 한다. 그리고 상대방을 설득해서 나의 생각과 행동을 믿을 수 있도록 신뢰감을 주어야 한다. 그러면 상대방과 친밀한 관계를 형성할 수 있을 것이다.

사람 사이에서 소통이 이뤄지고 있는 가장 흔한 방식은 **대화**다. 대화에서 중요한 것은 그것이 쌍방향이라는 것이다. 다시 말해 한쪽이 일방적으로 말하미나 들으미의 역할을 고정적으로 하는 것이 아니라 서로서로 동시에 두 역할을 다 한다는 말이다. 말하면서 듣고 들으면서 말하는 방식으로 말이다. 이 말은 또한 대화에 참여한 모두가 대화의 주체로서 다 평등하다는 뜻이기도 하다.

하버마스(Jürgen Habermas)는 상호주관적인 차원이 강조되고 있는 대화의 이상적 상황을 설정하면서 거기에서는 네 가지의 타당성에 대한 요구 주장이 채워져야 한다고 주장한다. 첫째, 발언의 이해 가능성에 대한 요구 주장을 들 수 있다. 즉 우리가 언어로 표현하는 것은 모두 우리에게 이해될 수 있는 말 또는 단어로써 들어와야 한다는 것이다. 언어가 그 형태상의 차원, 기호론적인 차원, 문법상의 차원에서 언어로서 이해될 수 있는 것이어야 한다는 말이다.

두 번째는 명제의 진리성에 대한 요구 주장이라고 할 수 있다. 이것은 언어가 말하는 것, 예를 들어 "백조는 희다."라고 말했을 때, 그 말의 내용이 그것에 대해 이야기하고 있는 사태와 일치해야 한다는 말이다. "백조는 희다."라고 말할 때 백조가 실제로 희어야만 한다. 그래야만 그 말이 참이라고 할 수 있다.

세 번째는 말하는 사람의 진실성이 전제되어야 한다. 진리성과 진실성은 구별되어야 하는데, 이를테면 남을 속이기 위해서 전체의 맥락을 숨긴 채 부분적 진리만을 이야기할 수도 있는데, 이 경우 올바른 의사소통이라고 할 수 없다. 하버마스는 말하는 사람의 진실성을 중시한다. 왜냐하면 사태에 관한 진리라는 것은, "백조는 희다."라고 했을 때, 거기에서 오직 백조의 흼만이 이야기될 뿐 그 외 나머지 사실에 대해서는 전혀 이야기되고 있지 않다. 즉 거기에서는 하나의 사태에 대해 아주 일부분만이 이야기되고 있을 뿐이다. 따라서 그렇게 일부분에 대해서 말하면서 전체에 대해서 말하는 것처럼 말하미가 사태를 왜곡시킬 수 있는 가능성이 있다. 그래서 말하미의 진실성이 중요한 관건이 된다. 말하미의 진실성은 진리성과 뗄 수 없는 관계에 놓여 있다.

네 번째로 하버마스는 명제의 정당성(올바름)에 대한 요구주장을 든다. 이것은 사회성과 관련이 있다. 하나의 명제, 즉 "백조는 희다."라는 명제는 문맥(context)에 맞아야 하고 이 문맥은 전체 텍스트에 맞아야 하며, 전체 텍스트는 그것이 지시하고 있는 실제 상황인 삶의 맥락에 맞아야 한다. 정당성에서는 현재의 사회만이 문제되는 것이 아니라 사회의 정체성, 즉 역사도 문제가 된다. 다시 말해 거기에는 역사와 문화가 그 밑바탕에 깔려 있게 된다. 이렇게 대화에는 여러 다양한 관계들이 서로서로 복잡하게 얽혀 있다.

공감을 강조하는 소통에서는 대화의 상대방에 대한 열린 마음이 중요하다. 아무런 선입견 없이 상대방을 동등한 대화의 상대로서 인격체로서 대하는 자세가 중요하다. 상대방의 눈높이에 맞추어 상대방의 관심과 이해(利害)를 헤아리고 상대방의 입장에서 대화의 내용을 알아들으려는 노력이 필요하다. 서로 생각과 신념이 다르고 사태에 대한 시각이 다르다고 해도 상대방의 다름을 인정하고 수용하려는 열린 자세가 필요하다. 대화를 통해 합의와 일치에 이르게 되면 서로 사이에 신뢰감을 얻게 되어 친해지게 되고 사회적 결속감이 한결 더 강해질 것이다.

4) 소통의 상황 : 비소통과 협상

그러나 이상적인 대화 상황이 이뤄지는 것은 매우 어렵다. 그런 경우를 위한 것이 또한 대화며 소통이다. 대화에서는 상대방을 동등한 대화의 상대자로서 인정해야 한다. 이 말은 내가 나와는 다른 또 다른 나를 대화의 상대로서 대하고 있음을 인정해야 한다는 말이다. 대화의 또 다른 주체로서 상대방은 자기의 관점에서 자신의 생각대로 사태를 이야기하고 판단하고 수용할 권리를 갖고 있다. 내가 마음대로 할 수 없는, 나와 똑같은 위치에 선 타자가 있다는 상황이 소통을 어렵게 만드는 결정적 요인이다. 그래서 소통에서 가장 중요한 문제는 역설적이게도 '비소통'이다. 소통에서는 상대방에게 정보나 메시지를 그의 생각대로 해석할 권리를 준다. 소통이 강조되는 문화적 자세에서는 수용자에게 해석의 일차적 권리가 보장되어야 한다. 그것이 대중문화에서 문화의 수용자로서 대중의 수용과 공감에 큰 관심을 두고 있는 이유다.

소위 발신자를 떠난 정보나 메시지는 전적으로 수신자의 처분에 맡겨진다. 소통의 상대방은 자신에게 주어지거나 전달되는 정보나 메시지를 선택해서 수용할 권리부터 그것을 자신의 관심과 취향에 따라 해석하고 변형할 권리도 갖는다. 그렇게 해서 발신자를 떠나 떠도는 정보나 메시지는 발신자의 의도와 상관없이 이해되고 오해되고, 곡해되고 왜곡될 처지에 놓이게 된다. 그래서 커뮤니케이션(소통)이란 "진심[사실]을 말하지 않는 정보 제공자와 메시지를 자기 취향에 맞춰 해석하려는 수신자 사이의 항구적인 협상 과정"이다.[6] 이러한 소통 과정의 복잡함을 제대로 알지 못하고 진행되는 소통은 서로를 이해하지 못하는 '비소통'이며, 이것은 필연적으로 몰이해와 갈등, 증오와 투쟁을 낳는다.

소통에서는 서로 다른 자유와 평등성을 가진 상대방을 인정해야 한다. 이 상대방이 나와 같은 선상에 있으며 나의 생각에 동의하지 않는다는 점을 언제나 고려해야 한다. 소통에는 언제나 비소통이 해결되어야 할 핵심 과제로 주어져 있는 셈이다. 이 점을 인정하고 나면 생각을 달리하는 타자와의 공존이 소통에서 받아들여져야 할 전제조건이 된다. 소통하기 위해서 우선은 타자의 존재를 인정하고 서로의 차이와 다름을 받아들이면서 계속 대화하고 협상하면서 공생하고 상생할 길을 모색해야 한다.

이런 식으로 공생하고 상생하기 위한 소통에서 가장 중요한 요소는 진

6 도미니크 볼통, 채종대 · 김주노 · 원용옥 옮김, 『불통의 시대 소통을 읽다』, 살림, 2011, p. 5.

정성이다. 위에서 거론된 이해가능성 · 진리성 · 정당성 · 진실성에 앞서 소통하려는 열린 마음과 그를 위한 진정성이 우선적으로 요구된다. 그럴 때 서로의 차이와 다름을 참고 인내하며 합의점을 찾기 위해 계속 협상해 나갈 수 있을 것이다.

소통하기 위해서는 정보를 알려주는 것만으론 충분하지 않다. 오늘날은 오히려 정보의 차고 넘침과 기술적 매체의 항존이 소통을 더욱 어렵게 만든다. 정보 혁명은 소통의 불확실성을 가중시키며 예측할 수 없는 결과에 이르게 한다. 이것은 정보 자체의 문제만이 아니다. 지금은 모두가 모든 것을 보고 모든 것을 알게 되는 세상이다. 언어 · 철학 · 정치 · 문화 · 종교적인 차이들이 소통과 관용을 더욱 어렵게 만든다. 정보는 메시지일 뿐이지만, 소통은 그보다 훨씬 복잡한 '관계'다.

"21세기 혁명적 사건은 정보의 혁명이 아니라 소통의 혁명이다. 즉 메시지의 문제가 아니라 관계의 문제이다. 복잡한 기술 발전을 통한 정보의 생성과 분배가 아니라, 정보 발신자와 같은 위치에 있지 않은 수백만의 다양한 수신자에 의한 정보의 수용과 거부의 문제이다. 정보의 최종 목적지인 수신자들은 소통을 복잡하게 만든다. 정보는 타자의 얼굴에 몰아친다. 우리는 지구촌을 꿈꿨지만 혼돈스러운 바벨탑을 발견한다."[7]

매체시대를 사는 우리는 정보가 사물/사실/사건/사태에 대한 있는 그대로의 기술이 아니라 발신자의 관심과 이해(利害)에 따라 수집되고 선별되어 재구성된 묘사라는 것을 잘 안다. 똑같은 사건에 대해 '가'라는 언론매체가 '나'라는 언론매체와는 판이한 보도를 하고 있는 것을 매일같이 확인하며 산다. 전문성이 걸린 사안에서도 전문가들의 전문적인 지식이라는 것이 얼마나 극과 극으로 대립되는지를 수시로 경험하고 있다. 종교

7 도미니크 불통, 앞의 책, p. 17.

적인 진리를 주장하는 데서는 그 주장의 옳고 그름을 가늠할 잣대가 있을 수가 없다. 그것은 다 결국 신앙의 문제이며 무엇을 믿던 그것은 개인적 자유의 사항이다.

다양성과 다원성의 문제가 이제는 종교적 차원에서만의 문제가 아니다. 이제는 언어 · 문화 · 세계관과 가치관, 정치에서의 차이를 인정하고 서로 공존할 수 있는 길을 모색해야 한다. 문화의 시대에 다양성은 흠이 아니라 장점이다. 문화의 시대에 가장 경계해야 할 적은 오히려 획일성이다. 누가 "나는 진리를 보았고 깨달았으니 나를 따르면 행복과 안정이 주어질 것이다."라고 외친다면 미친 사람 취급을 받을 것이다. 이제 진리의 포고와 선교는 종교적인 차원에 국한된 일이고 그것은 극히 사적인 믿음의 영역이다. 공적인 차원에서 자기만이 진실을 보았고 자기만이 올바른 길을 알고 있다고 주장한다면 의심의 눈총에 시달릴 것이다. 정보와 지식이 넘치는 오늘날 남을 가르치려 드는 계몽의 자세는 시대착오적이라는 비판을 면치 못한다.

다원주의 사회에서 비소통을 해결하기 위한 소통의 방식 중 중요한 것은 생각과 주장을 달리하는 사람들 모두가 다 참여할 수 있는 기회와 방법이 많이 마련되는 것이다. 정보의 흐름과 메시지의 전달이 일방적이어서는 안 된다. 어떤 형태로든지 수신자 또는 수용자들의 참여가 보장되어야 하고, 메시지의 공유와 메시지에 대한 거부 또는 의견 표명도 보장되어야 한다. 그리고 의견을 달리하는 사람들 사이의 대화와 협상이 전개되어야 한다. 의견 조정이 이루어지는 동안에도 협동과 협업은 계속되어야 할 것이다. 이렇듯 소통에는 참여 · 협상 · 협동 · 협업이 중요한 소통의 행위로 부각된다.

아무도 사실 자체를 있는 그대로 알지 못하고 그것이 생활세계에서 통용되는 코드(언어 · 상징 · 기호)에 의해 우리에게 주어지는 대로 인식할 뿐이다. 그리고 이 코드는 역사의 흐름에 따라 기술의 발전과 커뮤니케이션의 변화 속에서 계속 변해오고 있다. 절대적 보편적으로 통용되는 코드는 없다. 문화권과 생활세계에 따라 통용되는 코드와 그 규약은 다르다. 우리는 다른 문화권의 문화적 코드를 우리의 잣대로 평가하고 판단해서는 안 된다. 우리와는 다른 문화적 코드를 그들의 역사적 · 문화적 관점에서 이해하려고 애쓰며 그 코드가 그들에게 어떤 의미를 지니고 있는지 알려고 노력해야 한다.

4. 문화적 존재로서 공감인의 공감적 소통

1) 공감의 시대 통합적 인간 '공감인'

인간을 문화적 존재로서 공감인으로 규정하고, 공감을 감성 · 지성(이성) · 영성의 통합적 능력으로 풀이한 사람이 있으니 바로 제러미 리프킨이다. 그는 최근의 저서 『공감의 시대』에서 인류의 문명을 커뮤니케이션과 엔트로피의 변증법적인 상호 역학관계 속에서 펼쳐지는 생존과 공존, 그리고 발전의 사건으로 본다.[8] 이러한 문명의 밑바탕에는 도구의 발견, 기술의 발달, 생산의 효율화, 커뮤니케이션의 확장, 조직과 제도의 합리화, 학문(과학)의 발전, 의식의 심화 등이 보이지 않는 상호작용 속에 보다 나은 미래를 향한 여정을 마련하고 있다. 리프킨은 이런 문명의 발전을 이루어내는 인간의 능력을 이성에 한정해서 보려는 것은 매우 근시안적이라고 지적한다. 인류의 문명을 제대로 설명하기 위해서는 인간의 이성적 능력 외에도 감성적 능력과 영성적 능력을 고려해야 하며 이 능력들을 병

8 제러미 리프킨, 이경남 옮김, 『공감의 시대』, 민음사, 2010.

렬적으로 나열해서는 안 되며 그 세 능력을 아우르는 통합적 능력을 핵심축으로 산정해야 한다. 그것을 리프킨은 '공감'이라고 이름 붙인다. 그래서 인류의 문명은 '공감적 문명'이라는 이름을 얻게 되고 인간도 '공감인'(호모 엠파티쿠스, homo empathicus)이라는 명칭을 받게 된다.

리프킨은 정보통신의 발달로 커뮤니케이션이 전 지구를 신경망처럼 휘감아 지구 위의 모든 사람이 정보의 그물망 속에 서로 이웃하여 사는 코스모폴리탄 시대인 현금은 또한 극도의 엔트로피 증가로 지구 전체가 파멸의 위기에 놓이게 되는 시점이라고 지적한다. 이 문제를 해결할 수 있는 길은 인간의 공감력을 극대화하여 생물권 의식 속에서 지구 위의 모든 자연사물 · 생명체 · 인간들이 함께 평화로이 공존할 수 있는 연대감과 유대감을 공고히 하는 것뿐이다. 리프킨은 인류의 문명은 공감의 문명으로서 인간의 공감력이 씨앗의 상태에서 싹이 터 잎을 맺고 줄기를 형성하고 가지를 치며 꽃을 피어내는 공감력 증대의 역사로 본다. 그래서 지금 우리가 사는 현대는 우리가 가진 공감력으로 승부를 걸어야 하는 '공감의 시대'이다.

리프킨은 이 책에서 공감이 진화해온 과정과 특성을 분석하여, 엔트로피의 증가가 불러온 인류의 위기를 극복할 수 있는 방법을 모색한다. 그는 생물학과 인식과학 분야의 지식을 이용하여 인간 본성에 대한 물음을 다시 던지고 있으며, 인간을 이기적이고 공격적이며 물질적이라고 주장해온 오래된 견해에 의문을 제기한다. 그에게 인간의 기본적인 본질은 '공감'이다. 그런데 이러한 공감은 엔트로피와 역설적인 관계에 있다. 새로운 에너지 기술과 제도가 만들어낸 커뮤니케이션의 확장은 지구적인 소통을 가능하게 했지만 이는 더 많은 에너지 소비와 그로 인한 환경의 지속성 약화를 초래하고 있다. 즉 공감의식이 확대되는 과정에서 지구의 건강은 악화되고 있는 것이다. 지금도 진행되고 있는 급속한 기후변화로 인한 생태 파괴는 인간에게 지구의 모든 생명체와 더불어 생존하고자 하는 의지가 있는지를 확인하는 물음을 던지고 있다.

2) 공감이란?

리프킨은 인간의 본질적인 감정을 '공감'이라고 말한다. 그리고 이러한 공감 능력은 모든 인간에서 볼 수 있는 보편적 조건으로 인간의 친척인 영장류와 포유류의 조상에까지 연결된다고 말한다. 그는 '공감'을 인간에게만 한정지어 특수화시키지 않고 다른 생명 종으로까지 관련성을 확대하면서 공감의 보편성을 확보하고자 한다. 리프킨은 공감 능력이 모든 인간에게서 볼 수 있는 보편적 조건임을 강조한다. 예를 들어 공감적 고통[9]은 인간의 친척인 영장류, 그리고 포유류의 조상에까지 연결된다. 그런데 생물학자나 인식과학자들이 새끼에게 젖을 물리는 포유류에서 원시적 형태의 공감을 발견하게 된 것은 극히 최근의 일이다. 그들은 영장류나 인간이 공감할 수 있는 것은 뇌의 신피질이 발달했기 때문이라고 분석한다.

리프킨은 공감보다 앞서 나온 단어는 '동정'(sympathy)이었다고 지적한다. 여기에서 동정은 다른 사람의 곤경을 보고 측은함을 느끼는 감정을 의미한다. 공감은 동정과 정서적으로는 공통점을 갖고 있지만 실제 둘은 전혀 다른 내용을 가지고 있다. 리프킨은 '공감'이라는 용어가 1872년에 로베르트 피셔의 미학에서 사용된 독일어 'Einfühlung'(감정이입)에서 유래되었다고 설명한다. 감정이입은 관찰자가 흠모하거나 관조하는 물체에 자신의 감성을 투사하는 방법을 설명하는 용어로, 실제로는 예술작품을 감상하고 즐기는 원리를 밝히기 위해 만들어진 것이었다.

독일의 철학자이자 역사가인 빌헬름 딜타이는 이 미학 용어를 빌려와

---

9 empathic distress: 남의 고통을 자신의 고통처럼 느끼는 상태를 일컫는 심리학 용어.

정신 과정을 설명하는 데 사용했다. 그에게 감정이입은 다른 사람의 입장이 되어 그들이 어떻게 느끼고 생각하는지 이해하는 것을 의미했다. 1909년에 미국의 E. B. 티치너는 'Einfühlung'을 '공감'(empathy)으로 번역했다.[10] 티치너의 일차적 관심사는 내성(內省, introspection)의 핵심 개념이 무엇이냐 하는 문제였다. 내성은 자신의 내적 느낌, 감정, 생각을 탐구하여 자신의 정체성과 자아를 형성하는 것에 대한 개인적 이해를 얻어내는 방법이다. "공감의 '감'(感, pathy)은 다른 사람이 겪는 고통의 정서적 상태로 들어가 그들의 고통을 자신의 고통인 것처럼 느끼는 것을 뜻한다."고 말한다. 여기에서 알 수 있는 것은 수동적인 입장을 의미하는 동정과 달리 공감은 적극적인 참여를 의미하여 관찰자가 기꺼이 다른 사람의 경험의 일부가 되어 그들의 경험에 대한 느낌을 공유한다는 의미를 갖게 되었다는 것이다.

공감은 상대방과 일정한 거리를 유지한 채 객관적으로 상대를 관찰하는 행동이 아니라 상대방의 마음을 나의 마음과 같이 깊이 헤아리는 것이다. 이것은 상대방의 감정을 마치 나의 마음과 같이 체험하고자 하는 시도라고 할 수 있다. 그렇다고 자신의 느낌과 생각을 모두 버리고 상대방을 받아들이는 것으로 본다면 문제가 될 수 있다. 공감은 자신의 입장으로 상대방의 존재가 거부감 없이 밀려들어와 나의 내부에서 '어울림'의 공명이 형성되는 것이다. 따라서 공감은 한 사람의 개인적인 이해의 차원을 넘어 서로 다른 집단과 문화를 이해하고 받아들이는 기능을 수행할 가능성도 내포한다고 할 수 있다.

---

10 공감은 그리스 말 empatheia에서 왔다. empatheia의 em은 'in', 'into', 'within'의 뜻을 가지고 있으며, 라틴어의 pathos는 '고통', '열정'을 뜻한다. empathy는 다른 사람의 고통이나 열정을 내 안에서 느끼는 것으로서 동아시아적 의미로는 '이심전심'(以心傳心), '직지인심'(直指人心)이 empathy에 해당한다.

3) 공감적 소통

공감은 다른 사람의 입장과 처지를 이해하고자 노력하는 것으로부터 출발한다. 이해하기 위해서는 자신을 상대방의 입장에 놓고 상대방의 정서적 상태로 들어가야 한다. 비록 일대일의 완벽한 일치가 불가능하다고 하더라도 상대방 감정 · 느낌 · 생각 등을 적극적으로 탐구해야 한다. 탐구하는 과정에서 상대방에 대한 관계의 강도는 더 강해진다. 그렇다고 자신을 버리고 전적으로 상대에 몰입하는 것은 아니다. 오히려 자신의 정체성과 개인에 대한 이해를 얻어낼 수 있는 방법이라고 봐야 한다.

리프킨은 공감에서는 감정적 반응과 실천적 반응이 뒤따른다고 말한다. 호모 엠파티쿠스는 다른 사람들의 고통을 덜어주어야 할 필요를 인식하며, 또 마땅히 도움이 될 만한 행동을 한다. 인식적인 차원에만 머무르는 것이 아니라 어떤 결과를 만들어내려는 의지적 행동적 요소로 이행되어나갈 수 있다고 본다.

그렇다면 오늘날 왜 인식적인 차원과 실천적인 차원을 함께 갖는 '공감'에 주목해야 하는가? 리프킨은 사용 가능한 에너지와 기술, 그리고 이러한 기술에 의한 새로운 커뮤니케이션의 혁명이 만들어내는 문명화 과정 속에서 성숙한 공감 본능을 확대하여 공감–엔트로피의 딜레마를 벗어나야 한다고 말한다. 그래야만 지속 가능한 삶과 생물권의 균형을 찾을 수 있다는 것이다.

우리 인간에겐 고립감을 극복하기 위해 끊임없이 다른 사람과의 유대감을 추구해가며 보다 복잡한 사회적 구조를 만들어내려는 경향이 있다. 우리의 여정은 이러한 인간의 경향과 우주를 지배하는 에너지 법칙이 만나는 교차로에서 시작한다. 인류사의 근간을 이루는 변증법은 공감을 확장하고 엔트로피를 증가시키는 것 사이에 놓인 끊임없는 피드백(되먹임)의 고리이다.

리프킨은 인류의 문명은 공감의 능력이 바탕이 되어 전개되는 커뮤니케이션과 에너지 사용의 상호역학적 작용 속에서 역사적 흐름과 더불어 각기 다른 커뮤니케이션 수단과 에너지 기술을 발전시켰고 또 그것은 그 시대의 독특한 문화의식과 기술문명을 배태시켰음에 주목한다. 그리고 이러한 문명의 발달과 더불어 인간의 공감 능력도 확장되고 심화되어오면서 공감이 지구촌의 운명을 가늠할 현재에 이르게 되었음을 강조한다. 리프킨은 에너지와 커뮤니케이션의 혁명이 현실세계를 바꿀 뿐 아니라 인간의 의식까지도 변화시킨다고 말하면서 공감의 문명에서 펼쳐지는 이 흔적들을 좇아가며 기술한다. 수렵 · 채취가 주축을 이루던 문명의 단계인 그림 구술문화시대에는 신화적 의식이 팽배했다. 농경이 핵심 생산기술이던 단계에는 문자문화가 꽃을 피웠고 유일신을 숭배하는 신학적 의식이 자리 잡았다. 인쇄술과 각종 기계기술이 발달하며 상업이 성하던 인쇄문화의 시대에는 계몽적 의식이 널리 퍼졌다. 석탄과 증기기관이 발명되고 전신 · 전화가 등장한 제1차 산업혁명 시기는 전자문화시대로서 심리적 의식이 퍼져나가는 시기였다. 컴퓨터 · 인터넷 · 스마트폰 등의 디지털 기술이 등장한 제2차 산업혁명의 시기인 지금은 그물망(네트워크) 시대로서 연극적 의식이 자리 잡기 시작하는 시기이다.

이렇게 리프킨은 에너지 기술의 제도적 관리가 어떤 커뮤니케이션의 변화를 이끌었고, 그리고 이것이 또한 어떻게 사회적 현실과 개인의 역할에 변화를 주었는지를 살펴본다. 그리고 또 이것이 인간의 의식을 어떻게 바꾸어놓았는지를 고찰한다. 이 모든 것의 밑바탕에는 공감이 작용하고 있다. 리프킨이 서술하는 공감의 문명은 공감인(호모 엠파티쿠스)이 자신의 공감의 능력을 확장 심화시켜온 공감 능력 발달의 문명이다. 그것은 또한 인간의 의식과 커뮤니케이션 방식 그리고 에너지 제도(열역학 법칙)가 어울려져서 만들어내는 공감적 소통 성과의 문명이다.

5. 문화적 인간은 사이-존재

1) 사이-존재의 사이하기

지구촌 시대는 문화의 시대로서 문화적 다양성이 강조되고 문화적 가치가 전면에 등장하며 문화적 멋을 추구하는 문화인이 모델이 되는 멋진 시대다. 이제 이에 맞추어 인간에 대한 규정도 달라져야 한다.

인류 역사를 되돌아보면 지난 2500년 동안 이른바 지성인들은 인간을 이성적 동물로 규정하며 인간의 이성과 지성을 강조하고 육체와 감성을 경시해왔음을 알 수 있다. 인간의 이성·정신·사유·영혼 등 육체가 아닌 정신의 영역과 능력에서 인간의 본질적인 차원을 찾아왔다. 그러면서도 고중세의 신학의 시대를 거쳐 오면서 이성으로 설명할 수 없는 신앙과 초월의 영역을 어떻게 이성과 조화시킬까 고심하였다. 많은 지성인이 이성과 신앙의 화해를 위해 온갖 노력을 경주하였지만 노력을 하면 할수록 추세는 신앙의 이성화 또는 합리화 쪽으로 기울었다. 그래서 결국은 신앙의 영역과 인간의 영성적 능력도 이성의 잣대에 의해 합리화되거나 비이성적인 것으로 현실의 영역에서 추방된다. 인류의 역사 특히 서양의 역사는 이와 같은 이성 중심의 합리화의 역사라고 해도 지나친 말이 아니다.

탈근대라고 지칭되는 20세기 후반부터 이러한 이성 중심의 시각이 비판의 대상이 되고 있다. 그동안 무시·경시·멸시되어온 육체의 차원을 살리자는 운동이 포스트모더니스트들을 중심으로 불같이 번져나갔다. 비이성적이고 반이성적이고 몰이성적인 것이라고 해서 인간적인 것에서 추방되어왔던 이슈들이 인간의 인간적인 면을 보여주는 중요한 단서라고 해서 논의의 관심을 끌었다. 광기·폭력·섹스 등이 대표적인 주제들이다. 이렇게 이성과 정신에서 그 반대급부인 육체와 감성으로 역사의 시계추가 급반전되니 이것 역시 또 다른 극단화임을 우려하는 목소리가 많았다. 인간의 영성적인 측면이 간과된 채 감성만을 강조하다보면 인간의 짐승화와 다를 것이 없다는 이야기다. 그래서 인간의 이성과 지성적인 측면, 감성적인 측면, 영성적인 측면 모두를 아우르는 통합적인 시각으로 인간을 재조명해야 한다는 주장이 대두되기 시작했다.

필자 역시 서양의 인간에 대한 규정인 '이성적 동물'과 '하느님의 모상'이 생물학적 전제와 신학적 전제 위에 내려진 정의임을 지적하며 인간을 '사이-존재'로 규정할 것을 제안하였다. 동아시아의 전통에서 인간을 보는 시각을 현재화해서 빔-사이, 사람-사이, 때-사이, 하늘과 땅-사이에서 사이를 이으며 사이로 존재하는 인간의 독특함을 '사이-존재'(inter-esse)로 규정하자는 의도다. 그리고 이러한 사이-존재로서의 사람은 감성 · 지성 · 이성 · 영성의 차원이 고루 고려된 통합적 인간임을 강조하였다.[11]

사이-존재가 무엇을 의미하는지 간략하게 살펴보기로 하자.

"사이"는 국어사전에 다음과 같이 정의되어 있다. "[명] ① 이때에서 저 때까지의 동안. ② 두 물건의 가운데. ③ 두 물건이나 장소의 가운데 난 틈. * 서리: 여러 물건이나 사람의 사이."[12] "사이가 뜨다." ⇒ "일정한 거리가 있다. 동안이 오래다. 서로 사이가 좋지 않다." "사이가 좋다." ⇒ "서로 사귀는 관계가 좋다." "사이를 두다." ⇒ "일정한 거리나 동안을 두다." "사이없다." ⇒ "서로 허물없이 가깝다." "사이하다." ⇒ "사이에 두다. 사이에 들어서서 서로를 맺어주다. 중매하다. 중개하다."

---

11 필자는 지금까지 다석 류영모의 사상을 풀이하면서 그의 인간관을 '사이-존재'라는 개념으로 압축하여 소개하면서 많은 글을 발표했다. 몇 개를 참고삼아 소개하면 다음과 같다. 이기상, 『다석과 함께 여는 우리말 철학』, 지식산업사, 2004, pp. 192~322; 『지구촌 시대와 문화콘텐츠: 한국 문화의 지구화 가능성 탐색』, 한국외국어대학교 출판부, 2009, p. 228; 『글로벌 생명학: 동서 통합을 위한 생명 담론』, 자음과모음, 2010, pp. 29~73.

12 남영신 엮음, 『국어사전』, 성안당, 1999, p. 1137.

여기의 낱말 풀이에서 보듯이 '사이'는 ① 때-사이, ② 장소의 가운데로서의 사이, 즉 빔-사이, ③ 물건이나 사람의 사이, ④ 틈, ⑤ 관계, ⑥ 아우름 등을 가리킨다. "너와 나 사이"와 같은 표현에서는 '개인으로서의 나와 너의 관계'라는 의미와 함께 '개인으로서의 너와 나의 다름과 차이'라는 뜻도 포함되어 있다. 그리고 '우리 사이'라는 표현에서는 너와 나 모두를 아우르는 더 높은 차원의 포괄성을 가리킨다. 그리고 '사이'의 동사형인 '사이하다.'가 "사이에 들어서서 서로를 맺어주다. 중매하다. 중개하다."의 의미가 있는 것에 주목할 필요가 있다. 사람은 사이-존재로서 사이하는 존재다.[13]

이런 어원적 맥락에서 볼 때 인간을 '사이에-있음'이라고 규정할 경우 그것이 지시하는 의미는 다음과 같다.

장(場)의 가운데, 공간 속에, 빔-사이에 있다. 때와 때 사이에, 즉 시간 속에 있다. 사물과 사물 사이에, 사람과 사람 사이에 있다. 모든 존재하는 것을 아우르는 전체 속에 있다. 하늘땅 사이에 있다. 시간과 공간 그리고 인간의 차원을 모두 포괄하여 모든 존재하는 것을 감싸고 있는 장(지평·우주)의 가운데 있다. 그것들에 둘러싸여 있다. 포함되어 있다. 시간과 공간 그리고 인간 개개의 차원 안에 놓여 있다. 그 개개의 차원 속에서 그 속에 존재하는 것과 연결되어 있으며 그것들과 교류·소통하며 관계를 맺는다.

사이는 그 사이를 거리가 아닌 가까움으로 만들면서 존재함을 뜻한다. 사이는 개별자로서의 인간의 독특함(아름다움)을 인정하기에 서로의 사이

---

13 인간을 '사이에-있음'으로 규정한 철학자로 우리는 키르케고르를 들 수 있다. 그는 인간을 '중간-존재'라는 의미로 'inter-esse'라고 일컬었다. 그에 의하면 인간은 무한과 유한 사이에, 영원과 시간 사이에, 보편과 개별 사이에, 영혼과 육체 사이에 존재하며 그 둘을 종합해야 하는 중간-존재이다.

를 존중한다. 아름과 아름의 사이를, 즉 너와 나 사이를 포괄하는 지평적인 사이가 있다. 그것이 우리 사이다. 아름들은 사이로 연결된 그물망으로서의 전체 사이에 자기를 맞추어나가야 한다. 그래야 다른 아름들을 울리고 떨리게 하여 전체 속에 어우러져서 어울림을 이루어나갈 수 있다.

사람은 사이 속에서 사이로서 사이좋게 사이를 만들며 존재한다. 이것을 **'사이하다.'** 라고 표현한다. 즉 "사이에 들어서서 서로를 맺어주고 중매하고 중개한다." '사이하다.'는 무엇보다도 '통하다.'를 뜻한다. 개개 차원의 사이와 지평의 사이에 들어서서 그 사이가 통하게 함을 말한다. 그것은 '소통(疏通)하다.'이다. 확 트이게 해서 서로서로 잘 통하게 함이다. '사이하다.'는 '관여하다', '참여하다.'를 뜻한다. '사이하다.'는 '관계를 맺다', '서로를 이어주다', '가깝게 만들어주다.'를 뜻한다. '사이하다.'는 '중매하다', '중재하다', '중개하다.'를 뜻한다. 미디어의 시대에 걸맞은 미디어적 존재를 특징짓는 핵심적인 개념으로 '사이하다.'를 택할 수 있다.

이 규정은 사물 · 도구 · 기계 · 컴퓨터 · 미디어 · 작품 · 사람 · 민족 · 나라 · 문화 · 세계 등과 같은 모여 결성된 구성체로서 존재(자)—실체든 주체든— 그 자체에서 눈을 돌려 그것들의 '사이'에 주목한다.[14] 존재자는 그것이 그 자체로 홀로 있을 때에는 그 본래의 위력을 다 발휘하지 못한다. 다른 것들과 만나 그것들과 소통하고 교류하며 맞부딪칠 때 그 힘이 몇 배로 배가 되어 발산된다. 원자와 원자의 충돌과 융합, 그리고 거기에서 발산되는 엄청난 에너지를 생각해보라.

사이는 그 자체로 있음이 아닌 서로 다른 두 존재자의 만남과 교류를 중

14 오늘날 특히나 중요한 것은 기계와 사람 사이의 만남과 교류인 인터페이스(interface)인 것은 놀랄 만한 일이 아니다.

요한 본질적 차원으로 보는 시각이다. 사이에서 벌어지는 사건들은 다음과 같다. 만남 · 소통 · 관용 · 상호작용 · 상호인정 · 공존 · 공생 · 공감 · 상생 · 교류 · 교제 · 교감 · 유대 · 연대 · 연합 · 통섭 · 융합 · 통합 · 조화 · 화합 · 어울림 등이 그것이다. 사이 존재는 사이를 지향하며 추구한다. 그래서 사이를 그리워하고 기대하며 기다리고 갈망하고 소망하고 희망한다.

실체의 시대를 지나 주체의 시대를 거쳐 우리는 지금 상호주체의 시대인 현대를 살고 있다. 이 상호주체의 시대에서 강조되는 것이 바로 사이 아닌가! 그것은 곧 **사이의 시대**다. 이 사이에서 힘의 갈등과 충돌, 집합, 이종교배, 융합, 통합이 이루어지며 변화와 변환이 전개된다.[15] 문화는 사이존재로서의 인간이 자연, 사물(사태 · 사건), 인간(사회 · 민족 · 나라), 역사(세계 · 우주), 신적인 것(신성)과 소통하는 행위와 거기서 지어지고 꾸며지는 산물이다.

2) 사이-존재의 다양한 소통의 방식

사이-존재로서 사람은 무엇보다도 사이의 역할을 제대로 해야 한다. 존재하는 모든 것들과 함께 사이를 나누며 서로 사이를 이으며 서로서로 통할 수 있도록 사이로서 존재해야 한다. 이렇게 사이존재로서 통하는 **소통의 방식**도 사이의 4차원에서 각기 다양하게 전개된다. 우리말에서 '통(通)하다.'는 다양한 의미의 갈래를 포괄하고 있다. 서로서로 오고감을, 그래서 서로 잘 앎을, 서로서로에서 서로의 소식을 알림을, 정을 통함을 의미한다. 그런가 하면 막힘이 없이 트여 있음을, 어느 쪽으로 이어져 있음

15 문화학자 김용석은 21세기를 '사이'의 문화세기라고 지칭한다. 김용석, 『문화적인 것과 인간적인 것』, 푸른숲, 2000, p. 125.

을, 그래서 서로 말이나 뜻을 주고받음을 뜻한다. 더 나아가 글의 앞뒤가 막힘이 없음을, 특별하거나 비밀스런 방법으로 연락하거나 관계를 맺음을, 막히지 않고 잘 흐르거나 움직여나감을 의미한다. 타동사로도 쓰여 중간에 다른 경로나 과정 따위를 거침을 뜻하기도 한다.

사람은 빔-사이에서 자신의 삶의 자리를 만들기 위해 노동과 활동을 통해 자연환경을 자신의 주위 세계로 만들어나간다. 그러기 위해서는 자연 또는 자연사물과 잘 소통(疏通)해야 한다. 다시 말해 우주자연의 모든 사물들과 막히지 아니하고 서로 통해, 그 안에 담긴 뜻까지도 읽어낼 수 있을 정도가 되어야 한다. 자연에 도통(道通=사물의 오묘한 이치를 깨달아서 통함)하고 자연사물에 정통(精通=자세히 통하여 앎)한다면 우주자연 속에서 모든 존재자들과 통합(通合)을 이루며 잘 살아나갈 것이다.

사람은 사람-사이에서 다른 사람들과 잘 소통하여 함께 더불어 살며 서로서로를 살리는 공생과 상생의 삶을 영위해나가야 한다. 그러기 위해서는 수직적인 위계질서가 아니라 수평적인 평등 속에서 많은 사람들과 두루 통(보통[普通])해야 한다. 질서 잡힌 평화로운 사회를 이루기 위해서는 사회구성원들이 서로 마음과 뜻이 통(상통[相通])해야 하며, 그래서 그들 사이에 두루 통용(通用)되거나 관계되는 공통(共通)의 유대감이 형성되어야 한다. 사람 사이에 막힘이 없이 오고가는 일(교통[交通])이 잘 이루어져야 하며, 위기에 닥쳤을 때는 그 상황에 맞추어 서로서로를 살리는 방향으로 융통(融通)성 있게 일을 처리해야 한다.

사람은 때-사이에서 지난 시대의 시간과 공간을 넘어(관통[貫通]하여) 지금의 우리에게 전해져오는 역사적 문헌이나 유물, 사건이나 사태를 읽어낼 수 있어야 때를 이으며 과거와 통하고 아울러 미래와 통할 수 있다. 그러기 위해서 사람은 시대를 가로지르며 두루 통하는 보편적인 특성과 특질, 틀과 얼개, 구조와 모형을 찾아 이론을 구축하려고 노력한다.

사람은 하늘땅-사이에서 우주자연에 두루 퍼져 있는 한얼과 통해서 자신의 바탈을 깨닫고 우주자연에서 자신이 해야 할 바를 수행하려고 노력해야 한다. 그러기 위해서는 우주자연의 한얼(신[神])과 통(신통[神通])하고, 존재하는 모든 낱낱의 씨알 속에 깃들여 있는 얼과 통(영통[靈通])해야 한다.

이렇게 사람은 사이-존재로서 그가 관계해서 이어야 하는 그 모든 사물들 · 사태들 · 관계들 · 의미들 · 정신들 · 얼들 · 지평들 등등, 그리고 한얼과 통한다. 그래서 그는 우주자연의 모든 존재자들이 함께 더불어 서로서로를 살리며 살아가는 우주적 살림살이를 꾸려나가야 할 책무를 떠맡고 있다. 인간은 이제 지구촌 시대 우주 진화의 꽃으로서 물리화학적 상호작용, 생물학적 교류, 인지적 교감 그리고 인식론적 소통을 넘어서 문화권 사이를 가로지르는 문화적 상호교류의 과제도 떠안고 있다.

인터넷 시대의 윤리란 무엇인가

서 동 욱
서강대학교 철학과 교수

서동욱

서강대 철학과 및 같은 대학 대학원을 졸업한 후 벨기에 루뱅대학 철학과에서 석사학위와 박사학위를 받았다. 저서로 『차이와 타자: 현대 철학과 비표상적 사유의 모험』, 『들뢰즈의 철학: 사상과 그 원천』, 『일상의 모험: 태어나 먹고 자고 말하고 연애하며, 죽는 것들의 구원』, 『익명의 밤』, 『철학연습: 서동욱의 현대철학 에세이』 등이 있고, 역서로는 들뢰즈의 『칸트의 비판철학』, 『프루스트와 기호들』, 레비나스의 『존재에서 존재자로』 등이 있다. 서울대, 서울예대, 연세대, 홍익대 등에서 철학과 문학을 강의했으며, 현재 서강대 철학과 교수로 있다.

1. 트리스테로의 유산

16, 17세기 신성로마제국의 소통망을 석권한 '투른과 타시스' 우편서비스에 대항하고 있던 일종의 지하 우편조직인 '트리스테로'는 30년 전쟁이 끝나갈 무렵의 어느 날 술집 뒷방에서 비밀리에 회합을 갖고 있었다. 시골 여자들이 날라다 준 맥주를 마시며 분위기가 무르익었을 무렵, 갑자기 그들 가운데 한 사람인 콘라드가 탁자 위로 뛰어올라갔다. 그러고선 그는 오랜 시간이 흐른 후에도, 그러니까 날들과 밤들이 수없이 서로를 추월하며 세월을 쌓아올려, 급기야 21세기를 이룬 지금에도 다시 숙고되어야만 하는 말을 남겼다.

> 유럽의 구원(salvation)은 커뮤니케이션에 달렸다. [……] 유럽의 군주들 사이의 커뮤니케이션을 조종할 수 있는 사람이 그 군주들 모두를 조종하게 될 것이다.[1]

---

1 T. Pynchon, *The Crying of Lot 49*, New York: Penguin Books, 1974(초판: Jonathan Cape,

물론 지금 우리가 읽고 있는 이 문장은 역사책으로부터 온 것이 아니고 위대한 허구임으로 해서 역사보다 더욱 진실한 토마스 핀천의 기록으로부터 온 것이다. 「엔트로피」 같은 초기 단편에서부터 잘 나타나는 바이지만 핀천만큼 소통의 문제에 관심을 기울인 작가도 없을 것이다(파티에서 사람들을 소통시켜 증가하는 카오스를 막아보려는 멀리건의 노력을 떠올리라). 소통에 관해 우리가 생각하고 있는 바에 대해 『49호 품목의 경매』가 이미 많은 것을 알고 있기에, 우리는 이 글을 통해 수시로 핀천의 문장을 읽어나갈 작정이다. 트리스테로가 숨겨진 역사인 만큼 핀천의 말처럼 트리스테로를 발견하기 위해서는 공식적인 지배자들의 역사인 타시스 편에 서서 접근해야 한다. 우리가 공식적인 시간과 공간 속에서 만날 수 있는 것은 지배체제의 역사 외에는 없으므로. 숨은 자들의 역사란 그것의 그림자로서만 존재하므로. 가령, 핀천을 이미 읽은 사람이라면 마치 소설 속의 허구가 실제로 육신을 입고 지상에 강림한 듯한 무시무시한 체험을 벨기에의 어느 길목에서 할 수 있다. 관광 안내를 하자는 것은 아니지만, 브뤼셀 중심부의 벨기에 왕립미술관이 면해 있는 길을 따라 내려가다보면 한 블록 지나서 제장스(gégence)로(路)와 만나게 되는데, 그 길 한구석에 결코 역사적 현장이라고는 받아들일 수 없는 평범하고도 낡은 건물이 한 채 서 있다. 그 건물 한 편 벽에는 무엇인가를 기념하기 위한 청동판이, 주의를 기울이지 않는다면 모르고 지나칠 것이 틀림없을 만큼 초라한 크기로 박혀 있는데, 거기에는 핀천의 소설 속으로 들어온 듯한 착각을 일으키는 글귀가 역사의 이름으로 씌어져 있다.

'1516년 여기서 프랑수와 드 타시(Fançois de Tassis)가 최초의 국제우

1967), 125~125쪽(약호 CL). 이 글의 모든 인용에서 원저자의 강조는 작은따옴표(' ')로, 인용자의 강조는 굵은 글씨로 표기한다. 대괄호([ ]) 안의 말은 대체 가능한 번역어나 뜻을 잘 통하게 하기 위해 인용자가 임의로 집어넣은 것이다.

편서비스를 시작했다. 1872년까지 이 자리에 투르와 타시(Tour et Tassis)가(家) 제후의 우편국이 세워져 있었다.'

지금은 더럽고 음산한 건물이 들어서 있는 이 터에서 최초—왕들뿐 아니라 일반인에게까지 서비스를 제공했다는 의미에서 최초—의 국제 소통망 '투르와 타시' 우편(핀천의 표기를 따르면 투른과 타시스[Thurn and Taxis]우편)이 시작되었던 것이다. 어둡고 우울하며, 겉으로는 평범하고 소박하지만 그 내면에 유럽의 온갖 광기와 음모를 숨기고 있는 이 도시의 한 모퉁이에서부터, 바로 16세기인들의 '인터넷'이 구축된 셈이다. 타시스 우편의 본거지답게, 오늘날 집집마다 달려 있는 전통적인 우체통에는, 마치 오래전에 전설 속으로 사라진 고대 종교의 계승자들이 아직까지도 생존해 있음을 증거하듯 여전히 타시스의 상징인 한 번 매듭이 묶인 우편 나팔—트리스테로의 약음기 달린 나팔과 구별되는—이 그려져 있다. 벨기에 체신부의 상징도 타시스 우편 나팔을 응용한 디자인이라는 것은 말할 것도 없다.

그렇다면 신성로마제국으로부터 부여받은 독점과 세습의 특권을 행사하던 타시스 우편의 경쟁자인 트리스테로의 위상이란 어떤 것인가? 이미 말했듯 지하조직인 트리스테로는 타시스 우편의 그림자로서만 모습을 드러내왔다. 한적한 길목에 숨어 있다가 타시스 우편배달부들을 잔혹하게 살해하는 검은 복장의 인물들, 다시 말해 지배적인 소통 체계를 마비시키는 해커들로서만 출현해왔다. 그러므로 해킹의 빛나는 역사 속에서, 매트릭스를 해킹하는 모르피우스의 컴퓨터 시스템이 그 종국을 장식하고 있다면, 타시스의 소통 체계를 불통으로 만들던 트리스테로의 우편배달부들은 그 기원을 장식하는 최초의 해커들로 기록되어야 마땅하리라.[2]

---

2 흥미를 끄는 비교에 지나지 않을지라도, 핀천이 이미 '매트릭스'에 대해 잘 알고 있었다는 점을 밝혀두는 것은, 그가 1960년대에 벌써 디지털 시대의 위험을 감지하고 있었다는 점을 평가한다는 면에서 가치 있는 일일 것이다. 『49호 품목의 경매』는 가상현실을 주제로 삼지 않음에

그러나 그들은 왜 해킹을 했는가? 누군가의 웹페이지를 재미로 박살내는 불량배들처럼, 그저 이유 없이 그랬는가? 도대체 그들이 추구하는 가치가 무엇이었기에? 해답은 위에서 이미 우리가 읽은 구절 속에 있을 것이다. 그것은 유럽의 구원, 아니 오늘날의 확장된 지구를 고려해서 이 말을 다시 옳게 표현하자면, '세계의 구원'은 커뮤니케이션에 달려 있기 때문이다. 엉뚱하게도 토마스 핀천은 도무지 서로 관련될 수 없을 것만 같은 두 가지, '소통'과 '구원'을 당연한 듯 연결시켜놓고 있다. 어떤 의미에서 구원과 소통은 서로 관련을 맺을 수 있는가? 세계 최초의 해커 집단이 세계의 구원은 소통에 달려 있다고 이야기할 때 이 말은 진정 디지털 시대를 사는 우리들에게도 유효한가? 도대체 어떻게 소통이 구원의 길을 열어줄 수 있는가? 이 질문이 우리에게 던져진 트리스테로의 유산이다. 현명한 아버지는 언제나 문제 속에서 상속을 감행한다. 현명한 아들은 늘 문제 속에 남겨진 수수께끼에 대한 숙고를 통해 자기 재산을 찾으며, 우둔한 자들의 품속에선 상속받은 보물은 속절없이 녹아 없어진다. 매듭 묶인 우편 나팔을 아직까지도 달고 있는 유럽의 고집스런 우체통이 말해주듯 세상은 여전히 타시스의 것이며, 오늘날의 타시스, 오늘날 우리의 소통을 암암리에 지배하는 것들이 무엇인지조차 우리는 모른다. 이 글은 제 운명도 모르

도, 가령 다음과 같은 구절은 디지털 시대로 진입하고 있는 인류의 불안과 우려를 오늘날에도 절실한 어조로 표현하고 있다. "다양성을 위한 좋은 기회들이 얼마나 배제되어 왔는가? 왜냐하면 지금은 [우리가] 마치 거대한 디지털 컴퓨터의 매트릭스[모체, Matrix]들 사이를 걸어가고 있는 것과 같기 때문이다. 거기엔 0과 1이 쌍을 이루며, 균형을 이룬 움직이는 부품처럼 좌우로 빽빽하게, 아마도 끝없이 매달려 있었다"(CL, 138). 이 묘사는 「매트릭스」 1편의 구체적인 한 장면을 떠올리게 만드는데, 영화 마지막 부분의 숫자들로 빽빽한 호텔 복도 장면과 얼마나 놀랍게 일치하는가! 또한 굳이 핀천이 여기서 '매트릭스'라는 단어에 영화에서와 다를 것이 없는 함의를 부여하고 있다는 점을 지적하지 않더라도, 이 구절은 인간을 지배하는 공포스러운 힘들로 가득 찬 디지털 시대를 핀천이 자기 주제들 속에서 이미 생생하게 살아가고 있었다는 점을 보여주기에 모자람이 없다.

는 우둔한 아들이 트리스테로의 유산을 상속해보려는 부끄러운 숙고, 한 번의 서투른 시도에 지나지 않는다.

2. 도처에 있으면서 아무 데도 없음

그런데 우리는 구원을 필요로 하는가? 무엇으로부터의 구원인가? 도대체 우리가 빠져 있는 상황이 어떻기에 소통과 관련된 수많은 가능한 문제를 제쳐두고 하필이면 구원의 문제가 제기되어야 하는가? 이러한 질문은 당연하게도 우리가 처해 있는 상황에 대한 앞선 이해, 그러므로 우리가 살아가고 있는 디지털 시대의 소통 일반에 대한 이해를 요구한다. 우리가 사유하고자 하는 바는 어떤 특정한 소통 양식이 아니라 '소통 일반'이다. 그런데 '일반'에 대한 이해로 들어가기 위한 출입구를 열기 위해서는 구체적인 어떤 소통 양식 하나를 출발점으로 선택해서 분석해볼 수밖에 없을 터인데, 아마도 '출판'의 경우가 적합할 것 같다. '출판'(publication)이란 이 말에 대한 어원적 분석을 통해 알게 되듯 공공화하기(public-cation), 사람들(public)에게 말하기, 곧 '공중(公衆)과 소통하기'의 의미를 지니고 있다. 소통으로서의 출판이라는 이러한 뜻은 또한 매스커뮤니케이션(공공[mass]과의 소통[communication])이라는 용어가 그 어의 안에 잘 간직하고 있는 바이기도 하다.

인터넷이 '도구'인가 또는 그 이상의 무엇인가를 분명히 하는 것은 오늘날의 소통의 특성을 이해하기 위해 매우 중요할 것이다. 소통 양식으로서 출판이 우리 성찰을 시작하기에 적합한 주제인 까닭은, 그에 대한 분석이 분명 인터넷의 도구적 또는 비도구적 성격에 대한 이해의 실마리를 제공해줄 것이기 때문이다. 출판이란 무엇인가? 혹은 보다 초점을 분명히 맞추자면, 출판인이란 어떤 존재인가? 문명의 탄생과 거의 동시에 인류는 책 또는 그림책이라고 불릴 만한 것을 통해서 소통을 시도해왔지만, 분명 이와 별도로 '출판'은 전형적인 근대적 소통 양식 가운데 하나일 것이다. 책이 있었던 시대라고 해서 출판이라는 '사업'이 있었던 것은 아니며, 책이 비로소 출판인과 관련을 맺게 된 것은 오로지 근대라는 지평 위에서이다. 그런데 근대만이 출판인이라는 존재를 가질 수 있었던 까닭은 활자의 보편화라는 기술의 발전 덕택이기보다는 더 근본적으로 '표상 활동'이라는 근대만의 독자적인 특성 덕분이다. 표상으로서 출판의 의미를 이해하기 위해서는 그에 앞서 근대인들이 출판인을 어떻게 규정했는지 먼저 살펴보아야 할 것이다. 아마도 출판인에 대한 근대의 의미심장한 언급 가운데 하나를 우리는 칸트에게서 찾을 수 있을 것인데, 그는 『도덕 형이상학』(1796) 1부에서 책, 저자, 출판인을 다음과 같이 정의하고 있다. "책이란 하나의 글—그것이 펜으로 씌어졌건 활자로 인쇄되었건 길건 짧건 그것은 문제가 안 된다—로써, 누군가가 가시적인 언어적 기호를 수단으로 공중에게 보내는 담론을 말한다. 자기의 이름을 내걸고 공중을 향해 말하는 자를 '저자'라고 부른다. 다른 이의 이름을 내걸고서 글을 통해 공중에게 이야기하는(reden) 자가 '출판인'(Verleger)이다"(학술원판 전집, VI, 289).[3] 이 정의에서 보듯 책이란 공공에게 의도적으로 공개된 글이다(앞으로 이 글에서 '책'과 '글'에 대해 언급할 때 우리는 항상 칸트의 이 정의에 입각한다). 그런데 칸트의 이 진술에서 주목할 만한 점은 저자뿐 아니라, 출판인도 공중에게 '이야기하는 자'라는 점이다. 도대체 어떻게 자기가 쓴 글도 없이 남(저자)의 글과 남의 이름을 내걸고서 이야기할 수 있는가? 여기에 바로 표상 활

3 이 글의 논의 대상은 아니지만 밝혀두자면, 책의 문제를 다룰 때 칸트의 주요 관심은 해적 출판업에 대항하여 출판인과 저자의 법적 권리를 정초하는 일이었다.

동으로서 출판의 비밀이 숨겨져 있다. 표상(Vorstellen)이란 하이데거가 그 어원적 의미를 분석하듯 '앞에(vor-) 세우는(stellen) 활동'이다. 세우는 주체는 인간이며, 그의 활동은 존재자를 '대상'으로서 자기 앞에 세운다. 인간이 이 세우는 활동을 주관하는 자가 되었다는 것, 그리고 이 활동을 통해 존재자가 인간 앞에 대상으로 서게 되었다는 것은, 근대 세계에 와서 인간이 존재자와 관계 맺는 방식을 스스로 설정한다는 것, 다시 말해 존재자는 이제 인간의 계산 아래, 인간의 측정 아래서만 현상할 수 있게 되었다는 것을 뜻한다. 가령 중세에는 존재자들의 척도와 근거는 신이었으나, 이제 세계는 오로지 인간의 측정을 통하여 인간 앞에 세워진 그림으로서만, 즉 '세계상'(Weltbild)으로서만 존재할 수 있게 되었다. 세계상이라는 말은 세계에 대한 그림이라는 뜻이 아니라, 인간 앞에 세워진 그림으로서의 세계만이 존재한다는 뜻을 담고 있다.[4] 다시 말해 존재자는 오로지 인간에게 정복된 그림으로서 외에는 그 어디에도 존립할 수 있는 자리를 가지지 못하게 되었다는 뜻이다.[5] 그런데 이러한 표상 활동은 근대 학문의 핵심뿐 아니라 출판 활동의 핵심을 구성하면서, 출판을 대표적인 근대적 사업으로 특징짓는다. 하이데거는 표상 활동으로서의 출판에 대해 다음과 같이 말한다. "출판업의 의미가 증대해가고 있는 까닭은 단순히 출판인들이 (아마도 그들의 책을 판매하는 과정을 통해서) 공공의 욕구에 대해 더 민감한 귀를 가지게 되었다거나, 출판인들이 저자들보다 더 나은 장사꾼이라는데 있지 않다. 오히려 그들 고유의 작업은 정리되고 빈틈없는, 책

4 M. Heidegger, "Die Zeit des Weltbildes," *Hozwege*(Gesamtausgabe, Band. 5), Fankfurt a. M.: V. Klistermann, 1977, 89쪽(약호 ZW).

5 서양 철학에서 표상 개념이 가지는 여러 가지 의미에 대해선 필자의 책, 『차이와 타자: 현대 철학과 비표상적 사유의 모험』(문학과지성사, 2000)의 서문 「표상적 사유와 비표상적 사유」 참조.

과 정기간행물의 출판을 통해 **세계가 어떻게 공공의 그림**[상, Bild]**으로 이끌어지고 그 속에 고정되는가를 고려하면서, 계획하고 설정하는 사전적(事前的) 결정**의 형태를 띤다. 편집물, 총서, 문고판의 우세는 이미 이런 작업의 결과이다"(ZW, 98). 여기서 '사전적 결정'이란 '이미 인식된 것'으로서, 하나의 현상이 현상으로서 보이게 만드는 것이다. 무슨 뜻인가? 보다 쉽게 예를 들어 설명해보면, 식탁 위에 있는 사과 세 개가 사과 세 개로서 현상할 수 있는 것은 셋이라는 수 개념이 우리에게 미리 인식되어 있기 때문이다. 수 개념이 우리에게 미리 인식되어 있기에 자연은 우리에게 수적(數的)인 것으로 현상할 수 있다. 이와 유사하게 근대 학문 일반은, 앞서 인식된 것에 기반해, 무엇이 그 학문이 대상으로 삼는 자연으로 간주되어야만 하는가를 미리 규정한다. 가령 근대 수리물리학은, '운동은 장소의 이동을 의미한다는 것', '모든 장소는 서로 동질적이라는 것', '모든 힘은 운동량에 따라 규정된다는 것' 등등을 '미리 인식된 것'으로서 가지고 있었고, 이러한 미리 인식된 것이, 자연을 수리물리학의 탐구 대상으로 현상하게끔 했다(ZW, 78~79 참조). 즉 자연은 수리물리학의 '연구 구역'이 되었다. 그러므로 사전적 결정이란 세계가 주체의 '측정'을 통해 세워진 그림으로서 주체 앞에 현상하게끔 해주는 표상 활동의 본질을 형성한다.

그런데 하이데거가 말하듯 근대적 사업으로서의 출판 또한 이러한 사전적 결정의 형식을 갖는다. 출판의 영역에선 출판인이나 편집위원의 기획이 아마도 이 사전적 결정에 해당한다고 해야 할 것이다. 출판이란 단지 저자로부터 원고를 받아서 공공화할 수 있는 수단인 책으로 제작하는 수동적인 절차가 아니다. 이 절차는 출판의 이념에 부합한다기보다는 차라리 기술적인 작업으로서의 인쇄 과정에 속할 것이다. 보다 적극적으로, 출판인은 공공에게 나타나야 할 상, 즉 그림을 가지고 있으며, 출판되어야 할 책의 기획이라는 사전적 결정을 통해, 공공에게 현상으로 나타나야 할 바가 무엇인지를 미리 규정한다. 우리 주위의 출판사들의 도서 목록 속에서 쉽게 확인할 수 있듯 이러한 사전적 결정은 총서, 전집류, 그리고 무엇보다도 '잡지'의 형태로 결실을 맺는다. 잡지는 전형적인 근대적 산물로서, 널리 알려진 대로 17세기 중엽(1665년) 파리에서 처음 출현하였다. 이때가 바로 출판업이 인쇄업으로부터 실제적으로나 개념적으로 완전히 독립하는 시기인 것은 결코 우연이 아니다. 왜냐하면 잡지의 가장 큰 특성이란 고유의 '편집 방침'을 가진다는 것이기 때문이다. 즉 잡지는 공공에게 현상으로 나타나야 할 바, 사전적 결정이 없이는 도무지 출현할 수 없는 형태의 책인 것이다. 단순한 인쇄 절차와는 본질적으로 다른 주체의 능력, 곧 근대인들만이 수행했던 표상 활동을 그 성립 근거로서 삼고 있는 것이 잡지이다. 이런 까닭에 하이데거적인 관점에서 좀 극단적으로 표현하자면, 인쇄업은 갑골문자, 점토판, 파피루스, 중세의 필사 수도승 등등의 원시적 조상을 가지지만, 인간의 표상 활동으로서의 출판업은 조상을 가지지 않는다.

결국 공공에게 나타나는바 현상을 가능케 하는 자, 세계가 표상되게끔 하는 자는 저자이기 이전에 이미 출판인이며, 이런 뜻에서 칸트가 정의한 대로 출판인은 남의 글과 남의 이름을 내걸고서 공공에게 '말하는 자'이다. 무엇이 씌어져야 하는지 알고 있고 또 결정할 수 있는 자는 저자이기보다 출판인이다. 어떤 총서가 필요한가, 어떤 책들이 하나의 시리즈로 묶여야만 하며 그 시리즈의 이념은 무엇인가, 이번 호 잡지의 특집은 무엇이 되어야 하는가 등등은 세계를 공공 앞에 세계 그림으로 현상하게 하는 출판인의 사전적 결정에 전적으로 달려 있다. 사전적 결정이 책이 공공과 만나기 위한 하나의 지평을 앞서 열어놓으며, 저자는 이러한 출판인의 사전적 결정에 종속됨으로써만 그 지평 속에서 공공에게 말을 건넬 수 있다.[6] "연구자는 출판인의 주문에 스스로를 구속한다. 출판인은 이제 어떤 책들이 씌어져야 되는지를 함께 결정한다"(ZW, 85).

그렇다면 이제 대답해보자. '공공과의 소통'이라는 영역에 한정해볼 때 인터넷이라는 미증유의 소통 장치는 표상 활동이라는 근대적 주체의 본성을 실현시키는 '도구'인가, 아니면 도구로서의 본성을 넘어서는 전혀 다른 어떤 것인가? 다음과 같은 현장 출판인의 말은 인터넷을 근대적 기획을 보다 손쉽게 실현시키는 도구로서 우선 규정할 수 있음을 시사해준다. "우리가 출판을 종이와 인쇄와 제본의 산업이라고 생각한다면 우리의 미래는 어둡다. 비용은 날로 증가하고 책값은 덩달아 올라가고 소비자는 책을 외면하기 때문이다. 그러나 반대로 생각한다면 문제는 달라진다. 책을 필자와 독자의 머리와 가슴을 연결하는 매개물이라고 생각한다면 우리는 종이로 만든 책뿐만 아니라 정보와 지식 그 자체로만 구성되어 있는 책, 다시 말하면 전자책을 생각할 수 있다. 전자책은 필자와 소비자를 훨씬 가깝고 빠르고 값싸게 연결시킨다."[7] 이 말은 전적으로 인터넷을 유통 구조의 개선이라는 측면에서, 그러니까 보다 효율성이 있고, 보다 일을 많이 할 수 있는 도구로서 바라보고 있다. 위의 칸트의 정의에서 보았듯 책의 본질은 매체와는 상관없다는 점, 즉 그것이 펜으로 씌어졌건 활자로 인쇄되었건 컴퓨터 스크린에 나타난 광선이건 길건 짧건 문제가 안 된다는 점에서, 전자책은 근대적 책의 정의의 범위를 초과하는 점이 전혀 없다. 또한 표상 활동을 하는 자로서의 출판인의 위상도 약화된 것이 없다. 출판인은 사전적 결정을 통해, 공공에게 현상으로 나타나야 할 바 세계의

6 출판의 의미에 대한 보드리야르의 다음과 같은 견해도 동일한 맥락에서 이해될 수 있다. "작가로서, 사상가나 연구자로서 나는 **점점 더…… 어떤 편집 체계의 영향 아래 있게 됩니다**"(장 보드리야르/장 누벨, 배영달 옮김, 『건축과 철학』, 동문선, 2003, 102쪽). 작가와 사상가들의 작업은 완전한 무전제에서 이루어지는 것이 아니라, 보드리야르가 '편집 체계의 영향'이라고 부르는 출판인의 사전적 결정 아래에서 수행된다.

7 박영률, 「출판의 미래」, ≪한겨레 21≫, 284호, 1999, 112쪽.

그림을 만들기 위해 저자에게 주문을 하고 또 원고를 선별해내기 위해 고심한다. 사라진 것, 변화한 것은 오로지 유통 구조와 책의 형태뿐이다. 이런 측면에서 보자면 인터넷은 하나의 도구임에 틀림없다. 도구란 오로지 그것을 사용하는 '주체'와 그 주체가 추구하는 '목적'을 통해 규정된다. 물론 여기서 주체는 인간이며 목적은 인간의 편리이다. 전자책의 혁명적 힘은, 인간의 도구로서 더 많은 일을 할 수 있다는 측면에서 평가된 혁명이지 도구의 개념을 뛰어넘는다는 점에서의 혁명은 아니다. 즉 엄밀히 말하자면 전자책은 인쇄술의 혁명이지 표상 활동으로서 출판업의 본질을 바꾸는 혁명은 아닐 것이다. 이제 종이와 활자 없이도 인쇄가 가능하고—어의만을 따지자면 이는 모순된 표현이지만— 그것을 유통시킬 수 있는 시대가 온 것일 뿐이다.

그러나 인터넷이 과연 그저 이렇게 도구에 그치고 마는가? 그것은 놀랄 만큼 새롭지만 역시 인간의 역사가 새벽을 맞을 때부터 사용해오던 도구의 일종에 불과한가? 이 새로운 불에는 뭔가 괴물 같은 것이 숨겨져 있으니, 불행하게도 그것은 더 이상 도구로 머무르기를 원치 않는다. 도구의 함의는 그것의 사용 주체와 목적이 있다는 것이므로 도구에 머무르지 않는다는 말은 '주체'와 그가 도구를 통해 추구하는 '목적'이 사라진 '비인격적 익명성의 사태'가 창출된다는 것을 함축한다. 계속 출판이라는 예를 붙들고 디지털 문명의 또 다른 면모를 조명해보자. 출판이라는 개념이 인터넷상의 소통을 논의하기에 효과적인 까닭은, 이미 칸트의 정의에서 보았듯 책이란 그것이 어떤 매물(每物)을 통해 실현되느냐와는 상관없이, 공공에게 전달할 목적 하에 가시적인 언어적 기호를 수단으로 삼는 모든 것을 가리키기 때문이다. 따라서 홈페이지, 게시판에 올려지는 글 등등은 모두 넓은 의미에서 책으로 간주될 수 있다. 그런데 이런 방식으로 책이 발표되기 위해서도 우리는 여전히 출판인의 존재를 필요로 하는가? 물론

이 질문은 곧장 '출판인의 죽음'이라는 대답을 기다리고 있다. 책의 출판, 그러니까 공중과 언어적 기호를 매개로 소통하기 위해서라면 이제 누구도 절실하게 출판인을 기다리지 않아도 될 것이다. 공공과 소통하고 싶은 이는 누구든 스스로 인터넷을 통해 글을 발표할 수 있게 되었다. 칸트는 출판사업의 요건 가운데 하나로 "책을 만드는 작업에 관계하는 노하우를 지닌 자들에게 급료를 지불할 수 있는 출판인"(「출판인 프리드리히 니콜라이에게 보낸 편지」[1798]), 즉 제작상 동원할 수 있는 자본력을 꼽고 있는데, 오늘날 인터넷을 통한 출판은 이런 자본에 대한 부담으로부터도 자유로워졌다. 만약 인터넷에 탈근대적인 면모가 있다면 이처럼, 근대 특유의 표상 활동으로서의 출판사업 너머에서, 공공을 향해 글을 생산해내는 일이 모든 이에게 가능하게 되었다는 점일 것이다. 그러므로 디지털 시대 출판의 새로움이라면 전자책의 출현보다는 '출판인의 죽음' 또는 '출판인 없는 출판'의 출현일 터이다. 왜냐하면 전자책은 출판의 내적 요소(책, 작가, 그리고 무엇보다도 출판인)의 층위에 도래한 혁명이 아니라 출판의 외적 층위(유통구조, 보다 편리하게 이용할 수 있는 책의 형태)에 불어 닥친 혁명일 뿐이라는 점에서, 오히려 근대에 정립된 출판의 개념을 한 걸음 더 그 근대적 이상에 근접시키고 있을 뿐이기 때문이다. 독자들 속에서 스스로 서는 데 성공한 수많은 카페 · 블로그 · 홈페이지가 증언하듯, 오늘날 책(글)을 발표하기 위해서라면 출판사는 필연적이지 않다. 누구나 스스로 자기 책을 위한 출판인이 될 수 있으며, 출판사의 힘을 빌리지 않고도 글의 권위와 신뢰성을 확보할 수 있다. 이제 세계의 그림, 곧 세계상이 공공 앞에 현상하도록 저자가 무엇을 말해야 할 것인지 사전적 결정을 하는 출판인은 존재하지 않는다. 사이버스페이스 안에는, 무엇이 씌어져야 되는지, 무엇이 공공 앞에 상으로 현상해야 하는지, 요컨대 어떤 말들이 소통되어야 하는지 말해줄 수 있는 자는 아무도 없다. 글을 올리는 순수하게 형식적이고 가치 배제적인 작업을 해주는 디지털 장치가 출판인의 자리를 대신하고 있을 뿐이다.

그런데 출판인의 죽음이 도대체 무슨 깊은 뜻을 지니고 있기에 우리는 소통의 문제를 생각해보는 자리에서 그것을 이토록 장황하게 다루어왔는가? 출판인의 죽음이라는 표면의 흙먼지가 가리켜 보이는 심층의 지각변동은 어떤 것인가? 우리가 보아온 것처럼 근대 세계에서 공공 사이에 소통되는 말들은 세계상에 붙박여 있었다. 이미 예로 들었듯 근대 수리물리학은 '미리 인식된 것들'의 사전적 결정을 통해 세계를 수리물리학적 상으로 현상하게 했다. 근대 모든 물리적 운동은 이런 수리물리학이 정립한 세계상에 붙박여 있었다. 이런 방식으로 한 시대의 세계상에 인간의 공적 담론 전체는 붙박여 있었다. 이런 붙박여 있음을 공공 사이에 말이 오가는 가장 구체적인 현장에서 보호하던 이, 가장 구체적인 현실화의 단계에서 공공에게 그림으로 나타나야 할 세계를 결정하던 이가 바로 출판인이었다. 그러므로 사이버 세계 속에서 현실화하고 있는 출판인의 죽음은, 한 시대의 세계상에 붙박여 있던 인간의 말이 그것으로부터 떨어져 나오게 되었다는 것, 뿌리도 없고, 집단의 기억도 배경으로 삼지 않게 되었다는 사실을 가리켜 보이는 하나의 징후이다. 세계 그림이 없는 시대에 공공 사이에 소통되는 말들은 아무런 응집력도 역사도 없는 것이 되어버렸다. 이제 말들을 지배하는 것은 무엇인가? 자세히 보게 되겠지만 '빈말'(잡담, Gerede)과 '호기심'이다. 인터넷만큼 하이데거의 잡담과 호기심에 대한 분석이 잘 들어맞는 공간도 없을 것이다. 하이데거가 일상성에 대해서 했던 분석을 우리는 오늘날 사이버스페이스를 위해 다시 읽을 수 있다.[8]

8 우리는 하이데거로부터 많은 것을 배우지만 결코 하이데거의 생각을 전적으로 따르고 있는 것은 아니다. 하이데거 그 자신의 맥락에 충실하자면 세계상, 빈말, 호기심 등은 서로 대립적일 수 없다. 모더니티 속에서 이 모든 것은 서로 결합되어 있다. 가령 잡담, 호기심 등은 현존

이제 사이버스페이스에서 사람들은 자신의 목소리를 하나의 지표로서 세계상을 통해 가늠해보기보다는 '익명적 대중', 하이데거가 '세인'(das Man)이라고 부른 것을 통해 가늠해본다. 인터넷상에서 세계상과 상관없이 오로지 익명적 세인만이 지표가 되는 방식을 여러 가지 이야기할 수 있겠는데, 가령 세인은 '방문자 수'와 '조회 수'를 통해서도 우리에게 다가올 수 있다. 오늘날 많은 웹페이지는 주유소의 미터기처럼 생긴 방문자 수 표시 장치를 달고 있으며, 글들은 제목 꼬리에 어김없이 조회 수를 달고 있다. 불특정 다수가 어느만큼 클릭을 했느냐 하는 숫자 자체가 이토록 중요시된 적은 없을 것이다. 숫자 자체는 이미 '해석'이다. 인터넷 정보는 방문 횟수와 조회 수라는 숫자 형태로 익명적 대중에 의해 해석되어 있다. 그것은 단지 얼마나 방문했나, 얼마나 조회했나를 알려주는 표시일 뿐이나 이미 그 자체 하나의 평가로서 작용한다. 이제 그 숫자들이 통신이나 웹페이지에 올라와 있는 글들을 평가하고 또 글쓴이들을 고무시켜 다음 글쓰기로 이끌며, 글 또는 특정 웹페이지에 권위를 부여하기도 한다. 성 아우구스티누스는 디지털 시대를 이미 잘 알고 있었으니, 이런 세인들의 해석에 대해 다음과 같은 말을 남겼다. "나는 당신을 사랑하지 않았습니

재를 휴식을 모르는 "억제할 수 없는 '사업'(Betriebs) 속으로 몰아넣는데"(SZ, 177), 이 '사업'이라는 용어는 후기에 '닦달'(Gestell)이라는 개념과 함께 표상 활동의 본질을 이루는 개념으로 발전해나간다(ZW, 97~98 참조). 그런데 우리가 보았듯 '공공과 소통하기'라는 영역에 한정해보았을 때 출판은 표상 활동으로서 근대적 사업이다. 반면 인터넷은 그러한 표상 활동으로서의 출판 사업이 지평을 열어주지 않음에도 공적 소통을 가능케 한다는 면에서 탈근대적이라고 일컬을 수 있을 것이다. 오히려 인터넷이라는 공간 자체는 근대적 주체의 표상 활동과는 양립할 수 없는 익명성·무중심성을 속성으로 가진다. 그럼에도 불구하고 다른 한편, 하이데거가 모더니티의 비본래적 일상성의 특질로 분석한 빈말, 호기심 등은 더할 나위 없이 정확하게 오늘날 인터넷의 특질이기도 하다는 것이 우리의 생각이다. 따라서 철학의 가르침이 특정 시대에 닫혀 있는 것이 아니라면, 우리는 모더니티 속에서 '세계와 더불어 바쁜' 현존재의 자기망각적인 비본래성에 대한 하이데거의 비판을 오늘날 인터넷의 특징적인 면모를 이해하기 위해 다시 음미해볼 수 있을 것이다.

다. 나는 죄 속에서 당신에게 멀리 떨어져 있었습니다. 내 주위 도처에서 **'잘했다! 잘했다!'**(euge, euge)라는 말이 울려 퍼졌습니다"(『고백록』, 1권, XIII, 21). 오늘날 익명의 대중, 아우구스티누스의 용어대로 하자면 "이 세계의 친구들"(같은 곳)은 가령 조회 수를 통하여 네티즌의 귀에 감미로운 목소리로 '잘했다! 잘했다!'라고 속삭인다. 하이데거 또한 이러한 아우구스티누스의 진술과 매우 동일하게 다음과 같이 말한다. "현존재 [……] 비본래적(uneigentliche) 일상성의 무지반성과 공허 속으로 추락한다. 그러나 **대중에 의해 해석되어 있음**을 통해서 이 추락이 현존재에게는 은폐된 채로 있어서, 도리어 추락은 '상승'[……]으로 해석된다."[9] 추락을 오히려 상승으로 이해하게 만드는 '대중에 의해 해석되어 있음'이 바로 아우구스티누스가 '잘했다! 잘했다!'라는 이 세계 친구들의 말을 통해 뜻하고자 했던 바이다. 이 세계 친구들의 칭찬을 좇아 아우구스티누스가 절대자로부터 멀어져 있듯 하이데거의 현존재는 대중에 의해 해석되어 있음을 좇아 자신의 '본래성'(Eigentlichkeit)으로부터 멀어져 있다. 우리는 대중의 그러한 해석을, 즉 '잘했다! 잘했다!'라는 세인의 빈말을 따라 방황한다. 이와 같은 식으로, 현존재 자신의 본래성에 대한 이해와는 상관없는, 세인에게서 들려오는 말소리가 빈말이며, 현존재가 이 빈말로부터 자신에 대한 이해를 구할 때 빈말은 타인과 더불어 있는 현존재의 '비본래적 존재양식 자체'가 된다. 요컨대 "빈말은 뿌리 뽑힌 현존재 이해의 존재양식이다" (SZ, 170).

또한 소통은 호기심에 사로잡혀 있다. 하이데거의 '빠져버림' (verfallen)'은 현존재의 이해 방식 가운데 하나이다. 그러나 그것은 현존재

9 M. Heidegger, *Sein und Zeit*, Tübingen: Max Niemeyer, 1993, 17판(초판: 1927), 178쪽(약호 SZ).

자신의 존재가능(Seinkönnen)에 대한 잘못된 이해이며, 이 경우 현존재는 비본래적인 방식으로 존재한다. 구체적으로 무엇 속에, 무엇과 더불어 빠져버렸는가? 이미 보았듯 익명적 대중인 '세인'과 더불어 세계 속에 빠져버렸으며, 현존재는 세계 속에서 세인으로부터 자기 자신에 대한 이해를 구한다. 호기심은 이 빠져버림의 존재양식 가운데 하나이다. 호기심에 대해 하이데거는 이렇게 말한다. "호기심은 모든 것과 저마다의 것을 개시(erschließen)하지만, 이때 내-존재(In-Sein)는 **도처에 있으면서 아무데도 없다**"(SZ, 177). 인터넷만큼 '세계 도처에 있음'을 가능하게 해줄 수 있는 장치도 없을 것이다. 우리는 호기심에 끌려 다니며 웹서핑을 하는 가운데 "모든 것을 보았고 모든 것을 이해했다"(같은 곳)고 느낀다. 이런 느낌은 "자기 존재의 모든 가능성의 확실성, 진정함과 풍부함을 보장해주리라는 억측을 현존재가 가지게끔 한다"(같은 곳). 그것이 왜 '억측'인가? 왜냐하면 "다방면의 걸친 호기심과 모든 것을 쉴새 없이 알려고 하는 것이 마치 보편적인 현존재 이해인 듯 속고 있지만, 근본적으로 **무엇이 도대체 본래적으로 이해되어야 하는가**가 규정되지도 물어지지도 않은 채 남아 있"(SZ, 178)기 때문이다. 분명 이 구절은 오프라인의 세계보다 인터넷에 더 알맞은 기술이다. 갈 곳도 없으면서 늘 어딘가 접속하고자 한다. 할 얘기라곤 '잡담'밖에 없지만 밤새 대화 상대를 찾아다닌다. 목적도 없는데 틈만 나면 이 집 저 집 웹페이지의 문가를 서성거린다. 인터넷에 접속하지 않고는 뭔가가 궁금하고 외로워 견딜 수 없는 현존재에게 중요한 것은 "진리 속에 있는 것이 아니라 자기를 세계에다 내맡겨버릴 수 있는 가능성이다"(SZ, 172). 지루하지 않도록 인터넷에 자기를 맡겨버리는 일 자체가 중요하며 그러기 위해서 웹페이지는 나날이 '새것으로' 업데이트되어야 한다. 업데이트 여부가 홈페이지의 생명을 결정한다. 새것에 대한 욕구는 그칠 줄을 모른다. "호기심은 새로운 것만을 찾는데, 그 새것에서 또 다른 새로운 것으로 뛰어가기 위해서이다. [……] 호기심이 찾는 바는 [……] 언제나 새것 또는 만나는 것을 계속 바꿈으로써 생기는 감동과 흥분이다"(같은 곳). 요컨대 인터넷 속에서 현존재는 '다방면에 걸친 호기심과 모든 것을 쉴새 없이 알려고 함'이 마치 보편적인 현존재 이해인 것처럼 살아가고 있다. 그런데 이때 '본래적으로 이해되어야 할 것'이 잊힌 채로 있다면, 인터넷이 풍부함을 보장해주리라는 믿음은 당연히 억측일 것이다(본래 이해되어야 할 것은 무엇인가? 소통을 문제 삼고 있는 우리 입장에서 그것은 물론, 도구로서의 인터넷이 그에 봉사해야만 하는 소통의 본래성이리라). 주체는 웹서핑을 통해 세계 어디에든 있을 수 있고 모든 것을 구경할 수 있지만, 무엇이 본래적으로 이해되어야 하는 것인가, 무엇이 자기 자신의 본래성인가는 모르고 있다. 다시 말해 호기심은 모든 것을 알며 또 아무것도 모른다. 웹의 바다를 표류하는 주체는 도처에 있을 수 있지만 사실은 아무 데도 없다. 주체가 자신의 본래성으로부터 떨어져 나와 익명적인 '세인' 속으로, 그들의 '빈말' 속으로, 그리하여 전 세계 도처로 유실되어버린 까닭에 아무 데도 없는 것이다. 그러므로 가장 부정적인 면들을 고려했을 때 인터넷은 하이데거의 예언을 따라 '도처에 있으면서 아무 데도 없음'(überall-und-nirgends)으로 정의되어야 마땅하리라.

하이데거는 이처럼 익명적인 대중 속에서 자기를 망각하고 있는 비본래적인 존재양식을 '움직여 있음'(Bewegtheit), '소용돌이'(Wirbel) 등의 용어를 통해 해명한다. '움직여 있음'은 '빠져버림'과 동일한 뜻으로 보아도 좋을 것이다. 이 독일어 표현 'Bewegtheit'(움직여 있음)에는 강한 수동성의 의미가 들어 있다. 주체는 비본래성 속에, 세계 속에, 인터넷 속에 수동적으로 움직여 있다. 그러한 존재양식이 수동적인 까닭은 그것이 주체 자신의 본래성으로부터 말미암은 삶이 아니라 이미 보았듯 '대중에 의해 해석되어 있음'으로부터 말미암은 삶이기 때문이다. 소용돌이에 휩쓸리

듯 주체는 세인 속으로 쓸려 들어가 버렸다. "끊임없이 본래성으로부터 이탈하면서도 언제나 본래성인 것처럼 속이는 것은, 세인 속으로 쓸려 들어감과 더불어, 빠져버림이라는 움직여 있음을 '소용돌이'로 특징짓는다"(SZ, 178). 물론 이러한 소용돌이 속에서 더 이상 본래적인 주체성은 유지되지 못하며, 이런 의미에서 주체는 익명적인 것이 되어버린다. 당연하게도 익명성은 주체성과 대립한다. 그렇기에 이제 인터넷을 도구로서 '능동적으로' 사용할 주체도 없고 따라서 그 주체가 지향하는 목적도 소멸해 버린다. 인터넷이 '도구 그 이상'이 되어버리는 순간인 것이다. 인터넷 속에서 주체성은 '수동적으로' 익명성의 소용돌이 속으로 용해되어버린다. 이러한 사태는 레비나스가 말하는, 주체성을 용해시켜버리는 '밤', '어둠', '익명적 있음'(il y a), "나쁜 무한"(le mauvais infini)[10]의 경우와 매우 닮았다.[11]

이제 우리는 왜 소통의 문제가 '구원의 관점'에서 제기되어야 하는지 이해할 수 있을 것이다. 소통을 위해 고안된 도구가, 도구로서의 존재를 넘쳐나 오히려 주체성을 익명성의 늪 속으로 실종되게 만들었으므로, 질문은 '나의 나됨'의 가능성, 곧 주체성의 종말로부터 주체가 구원받을 수 있는 길에 대한 물음일 수밖에 없다. 이러한 구원에 관한 질문은 곧바로

---

10 E. Levinas, *Totalité et infini*, La haye: Martinus Nijhoff, 1961, 132쪽(약호 TI). 또한 레비나스는 '나쁜 무한'을, '무규정'(indefini) 또는 고대인들의 용어를 빌려 '아페이론'(apeiron)이라고 부르기도 한다. 보통 레비나스 철학에서 사람들은 타자의 얼굴을 통해 현시하는 무한(선의 이념 또는 좋은 무한)만을 주목하지만, '익명적 있음'(il y a) 역시 무한의 일종이다. 사실 레비나스 철학은 '나쁜 무한'과 '좋은 무한'이라는 양극을 축으로 삼아 성립한다고 해도 과언이 아닌데, 한마디로 그의 철학은 좋은 무한을 향해 초월함을 통해, 어떻게 나쁜 무한으로부터 빠져나와 주체성이 정립되는가를 기술하고 있다.

11 주체성을 소멸시키는 익명성은 매우 풍부한 함의를 가지고 있으며 다양한 관점에서 조명될 수 있다. 이 책에서 그에 대한 부정적 관점은 「유령」, 「잠」, 그리고 긍정적 관점은 「분열증의 문학」, 「춤」 등 참조.

소통의 본래성이 무엇인가를 문제 삼도록 만든다. 왜냐하면 인터넷 · 통신 등등은 애초에 소통을 위한 도구로서 고안된 것들이며, 그러므로 당연하게 소통의 본래성을 인식할 때만 우리는 이러한 도구들이 본래 있어야 할 자리가 어디인지도 이해할 수 있을 것이기 때문이다.[12] 인터넷이 소통을 위해 고안된 도구라면 소통의 본래성, 그러니까 '말함'의 본질에 대한 성찰이 무엇보다 먼저 와야 하는 것이 사유의 당연한 순서가 아니겠는가? 우리가 말하는 존재, 혹은 보다 넓은 의미로 의사 표현을 하는 존재가 아니었다면 어떤 소통 장치도 고안될 필요가 없었을 것이고 소통과 관련된 어떤 문제도 제기될 까닭이 없었을 테니까 말이다. 그러므로 이제 우리는 '말한다는 것'이 무엇인지를 묻고자 한다. 과연 말함이 본래성, 소통의 본래적 양식은 구원의 길을 열어줄 수 있는가? 이 질문이 마땅히 던져져야 할 상황이 어떤 것인지에 대해 겨우 알았을 뿐, 아직 우리는 트리스테로가 남긴 유산의 본질을 조금도 이해하지 못하고 있다.

3. 소통과 구원

정보(말해진 것)는 소통(말함)을 전제한다. 우리는 인터넷이 정보의 바다라는 것은 알아도, 그 이전에 우리가 '누군가'의 말(글)을 대면하고 있다는

12 그러나 이제 소통의 본래성을 묻는 과제와 직면해서 우리는 더 이상 하이데거와 함께하기 어려울 것이다. 왜냐하면 소통은 무엇보다도 타인과의 만남인데 하이데거 철학이 타인과의 '본래적' 관계를 이야기하고 있는가조차 불분명하기 때문이다. 오히려 다음 인용이 알려주듯, 하이데거에게는 빈말과 구별되는 타인과의 본래적 관계가 따로 있기보다는 타인과의 관계 '자체'가 빈말일 뿐이다. "빈말은 타인과 더불어 있음(Miteinanderseins) 자체의 존재양식이다"(SZ, 177). 오히려 우리는 이제 하이데거의 거꾸로 된 초상화라고도 할 수 있는 레비나스와 함께 소통의 본래성에 관한 해답을 구해볼 것이다.

것, 누군가와 정보를 매개로 말하고 있다는 것, 즉 말해진 내용(정보)에 선행하는, '말함'이라는 행위를 하고 있다는 사실은 잊고 있다. 이것은 또한 언어철학 일반이 간과하고 있는 점이기도 하다. 말해진 담론은 말하는 행위, 글 쓰는 행위를 선행조건으로 하고 있는데, 이 말하는 행위 그 자체의 의미가 무엇인지는 여전히 물어지지 않은 채로 있다. 이는 구조주의자들 역시 살피지 못한 바인데, 그들은 '언어는 말하지 못한다'는 점을 모르고 있다. 언어 없이 우리는 말하지 못한다. 그러므로 "언어는 [우리가] 말하는 것을 허락한다."[13] 그러나 그리스인들이 일찍이 인간의 고유성을 조온 로곤 에콘(ζῶον λόϒον ἔχον, 말할 수 있는 생명)이라고 규정했듯이, 언어를 말하는 것은 인간이다. 이 말은 말해진 내용이 그 말을 한 자의 독창성에서 유래한다는 뜻을 담고 있는 것은 아니다. 말해진 내용이 얼마나 각종 심급에서 구조적으로 결정되어 있는가, 또는 반대로 얼마나 발화자의 독창성과 자발성에서 유래했는가는 애초에 우리의 관심사가 아니다. 작품의 열쇠가 되어왔던 작가의 개성적 경험, 그의 독창적인 능력은 죽었다. 또한 말해진 것으로서의 철학, 주제화된 것으로서의 인간학은 자발적인 인간 이성의 산물이 아니라 그저 한 시대의 에피스테메의 소산일지도 모른다. 그러나 이러한 작가의 죽음으로부터 살아남는 것이 있으니, 그것은 누군가 손을 움직여 그 작품을 썼다는 것, 입을 움직여 그 담론을 말한 특정한 개별자가 있다는 것이다. 담론(말해진 것)이 존재하기 위해서 말함이 필수적인 조건으로 선행해야만 한다는 점은 논리적인 사실이다. 왜냐하면 담론은 인공적인 생산물이고, 이를 생산할 수 있는 수단은 (갖가지 형태의 쓰기를 포괄하는 의미에서) '말함'밖에 없기 때문이다. '스피치 액트'에 대한

13 E. Levinas, *Autrement qu'être ou au-delà de l'essence*, La haye: Martinus Nijhoff, 1974, 4쪽(약호 AQE).

분석들도 역시 '말함'의 의미에는 접근하고 있지 못하다. 왜냐하면 그것은 '말해진 것'을 분석 대상으로 삼아 그 말해진 것이 어떻게 행위의 역할을 하는지 묻고 있는 연구이지, 말해진 내용과 독립하여 오로지 순수하게 말하는 행위 일반 자체의 의미를 묻는 연구는 아니기 때문이다.

'말해짐, 말해진 것'(le dit)과 구별되는 '말함'(le dire)이란 무엇인가? 레비나스로부터 빌려온 이 구분에서 '말해진 것'이 가리키는 바는 주로, 각종 이론을 포함하는 '주제화(thématisation)된 것', '사유된 것', '노에마'이다. 주제화, 사유 등은 사유 대상을 사유하는 주체에 귀속된 것으로, 즉 노에시스에 귀속된 노에마로 만든다는 함의를 지니고 있다. 다시 말해 타인은 타인 그 자체로서 머물지 못하고 나의 사유가 주제로 삼아 사유의 범주들에 따라 가공한 대상이 되는 것이다. 이런 뜻에서 레비나스는 "말해진 것으로서의 언어 속에서 모든 것은 우리 자신 앞에서 번역된다. [……] 주제화 속에서 존재의 본질은 우리 앞으로 번역된다"(AQE, 7)라고 말한다. 타인은 타인 그 자체로서 직접 우리와 대면하는 것이 아니라 존재 · 본질 · 사유 등등을 매개로 하는 한에서만 우리에게 출현할 수 있다. 즉 타인은 나의 사유의 지평에 종속된 자로, 그러므로 어떤 의미에선 나의 사유의 소유물로 출현하는 것이다. 이처럼 사유란 본성상 식민주의적이다. 타인은 스스로 출현하는 것이 아니라 나의 사유를 통해 주제화된 자, '말하는 자가 아니라 말해진 정보', 그러므로 서구인들에 의해 '번역된' 제3세계인으로서만 출현한다.

그렇다면 '말해진 것' 속에서는 도저히 드러나지도 해명되지도 않는 것이란 무엇인가? 그것은 내가 나의 입을 통해 말해진 것 속에서 타인을 주제화하기 이전에, 누군가에게 말하고 있다는 점, 누군가와 소통하고 있다는 점이다. 말할 때 말해진 내용이 어떤 것이든 간에 나는 늘 수신자(그것이 개인이든 공공이든)에게 어떤 방식으로든 나를 '보내고' 있다. 그런데 이 말함은 어떻게 시작되는가? 말함은 말하는 자와의 자발적인 의지에 그 기원을 두지 않는다. "커뮤니케이션이 자아, 자유로운 주체 속에서 시작되어야 한다면, 커뮤니케이션은 불가능할 것이다"(AQE, 152). 아무런 전제도 없이 자신의 자발성만 가지고 말을 시작하는 자는 오로지 '태초에 말씀으로 있는 자'뿐이다. 오히려 모든 말함은 외재적인 자극으로부터 시작된다. 다시 말해 모든 말함은 타자에 의해 촉발됨으로써만—이런 의미에서 '수동적으로'—시작된다. 가령 나는 철학이라는 담론을 무전제에서, 오로지 나의 내면의 어떤 기원(가령 이성)으로부터 시작할 수는 없다. 그것은 다른 이가 제기한 철학의 문제, 즉 다른 이의 말함에 대한 응답으로서 시작될 수밖에 없는 것이다. 이런 까닭에 나의 말함은 언제나 타자의 말함에 대한 대답이다("말함, 그것은 타인에 대해 응답함이다"[AQE, 60]). 그런데 중요한 것은 누군가 나에게 말을 걸어왔을 때 그 '말 걸어옴' 자체에 의해서 내가 가질 수 있는 상황은 이미 결정 나버린다는 것이다. 예를 들어 누군가 내게 직접 말을 걸거나 혹은 이-메일을 통해 글로 무엇인가를 제안하거나 도움을 청해왔을 경우 나는 그것에 대해 친절하게 응할 수도 있고 거절할 수도 있다. 그러나 그 모든 것은 전부 가능한 '대답들'이다. 대답이 아닌 것일 수 있는 것은 아무것도 없다. 못 들은 척 침묵하는 것조차 하나의 대답이다. 내가 누군가의 편지에 답장을 안 한다면 그 침묵의 의미는 타인의 요구에 대한 거절, 타인이 말한 바에 대해 동의하지 않음, 말 걸어온 타인이 그저 귀찮음 등등 대답의 의미를 지니지, 그 외에 '대답 아닌 것'일 수는 없다. 심지어 누군가 편지를 보내왔을 때(말함) 그 편지의 내용(말해진 것) 파악 이전에, 편지를 열어보거나 아니면 그냥 버리거나 하는 선택조차도 그 말함에 대한 하나의 대답이다. 내가 싫건 좋건 나의 의지와는 전혀 상관없이, 오로지 타자의 말 걸어옴으로 인해 나는 '대답함'이라는 상황 속에 벗어날 수 없이 수동적으로 연루되어버리는 것이다. 그리하여 나는 나의 '응낙에 선행하여' 대답함이라는 상황 속에 '노출'(exposition)되어 있다(AQE, 156 참조).

그러나 역설적이게도 이 수동성이 바로 나의 자유를 가능하게 해준다. 나는 응할 수도, 거부할 수도, 침묵할 수도 있는 자유를 얻는 것이다. 어떤 대답을 할 것인가는 오로지 나의 자유에 달렸다. 이 자유가 가리켜 보이는 바는 나는 '대답(response—) 할 수 있는(able)' 자, 즉 '책임성 있는'(respons—able) 자라는 것이다. 응답에 대해 책임성을 지닌 자라는 나의 정체는 나의 의지와 상관없이 '노출'되어버린다. 이러한 내 정체의 노출이 뜻하는 바란 무엇인가? 그것의 의미는 '말한다'는 동사의 문법적 구조 자체 안에 숨겨져 있다. '자기'(soi)는 무엇보다도 문법적으로 대격(對格)의 지위를 지닌다. 즉 프랑스어 문법에서 자기는 'se'의 형태로 나타난다(AQE, 10 참조). 누군가는 말한다(se dire)고 할 때, 그 말하는 자는 'se', 그러니까 'dire'의 대격의 자리에 놓인다. 무슨 종류의 말을 하든(dire) 그 말함은 말하는 자를 노출시키는 말함(se dire)이다. 모든 말함은 '말하는 자 그 자신에 대(對)한' 말함이다. "[……] 말함은 말하는 자를 폭로한다. 이론이 대상의 베일을 벗기는 식으로가 아니라, 우리가 우리 자신의 방어를 소홀히 함으로써 자신을 노출시킨다는 그런 의미에서 그렇다"(AQE, 63). 누군가 말할 때(se dire) 그 말하는 자는 어떤 은신처도 구하지 못하고 늘 se라는 '대격'(accusative)의 자리에 놓여 있어야 된다는 문법의 뜻은, 말하는 자란 항상 '비난'(accusation)의 가능성에 노출되어 있다는 것이다. 언어 자체가 감추고 있는 지혜를 발견하는 학문, 곧 어원학이 가리켜 보이듯 문법상의 'accusative'의 숨은 뜻은 바로 'accusation'이다. 내가 말할 때 나는 타인이 나에게 던질 비난의 가능성에 전적으로 나를 노출하고 있으며, 이것이 바로 '말해진 것'에 대한 고찰만으로 밝혀낼 수 없는 '말함'의 의미이다. "정보 교환으로 환산될 수 없는 커뮤니케이션의 비폐쇄성은 말함 속에서 성취된다. [……] 그것은 자기 자신을 위험스럽게 폭로하는 일 속에서, 솔직성 속에서, 내면의 깨어져 나감과 모든 은신처를 포기함 속에서 이루어진다"(AQE, 62). 어떤 방어도 할 수 없이, 나를 숨길 수 있는 어떤 은신처도 없이 나의 대답에 따라 나는 비난받을 수 있다. 말해진 것, 곧 정보를 만들어내는 일은 기호를 산출해내는 일이다. 그러나 기호를 생산하기 이전에 '말함' 자체가, 말하는 자 자신을 '책임질 수 있는 자'라는 기호로서, 비난받을 수 있는 가능성에 노출시킨다. 즉 "'말함'의 주체는 기호를 내보내지 않고, 오히려 자기 자신(se)을 기호로 만든다"(AQE, 63). 이런 까닭에 말함, 즉 respons-abilité(대답할 수 있음)는 그 문자 그대로 responsabilité(책임성)이며, 이런 대답의 상황을 모면할 수 없다는 점에서 말하는 주체는 '윤리적 시험'에 든 존재인 것이다. 그러므로 우리는 "이론, 사유 등[말해진 것, 정보]은 보다 근본적인 말함의 사명에 의해서, 즉 책임성[대답할 수 있음] 자체에 의해서 동기를 받는다"(AQE, 7)고 결론지을 수 있을 것이다. 다시 말해 하나의 논리적 사실인, '말함이 말해진 것에 선행한다'는 명제의 의미는, 말해진 것은 책임성에 의해 동기를 부여받는다는 뜻이다. 모든 말해지는 것은 그 내용이 어떤 것이건 간에 말하고 있는 매 순간, 책임성의 시금석 위에서 심판을 받는다. 이러한 '노출로서의 말함'이 모든 형태의 '정보 교환으로서 커뮤니케이션'의 전제조건을 형성하고 있는 것이다. "**확실히 말함은 커뮤니케이션이다. 그러나 노출로서, 모든 커뮤니케이션의 조건으로서 그렇다**"(AQE, 61).

그러나 타인의 말 걸어옴은 나를 책임성의 바위에 짓눌리게 만드는 저주받을 사건에 불과한가? 우리가 보았듯 타인의 말 걸어옴은 확실히 나의 의향과 상관없이, "자기에 거슬러서"(malgré soi)(AQE, 65) 나를 대답할 수 있는 자로 만든다. 그런데 이미 눈여겨보았겠지만, 타인의 말 걸어옴은 또한 나에게 자유를 가져다주는 사건이다. 나는 시험에 들지 않고는 도무지 나의 자유를 누릴 수가 없다. 시험받지 않고는 내가 자유로운 존재인지 아닌지 알아볼 수가 없다. 따라서 내가 타인의 말 걸어옴에 긍정도 부정도 침묵도 할 수 있는, 즉 대답할 수 있는 상황의 시험에 빠지게 되었다는 것은 곧 내가 자유롭게 되었다는 뜻이다. 이런 뜻에서 "자유는 책임성[대답할 수 있음]을 통해 탄생한다"(AQE, 160)(물론 그것은 언제나 비난받을 가능성에 노출되어 있는 '어려운 자유'[difficile liberté]이다[14]). 이처럼 주체의 본질을 이루는 자유와 책임성은 나의 내부에서 길어내지는 것이 아니라, 오로지 타인이 외부에서 말 걸어옴을 통해 증여(donation)해주는 것이다. "노출의 수동성은 나를 유일무이한 단일한 자로 정체성을 가지게 하는 [타인의] 지정에 대한 응답이다"(AQE, 63). 타인에 의한 수동적인 노출이 나를 그 무엇으로도 대체할 수 없는 특정한 자로 지정해준다. 그러므로 타인의 말 걸어옴과 그에 대한 나의 응답하지 않을 수 없음, 즉 양자 간의 소통은 나를 익명성의 구덩이로부터 자유와 단독성을 지닌 한 주체로서 탄생하게 해주는 '구원의 사건'이다. 자유를 획득한다는 것 자체가 구원이 아닌가? 누군가 밖에서부터 나의 문을 두드려 말 걸어오지 않는다면 나는 끝끝내 자유로운 자가 될 수 없다.

또한 타인과의 만남은 나를 나의 자기성(ipseité), 나의 유한성 바깥의 무한(타인)[15]을 향해 초월하게 해준다는 의미에서 구원이다. 나의 말함(대

---

14 또한 이것은 '주어진 상황 안에' 있는 자유라는 점에서 '유한한 자유'(liberté finie)이다(AQE, 159). 자유를 누리기 이전에 '이미' 나는 수동적으로 타인의 말함에 대해 대답할 수 있는 자가 되었으므로 "책임성[대답할 수 있음]은 자유에 선행"(AQE, 157)한다. 이런 식으로 책임성이 자유에 선행하지 않는다면, 또는 다르게 표현해 책임성이 자유의 기능 근거가 되어주지 않는다면 자유란 한낱 '임의성'과 동일한 것이 되어버릴 것이다.

15 타자는 어떤 방식으로도 '한정(détermination) 불능'이라는 점에서 무한이다. 무한자로서 타자가 가지는 함축에 대해서는 여러 글에서 자세히 설명한 바가 있다(가령 이 책의 「얼굴」 및 필자의 책 『차이와 타자』, 3, 8, 9장 참조).

답함)은 나를 '대격'으로서 노출시킨다. 대격의 자리에서 노출된 나는 자기의식의 폐쇄된 회로 안에서 자신과 관계하는 나가 아니라 '타인에 대한(pour autrui) 자아'이다.[16] 이런 뜻에서 "소통한다는 것은 진정코 자신을 개방하는 것이다"(AQE, 152). 즉 타자의 말 걸어옴은 나의 자기성, 바로 자아의 자기 자신에 대한 관계를 끊어버리고, 자아를 '타자에 대해 있는 자'로서 노출(개방)시킨다. 이렇게 자아가 자기성의 회로 바깥의 미지의 땅을 향해나간다는 점에서 커뮤니케이션은 '주체성의 모험'이라고 불릴 만한다(AQE, 153 참조). 요컨대 자아가 자기에 묶여 있는 자아가 아니라, 자기 바깥의 무한자를 향한 자아, 무한자와 관계하는 자아가 되기에, **"타자와의 커뮤니케이션은 [무한자를 향한] 초월일 수 있다"**(AQE, 154). 이렇게 타인과의 소통은 자아를 자유로운 주체로 만드는 동시에 무한자를 향한 초월을 가능케 해준다는 점에서 구원의 사건이다. 트리스테로의 말처럼 구원은 전적으로 커뮤니케이션에 달려 있는 것이다. 커뮤니케이션과 구원에 대한 이러한 이해와 더불어 우리는, 앞서 기술한 소통의 비본래적 양태를 보다 명확하게 이해할 수 있을 것이다. 누구든 정체를 숨기고서 웹서핑을 하며 '말함'의 본래성을 망각한 채 '말해진 것(정보)'에 얼마든지 몰입할 수 있다. '호기심'의 추동력은 우리를 '빈말'에로, 말해진 것에의 탐

16 자기성의 회로 안에서 '자기'는 '자아'에게 하나의 벗어버릴 수 없는 짐이다, 자아와 자기의 관계는 '고독'의 원친이며(필자의 책, 『차이와 타자』, 8장 1절 참조), '권태', '피로', '무기력'의 원천이기도 하다(이 책의 「유령」 3절 참조). 간략히 설명하면, 자기의 의식은 자기 매개를 통해 모든 것을 그 의식의 지평에 귀속시킴으로써, 자기 자신과 절대적으로 다른 자를 만날 수 없다는 점에서 고독하다. 또한 피로, 무기력 등은 근본적으로 이런저런 외부 대상 때문이 아니라, 벗어버릴 수 없는 짐처럼 자아의 등에 짊어져 있는 자기 때문에 생기는 느낌이다. 따라서 구원은 '존재와 다른데'(autrement qu'être)에 있을 것이다. 그런데 오로지 타인만이 자기성의 구조 안으로 파고들어와 자아와 자기의 관계를 끊어버리고 자아를 자기와는 다른 것과 대면하게 해줄 수 있다. 이런 맥락에서 우리는 어떻게 소통이 자아를 자기에 대한 자아가 아니라 타자에 대한 자아로 만듦으로써 구원을 이루는지 살펴보고 있는 것이다.

닉에로 이끈다. '말해진 것'에의 이러한 탐닉은 그것이 우리가 본래 '말하는' 자임을 망각하고 있는 한에서 비본래적인 삶이다.[17] 요컨대 모든 정보는 그 정보의 탄생을 가능케 한 '말함'의 선행성, 그리하여 책임성의 선행성을 망각했을 때 '소용돌이', '쓰레기의 바다'가 된다. 이 소용돌이 속으로 '움직여 있는' 자는, 대답할 수 있는 가능성도, 자유도 포기했으므로, 주체 개념이 함축하는 그 어떤 것도 가지지 못한 자, '익명적 있음'(il y a) 일 뿐이다. '어떤 매체를 통하고 있든' 우리는 자신이 타자의 말함에 대해 응답하고 있는 자라는 점을 피할 수 없는 본래성으로서 망각하지 않을 때만 익명성에 예속된 상태로부터 구원받을 수 있는 것이다.

그런데 지금껏 살펴본 바와는 성격을 달리하는 또 다른 문제가 도사리고 있다. 디지털 시대의 소통은 소통 양태 자체뿐 아니라 소통의 장을 가능케 하는 조건도 외면할 수 없게끔 만든다. 소통에서 매체가 결정할 수 있는 부분을 지나치게 과장해서는 안 되겠지만, 디지털 시대의 소통은 그것이 디지털 기기를 필수적 매개로 하는 만큼 웹서비스 제공자나 웹서핑을 위한 소프트웨어 생산자들이 언제든 소통의 지평을 인위적으로 제약할 수 있는 가능성을 내포하고 있다는 점은 부인할 수 없을 것이다. 다시 말해 사용자들의 의향과 상관없이 인터넷이 특정 집단의 정치적 · 경제적 이익에 봉사하기 위한 억압적 기재로 역할할 수 있는 가능성은 얼마든지 있다. 그러므로 소통 조건으로서 인터넷의 공정성을 위협하는 모든 독점적 형태의 전체주의적 세력에 대한 비판적 통찰을 전제하지 않고는, '말해진 것'에 대한 '말함'의 선행성에 대한 이해, 즉 우리를 주체로 탄생하게 하는 구원의 사건에 대한 이해는 결코 완전한 것이 될 수 없을 것이다. 토

17 앞서 읽은 아우구스티누스의 구절도 이런 맥락에서 설명된다. 나의 입을 통해 '말해진 것'이 '말함'에 근거하지 않고 다른 '말해진 것', 즉 '잘했다! 잘했다!' 같은 세인에 의해 말해진 해석에 근거한다면, 그때 소통은 피할 수 없이 비본래적이다.

마스 핀천의 소설은 이러한 위험에 대한 경고로 가득 차 있다.

소통 공간을 독점하고 조작할 수 있는 집단의 출현은 핀천의 최대 관심사 가운데 하나이다. 그의 작품은 소통의 지평을 제약할 수 있는 조직체에 대한 불안과 경계심으로 온통 채워져 있다고 해도 과언이 아니다. 핀천의 인물들은 1861년에 연방정부가 수많은 독립적인 우편 서비스 시스템을 제거하고 독점적으로 구축한 거대 소통 체계, 이른바 미합중국 우편제도(U. S., Mail)를 "권력의 체계적인 남용"(CL, 38)의 산물로 이해한다. 거대 소통 체계에 대한 사람들의 피해의식, 그리고 독립적인 소통 체계에 대한 갈망은 어린 아들과 엄마 사이에 오가는 다음과 같은 대화 속에서 훌륭하게 표현되고 있다.

> "편지할게요, 엄마." [……] "잘 기억해두거라. 만약 네가 [트리스테로 외에] 다른 우편[즉 미합중국 우편제도]을 사용한다면 미국정부에서 네 편지를 열어볼 거야"(CL, 92).

이 말이 있을 법도 않은 과장된 허구로 들리는가? 그럼 다음 구절을 읽어보라. "지구 전체를 감시하는, 미국과 영국의 수십억 파운드짜리 장치가, 인공위성에서 인터넷에 이르는 거의 모든 현대 커뮤니케이션의 형식을 도청하고 있다."[18] 핀천의 소설보다 더 과장된 허구로 들리기에 귀를 의심하게 되는 이런 신문기사는 사실 오늘날 새삼스러울 것도 없다. 인터넷 서비스의 상당수가 미국에 자리 잡고 있거나 미국을 경유하는 만큼 소통의 운명은 전적으로 미국의 손아귀에 굴러 떨어져 있다. 핀천의 말대로

---

18 "Britain and US monitoring all global message," Independent(2000년 1월 28일)(http://www.independent.co.uk/news/Digital/Update/2000-01/monitoring280100.shtml).

"유럽의 군주들 사이의 커뮤니케이션을 조종할 수 있는 사람이 그 군주들 모두를 조종하게 된"(CL, 125) 시대, 혹은 바꾸어 표현해도 좋다면, '세계의 네티즌들 사이의 소통을 조종할 수 있는 사람이 네티즌들 모두를 조종하게 된 시대'가 도래한 것이다. 소통이 소통 기재에 의존하면 할수록 이러한 통제는 소통 기재의 생산과 운영을 독점한 자들에 의해 더욱더 손쉽게 이루어진다. 비단 도청만이 아니다. 통제는 국가적 차원에서 또는 통신 소프트웨어 생산에 관여하는 여러 종류의 기업의 차원에서 각양각색으로 이루어질 수 있을 것이다. 숱하게 지적되어온 바이지만, 가령 대항할 경쟁자들을 모두 물리친 마이크로소프트 같은 회사[19]는 자사의 이익을 극대화시키기 위해 기술의 발전 속도, 또는 기술의 상품화 주기를 마음대로 조종할 수 있는 힘을 가지고 있다. 얼마나 별 볼일 없이 버전업된 상품을 얼마나 자주, 또 얼마나 과장해서 새로 발표하든지, 강력한 경쟁자가 없기에 시장의 논리로부터 자유로운 까닭이다. "어떤 군주든 자신의 소통체계(courier system)를 시작하려고 하면 우리는 그것을 억눌러버릴 것이다"(CL, 125).[20]라는 소설 속의 독점욕에 가득 찬 호언장담은 이제까지는 마이크로소프트의 목소리이지만, 지금 어떤 형태의 집단이 이 말의 주인

19 인터넷 관련 각종 소프트웨어를 전적으로 마이크로소프트가 담당하는 것은 결코 아니지만, 개개 인터넷 사용자들에게 운영체제와 웹브라우저가 가지는 절대적인 비중을 고려해볼 때 이 회사를 소통의 문제와 관련하여 예를 삼는 것은 타당할 것이다.

20 트리스테로의 일원인 콘라드는 '유럽의 구원은 소통에 달렸다'라는 말을 한 뒤 얼마 지나지 않아서 이 말을 한다. 이 구절은 분명 앞의 말과 대립적으로 읽혀야 한다는 것이 우리의 생각이다. 만일 이 독점욕 강한 표현을 트리스테로 우편의 이념으로 본다면, 이 소설 전체에 걸쳐 피력되고 있는 트리스테로의 도덕적 성격과 모순을 일으키게 될 것이다. 오히려 트리스테로는 지배 체제의 최주변부를 형성하는 소외된 자들, 즉 추한 용모의 용접공, 밤거리를 배회하는 아이들, 매번 다른 이유 때문에 유산하는 흑인 여자, 야경꾼, 늙고 병들어 아내에게 돌아가지 못하는 선원(CL, 93~95 참조)들의 소통망이다. 지배적 소통 체제에 대항하는 해커 집단으로서 트리스테로의 도덕성에 대해서 이제 논의될 것이다.

이 되고자 음모를 꾸미고 있는지 아무도 모른다. 핀천의 인물들이 독점적인 거대 소통 체계에 대해 가졌던 불신과 위협감을 오늘날의 네티즌들은 실제로 독점적인 소프트웨어 회사에 대해서 느끼고 있을 것이다.[21] 핀천은 말한다. "얼마나 많은 시민이 미합중국 우편제도를 통해 소통하지 않는 길을 신중히 선택하는지 신은 알고 있을 것이다"(CL, 94). 오늘날 얼마나 많은 네티즌들이 독점욕이 강한 어느 소프트웨어 회사의 제품을 통해 소통하지 않는 길을 선택하는지, 그리하여 한때 '그누프로젝트' 같은 것에서 장래의 희망을 읽어내려고 했는지 신은 알고 있을 것이다.

그런데 어떤 점에서 소통 체계를 잠재적으로 장악할 수 있는 이러한 국가나 기업은 전체주의적인가? 레비나스는 소통에 대하여 이렇게 말한다. "언어 소통을 통해 맺어지는 관계는 초월, 절대적 분리, 대화자의 낯섦, 나에 대한 타자의 계시를 함축한다. [……] 담론은 절대적으로 낯선 어떤 것의 체험이다"(TI, 45~46). 분리, 낯섦 등은 동일자로 결코 환원될 수 없는 타자의 특성을 일컫는 말이다. 타자는 절대적으로 동일자와 분리되어 있으며, 나의 개념 체계, 말해진 정보 안에 포섭되지 않는다는 점에서 '낯선 자'이다. 소통 또는 담론이 바로 이러한 타자와의 만남을 실현시키는 장이다. 결국 담론이란 정보의 체험이기 이전에 타인의 '말함'의 체험, 타인의 전적인 이타성(異他性; altérité)에 대한 체험인 것이다. 이런 까닭에 소통 공간을 제약할 수 있고 그런 제약을 통해 말하는 자를 조종할 수 있는 거대 소통 체계는 이념상 전체주의적이며, 따라서 '타자의 전적인 이타성의 체험'이며 '나의 자유의 획득'이자 '무한자에로의 초월'이라고 요약할 수

21 전자산업의 인프라를 장악하고 있는 자들이 통제 집단화할 수 있다는 정과리의 언급도, 네티즌들이 거대 소프트웨어 회사에 대해 느끼는 그런 위협감과 불신을 대변한다고 볼 수 있다(「좌담/디지털 사회의 문학, 그 현황과 전망」, ≪새로운≫, 창간호, 김영사, 1997, 325쪽 참조).

있는 소통의 본래성과 양립할 수 없다.[22]

세습권과 독점권을 부여받은 거대 소통 체계인 타시스에 대항하는 해커 집단으로서 트리스테로와 그의 모든 후계자들의 모럴도 바로 여기서 탄생한다. 트리스테로의 해킹이 소통의 본래성을 회복시키는 작업과 관련을 맺고 있지 않았다면 그들은 자신들의 이익을 위해 잔악한 살인을 일삼는 테러 집단에 불과했을 것이다. 오늘날 누가 트리스테로의 후계자들인가? 누가 '말해진 것'(정보)의 공간이 아니라, '말함'의 공간으로서의 인터넷, '타자의 전적인 이타성의 체험'으로서의 인터넷을 회복시키고자 하는가? "수없이 많은 미국인들이 국가의 공식적 소통 체계에 대해서는 거짓말, 일상의 무미건조한 반복, 정신적 빈곤이라는 불모의 배신을 수행하는 한편, 실제로는 그와 별도의 어떤 소통망 속에서 서로 진정한 커뮤니케이션을 하고 있다"(CL, 129). 누가 오늘날 거대 소통 체계에 대해 배신을 감행하고, 진정한 커뮤니케이션의 장을 열기 위해 노력하고 있는가? 트리스테로의 후계자들은 도처에 있을 것이다. 가령 그들의 정체는 '오픈소스 운동' 같은 것에서 찾아질 수도 있다. 모든 소수자들이 뛰어들어, 지배적 소통 체계라는 전체에 환원됨 없이 스스로 소통의 조건을 만들어나가는 것은 소통의 본래성에 근접하는 길이 아닌가? 그러나 역시 타시스와 트리스테로가 전쟁을 벌이고 미래는 한치 앞의 시계(視界)도 허락하지 않은 채 지구를 어둡고도 매혹적인 자기의 품안으로 서서히 끌어들이고 있다. 그

22 권력에 의한 소통 공간의 제약이, 타자와의 진정한 소통, 즉 그 무엇으로도 환원되지 않고 고유한 타자성을 보존하는 방식으로 타자를 대하는 일(이것이 '환대'[hospitalité]의 기본적 함의 가운데 하나이다)을 위협한다는 사실은 데리다가 힘써 강조하는 바이기도 하다. "공권력, 국가, 이런저런 국가 권력이, 교환자들[소통자들]이 사적인 것이라고 판단하는 교환[소통]을 조종, 감시, 금지할 권리를 가지려 하는 순간부터…… 환대를 구성하는 요소들은 그 때문에 무너져버린다"(J. Derrida & A. Dufour-mantelle, *De l' hospotalité*, Paris: Calmann-Lévy, 1997, 49쪽).

리하여 우리는 여기서 겸손하게 어떤 전망도 거두어들인 채, 인터넷의 본질을 다시 정의하는 일을 통해 본래적 소통 공간으로서 인터넷, '말해진 것들'의 얼굴 없는 익명적 바다가 아니라 구원을 가능하게 해주는 '말함'의 공간으로서 인터넷의 가능성을 가늠해보고자 한다.

이미 말했듯 서로 환원될 수 없는 타자와 나 사이엔 '분리'가 존재한다. 이 말은 타자와 나 사이엔 '거리'가 자리 잡고 있음을 함축한다. 그렇다면 우리는 당연히 이렇게 물어야 하리라. 타자의 말 건네옴을 피할 수 없는 거리, 말 건네온 타자에 대해 내가 '대답할 수 있는' 자가 되는 거리, 즉 소통의 본래성이 성립하는 공간은 어떤 공간인가? 요컨대 '본래적 공간'은 어떤 것인가? 우선 그것은 '기하학적 공간'은 아닐 것이다. 우리 삶의 상당 부분은 기하학적 공간 안에 자리 잡고 있다. 건물 안에, 거리가 수적으로 환산될 수 있는 도로 위에, 구획 지어진 방들 안에 우리는 살고 있다. 그것은 그저 수적으로 환산될 수 있는 공간일 뿐이지, 여기에는 타자와 나 사이에 오가는 말과 대답, 즉 책임성에 대해서 말해줄 수 있는 것이라곤 아무것도 없다. 이런 의미에서 기하학적 공간은 '무관심'하다. 레비나스는 소통의 본래성이 성립하는 공간, '무관심의 공간'과 대립하는 '정의의 공간'을 가리켜 '근접성'(proximité)이라고 부른다. 근접성은 인접성(contiguïté)과는 다르다. 인접성은 여전히 수적 단위상의 가까움 외에는 의미하는 바가 없는 기하학적 공간이다. 오히려 근접성은 이러한 무관심한 공간의 끊임없는 극복으로 이해된다. 즉 근접성은 타자와 나 사이에 도사리고 있는 무관심적인 요소, 모든 '말해진 것' 배후에 있는 '말함'에 대한 망각을 0도(度)에 이르도록 제거했을 때 달성되는 공간이다. 그러나 당연한 얘기겠지만 이런 0도란 언제나 이상(理想)이기에, 타자와의 거리는 영원히, "결코 충분한 근접일 수 없다"(Jamais assez proche)"(AQE, 103). 그리하여 타자에 대해 대답할 수 있는 주체란 늘 쉼 없이 타자에게 접근하는 도상 위에 놓여 있는 자인 것이다. 그런데 우리는 기하학적 공간 안에서만 장소(lieu)를 가질 수 있다. 따라서 타자의 말 건네 옴에 응답하기 위한, 무관심한 기하학적 공간의 쉼 없는 극복인 근접성은 **"아무 장소에도 없음"** (non-lieu)(같은 곳)으로 정의된다. 근접성은 무관심한 기하학적 공간상의 그 어디에도 자리를 가지지 않는다는 점에서 '아무 장소에도 없음'이다. 오로지 그것은 타자의 말함에 대한 끊임없는 접근만을 의미하는 것이다.

그런데 재미있게도 '아무 장소에도 없음'은 또한 인터넷의 본질을 이루고 있지 않은가? 당연한 얘기겠지만 지구상의 기하학적 공간, 물리적 공간의 거리를 극복했다는 데 인터넷 혁명의 핵심이 있다. 인터넷 안에는 더 이상 어떤 기하학적 거리도 유효하지 않는다. 인터넷은 모든 기하학적 공간을 극복하여 타자의 전적인 이타성과 맞닥뜨림을 가능케 해줄 수 있는 '근접성'의 공간이다. 인터넷 속에 있는 한, 말 건네 오는 타자와 그에 대답할 수 있는 나는 '아무 장소에도 없다.' 인터넷은 소통의 본래성의 부름을 받아 봉사할 준비가 된 '도구'인 것이다. 그러므로 인터넷은 그 긍정적 면모를 고려했을 때 레비나스의 용어에 따라 '아무 장소에도 없음'으로 정의되어야 마땅할 것이다. 놀랍지 않은가? 우리가 이미 보았듯 부정적 면모를 고려했을 때 인터넷은 '도처에 있으며 아무데도 없음'(überall-und-nirgends)이었다. 곧 '아무 장소에도 없음'(non-lieu)이었다. 이 두 가지 정의는 사실상 동어반복이며, 이처럼 인터넷 속에서 위험과 구원은 한 몸 안에 강림한 천사와 악마처럼 한없이 가까이 맞붙어 있는 것이다. 그것은 우리를 '도처에 있으며 아무 데도 없게' 만드는 괴물, 우리를 익명성의 나락으로 굴러 떨어지게 하는 괴물이며, 또한 말함을 통해 현현하는 타자 앞에서 나를 '대답할 수 있는' 주체로 서게 하는 도구, '아무 장소에도 없음'을 구현하는 '도구'이기도 하다. 타시스가 인터넷인 동시에 트리스테로 또한 인터넷인 것이다. 횔덜린이 이미 알아보았듯 '위험이 있는 곳엔

구원의 힘도 함께 자란다.'

그러므로 위험과 구원의 쌍갈래 길에 던져진 트리스테로의 후계자가 어떻게 길을 찾는지 보고 싶다. 우리는 소설의 마지막에 이르도록 트리스테로의 존재에 대해 확신을 가지지 못하는 에디파의 고뇌를 우리 자신의 마지막 행로로서 따라가 보려고 한다. 그녀는 이렇게 마음을 정리하고 있다. "유산으로 주어진 미국의 외형 너머에 트리스테로라는 어떤 것이 존재하고 있는지도 모르고, 아니면 그저 미국만 있는지도 모른다. 만일 [트리스테로는 없고] 그저 미국만 존재한다면, 그 존재치도 않는 트리스테로와 관계를 계속하기 위한 유일한 길은 소외된 자로서 파라노이아[일탈자들] 속으로 들어가는 것이다"(CL, 138). 만일 트리스테로가 존재하지 않는다면, 트리스테로와 만나는 길은 소외된 타자들, 모든 고통 받는 이웃들 속으로 들어가 그들의 말함 앞에 '대답할 수 있는 자'로 서는 것이다. 여기에 모든 네티즌들과 해커들의 궁극 목적이 도사리고 있다. 존재하지 않는 트리스테로와 만나는 유일한 길은 자기 자신이 트리스테로가 되는 것이다. '말해진 것'(정보)의 탐닉에만 가치를 두는, 그리고 말해진 것을 제 마음대로 조종하는 데만 가치를 두는 소통 체계가 아니라 모든 소외된 자들의 부름에 대답하기 위한 소통 체계가 되는 것이다. "누가 알겠는가? 그 자신도 트리스테로의 황혼과 고고함과 기다림에 동참하여, 박해 받게 될는지"(CL, 137~138). 그러나 그것은 모든 구원받은 성인들의 통과제의, 영광된 박해일 것이다.

음식문화와

사회적 소통

이덕환
서강대학교 화학과 교수
서강대학교 과학커뮤니케이션 교수

이덕환

서울대학교 화학과에서 학사와 석사를 받고 코넬대학교에서 박사학위를 받았으며 프린스턴대학교 연구원을 역임했다. 대한민국과학문화상(2004)을 수상하고, 과학기술훈장 웅비장(2008)을 수훈했다. 현재 서강대학교 화학과 교수 및 과학커뮤니케이션 교수로 재직 중이며 대한화학회 회장(2012)을 역임했다. 수준 높은 과학문화 대중화를 위해 노력하고 있으며 교육과학기술부와 한국연구재단의 문진연구센터를 운영했다. 『거의 모든 것의 역사』, 『거인들의 생각과 힘』을 비롯한 다수의 번역서와 『이덕환의 과학세상』, 『이덕환의 사이언스 토크토크』 등의 저서가 있다.

식품에 대한 우리 사회의 불안이 좀처럼 가시지 않고 있다. 소비자의 입장에서는 복잡한 유통 과정을 거치는 식품과 음식점 음식의 정체를 정확하게 파악하기 어려운 형편이다. 대량으로 생산해서 유통되는 가공식품의 경우에는 사정이 더욱 나쁘다. 설상가상으로 끊임없이 등장하는 불량식품과 광우병이나 구제역처럼 식품의 생산 과정에서 발생하는 문제들이 소비자의 불안을 증폭시키고 있다. 식품의 생산과 소비 사이의 거리를 나타내는 '푸드 마일리지'(food mileage)가 늘어나면서 안심하고 먹을 수 있는 식품을 원하는 소비자의 요구를 만족시키는 일이 더욱 어려워지고 있는 것이 우리의 안타까운 현실이다.

식품의 안전성에 대한 논란에서도 우리 사회의 고질적인 병폐인 소통의 단절이 중요한 원인으로 지적되고 있다. 식품의 생산과 유통을 담당하는 생산자와 소비자 사이의 소통도 원활하지 못하고, 식품의 안전성을 보장해줄 책임을 지고 있는 정부와 전문가들도 충분한 권위를 인정받지 못하고 있다. 정보를 전달해주는 역할을 담당하는 언론도 만족스럽지 못하다. 특히 인터넷이 활성화되면서 근거를 알 수 없는 괴담 수준의 정보가 식품의 안전성에 대한 사회적 불안을 더욱 심각하게 증폭되고 있다. 정확한 정보가 중요하다는 사실에는 모두가 동의하지만 과연 정보 제공만으로 소통의 문제를 해결할 수 있는지는 확실하지 않다.

여기서는 음식문화의 다양한 면에 대해서 간략하게 살펴보고, 식품의 안전성에 대한 우리 사회의 인식과 우리 사회가 오늘날 직면하고 있는 식품 분야 소통 단절의 현실과 해결책에 대해서 살펴보기로 한다. 이 글에서는 '사람이 먹을 수 있도록 조리한 것'을 뜻하는 '음식'(飮食, cuisine)과 '사람이 일상적으로 섭취하는 음식물을 통틀어 이르는 말'에 해당하는 '식품'(食品, food)이나 '먹거리'를 애써 구별하지 않고 사용할 것이다.

1. 음식문화의 다양한 측면

우리가 먹는 음식에는 다양한 의미가 담겨 있다. 우리의 생존을 가능하게 해주고, 건강을 지켜주는 기능적 가치가 중요한 것은 사실이다. 그러나 음식에는 단순한 기능적 의미를 넘어서 사회 · 역사 · 종교 · 환경적으로 훨씬 더 복잡한 함축을 가지고 있다. 음식에 우리 사회의 고유한 문화적 가치가 담겨 있다는 뜻이다. 그런 음식문화는 시대와 사회적 환경에 따라 끊임없이 변화하는 특성도 가지고 있다.

1) 음식의 기능적 측면

음식의 일차적 기능은 우리의 건강 유지에 필요한 영양을 공급하는 것이다. 우리에게 꼭 필요한 탄수화물 · 지방 · 단백질 등으로 분류되는 다양한 탄소의 화합물이 핵심이다. 물론 비타민 · 철 · 황 · 소듐(나트륨) 등의 미량 영양소의 중요성도 무시할 수 없다. 음식을 통해서 섭취한 화합물은 소화 과정을 거치면서 화학적으로 적당한 수준으로 분해되는 대사과정을 거쳐 생리적 기능을 수행한 후에 몸 밖으로 배설된다.

물론 영양 섭취를 위해 소비하는 음식에서도 질병이 생겼을 때 먹는 의약품과 비슷한 생리적 효능이 발견되는 경우가 있다. 일반적으로 식품과 의약품은 생리활성과 독성의 정도에 따라 구분하다. 이론적으로 볼 때, 식품은 대부분의 사람들이 부작용을 걱정할 필요 없이 안심하고 먹을 수 있는 저독성(低毒性)의 물질이고, 의약품은 특별한 생리활성을 가지고 있어서 전문가의 판단에 따라 최소한의 양만을 섭취해야 하는 고독성(高毒性)의 물질이다. 그래서 '독약도 잘 쓰면 약이 된다'는 옛말과 달리 약방에 진열되어 있는 모든 의약품은 독약이다.

오늘날 우리 사회에서는 식품의 건강 증진 효과나 치유 효과가 지나칠 정도로 강조되고 있다. 거의 모든 식품 전문가들이 식품에 들어 있는 특정 화학물질과 생리적 효능을 강조하는 것이 관행으로 굳어지고 있다. 그래서 김치의 유산균, 적포도주의 타닌, 등푸른 생선의 오메가-3가 신비의 성분인 것처럼 소개된다. 노화 방지, 정력, 미용, 두뇌 발육에 도움이 된다는 식품이 넘쳐나는 것이 현실이다. 거의 모든 식품이 항산화 효과를 가지고 있는 것처럼 소개되기도 한다. 소비자의 입장에서는 의약품과 구별하기도 어려울 정도의 기능성을 강조하는 '건강보조식품'도 넘쳐나고 있다. 새로운 재료나 첨단 가공기술을 이용해서 개발하는 가공식품의 경우에는 기능성을 강조하는 것이 관행으로 굳어지고 있다. 특히 식품 전문가들에게는 특별한 효능을 가진 '기능성 식품'을 개발하는 것이 식품공학의 가장 중요한 목표로 인식되고 있다. 언론도 기능성을 강조하는 전문가들의 설명 방식에 빠르게 적응하고 있다.

실제로 음식의 치유적 특성을 적극적으로 이용하는 경우가 있는 것은 사실이다. 바로 '식이요법'(다이어트)이 그런 경우다. 본래 전통적인 식이

요법에서는 건강을 유지하기 위해 지나친 편식보다는 다양한 영양분을 고르게 섭취할 수 있는 균형 잡힌 식생활을 강조한다. 그런 식이요법이 건강 유지에 도움이 되는 것은 분명하다. 그러나 식이요법만으로 심각한 질병을 고칠 수 있다거나, 신비스러운 건강 증진 효과를 얻을 수 있다는 주장은 설득력이 떨어지는 것이다. 실제로 음식의 기능성을 지나치게 강조하고 신비화하는 과정에서 나타나는 부작용은 더 이상 외면하기 어려운 형편이다.

2) 음식의 경제 · 환경적 측면

우리가 음식으로 활용하는 물질은 극히 예외적인 경우를 제외하면 대부분 자연에서 살고 있는 생물에서 얻을 수밖에 없다. 식물과 동물은 물론이고, 우리 눈으로 직접 보기도 어려운 미생물(박테리아)까지 모든 종류의 생물이 이용된다. 물론 자연에서 식용으로 사용할 수 있는 먹거리를 확보하는 일이 보장되어 있는 것은 아니다. 자연이 우리 인간에게 안전한 곳이고, 자연생태계도 우리 인간을 위해 존재한다는 우리의 순진한 생각은 현실과는 전혀 다른 환상일 뿐이다. 우리 인간도 약육강식(弱肉强食)과 적자생존(適者生存)을 기본으로 하는 생태계의 현실을 인정할 수밖에 없다.

우리 인류는 안정적으로 식량을 확보하기 위해 필요한 기술을 개발한 덕분에 지금처럼 번성하게 되었다. 인간이 다른 짐승과 다름없이 자연과 조화를 이루면서 수렵채취 생활을 하던 시기에 지구상의 인구는 지금의 1%에 불과한 7천만 명 수준이었다. 자연의 동물을 사육할 수 있도록 만들고, 식물을 재배할 수 있도록 만드는 육종(育種) 기술이 등장하면서 인간이 대규모의 사회를 구성하기 시작한 것은 1만 2천 년 전의 일이었다. 그 이후 18세기 말의 산업혁명이 일어나기까지 지구상의 인구는 지금 인구의 10%를 넘어선 적이 없었다. 전통적인 농경과 목축의 생산성이 그 이상의 인구를 지탱할 수 없었기 때문이다. 오늘날 인구가 70억 명을 넘어서게 된 것은 산업혁명으로 등장한 기계문명과 화학비료 · 농약 · 육종 · 농기계를 기반으로 이룩된 1960년대의 '녹색혁명'에 의한 식량 증산 덕분이었다. 녹색혁명으로 우리의 식량 생산량은 6배 이상 늘어났다.

오늘날 우리의 식량 사정이 과거보다 훨씬 더 넉넉해진 것은 분명한 사실이다. 그렇다고 우리가 식량을 자급자족할 수 있는 형편이 된 것은 아니다. 다만 지난 30여 년 사이의 놀라운 경제 성장으로 우리가 필요로 하는 식품을 충분히 수입할 수 있는 경제력을 갖추게 되었을 뿐이다. 그렇다고 우리가 식량을 함부로 낭비할 수 있는 형편이 된 것은 절대 아니다. 어렵게 생산한 식품을 최대한 효율적으로 저장하고 소비하는 것은 우리가 절대 잊지 말아야 할 의무이고 책임이다. 지금도 전 세계적으로는 굶주림에 허덕이는 인구가 적지 않은 것이 현실이고, 인류의 식량 생산 능력이 앞으로도 무한히 발전할 것이라는 보장은 어디에도 없는 것이 사실이다. 우리가 식품의 저장성과 소비의 효율성을 향상시키기 위해 최선을 다해 노력해야 하는 것도 그런 이유 때문이다.

3) 음식의 문화적 측면

우리가 먹는 음식에는 우리 사회의 문화적 특성이 고스란히 반영되어 있다. 사회 · 역사 · 종교적 특성도 진하게 포함되어 있다. 우리가 음식에 사용하는 재료, 재료를 확보하는 방법, 음식의 조리 방법, 심지어 음식을 먹는 방법이 모두 그렇다.[1] 우리 사회의 경우도 예외가 아니다. 농경을 중심으로 하는 계급사회에서는 음식문화가 그 사회의 정체성이나 개인의 사회적 신분을 상징하기도 했다. 어떤 음식을 어떻게 조리해서 어떻게 먹는

1 마귈론 투생-사마, 이덕환 옮김, 『먹거리의 역사』, 까치(2002).

지에 따라 그 사람의 사회적 · 문화적 · 종교적 신분을 알아낼 수 있었다. 음식문화는 시대에 따라 변하기도 한다. 음식에 사용하는 새로운 재료가 인기를 얻기도 하고, 이국적인 조리법이 도입되기도 한다. 음식문화의 변화를 추적하는 일은 언어의 변화를 밝혀내는 일만큼이나 복잡하고 어렵다.

오늘날 세계화의 물결에 따라 고유한 음식문화가 혼란스러워진 것은 사실이다. 우리의 고유한 음식문화가 물밀 듯이 밀려들어오는 낯선 외국의 음식문화와 마구 뒤섞이고 있다. 이질적인 음식문화를 혼합하는 '퓨전'이 미래지향적 음식문화로 인식되고 있다. 그럼에도 불구하고 음식문화는 여전히 사회의 정체성을 나타내는 중요한 요소임에 틀림이 없다. 실제로 프랑스 음식이 유네스코의 인류무형문화유산으로 선정된 이유는 프랑스 음식이 세상에서 가장 맛이 있다거나 몸에 좋은 음식이기 때문이 아니었다. 프랑스 음식이 인류문화유산으로 선정된 이유는 '개인과 이웃의 삶에서 가장 중요한 순간을 함께 기념하기에 좋은 문화적 전통이 담겨 있기 때문'이었다. 전주가 유네스코의 '음식창의도시'로 지정된 경우도 마찬가지다. 전주 한정식은 조선시대 궁중과 양반가의 음식 전통이 담겨 있고, 콩나물국밥은 개운하고 상큼한 맛을 좋아하는 한국인의 정서가 반영된 것이고, 전주비빔밥은 20여 가지의 재료가 조화와 균형을 이룬다는 점이 선정 이유였다. 전주 음식이 건강에 도움이 되거나 생리 효과가 뛰어나다는 주장은 우리에게나 설득력이 있는 옹색한 궤변일 뿐이다. 전주 음식에는 전통이 담겨 있고, 한국인의 입맛이 반영되어 있고, 조화와 균형이 뛰어나다는 사실이 훨씬 더 중요하다. 음식의 기능적 특성보다는 문화적 특성이 훨씬 더 중요하게 여겨지고 있다는 뜻이다.

2. 식품의 안전성

우리는 일반적으로 식품에 대해 환상을 가지고 있다. 특히 식품 생산의 현장을 직접 경험하기 어려운 도시에서는 그런 환상이 심각한 수준으로 왜곡되어 있다. 우선 식품은 자연에서 쉽게 구할 수 있다는 믿음이 강하다. 더욱이 자연에서 생산되는 식품은 특별한 이유가 없는 한 우리에게 피해를 주지 않을 것이라고 믿는다. 우리가 자연을 의도적으로 훼손하지 않으면 자연이 우리에게 충분한 양의 안전한 먹거리를 제공해줄 것이라고 믿기도 한다. 산업화와 도시화가 빠르게 진행되면서 식품의 생산과 소비 사이의 거리가 멀어지면서 그런 환상은 더욱 강화되고 있는 형편이다. 그래서 자연산 식품, 전통적인 토종 식품, 식물에서 유래된 식품일수록 더 안전하다고 믿는다.

물론 그런 믿음은 아무 근거가 없는 환상이고 착각이다. 자연의 모든 식물이나 동물은 우리 인간을 위해서가 아니라 자신의 생존과 번식을 위해 존재한다. 자신의 생존을 위해서라면 치명적인 독성 물질을 만들어내는 일도 마다하지 않는다. 실제로 복어의 테트로도톡신, 감자 싹의 솔라닌, 독버섯의 무스카린이나 팔로이딘이 모두 천적을 퇴치하기 위해 어렵게 만들어낸 화학무기들이다. 약재를 달인 물을 천연 농약으로 사용할 수 있는 것도 바로 이런 이유 때문이다.

우리가 안전한 것으로 믿고 식품으로 활용하는 과일이나 채소의 경우도 예외가 아니다. 코코아나 후추의 사프롤, 시금치의 옥살산, 버섯의 히드라진, 당근이나 샐러리의 미리스티신이 모두 우리의 건강을 해칠 수 있는 독성 물질이다. 새집 증후군을 일으키는 포름알데히드가 포함된 천연식품도 많다. 자연에서 생산되는 자연산 식품이 우리에게 무해하다는 인식은 일반적으로 옳지 않은 것이다. 산길에서 천연 버섯이나 열매를 마구 따먹으면 안 되는 것도 그런 이유 때문이다.

독성 물질이 포함된 과일이나 채소를 식품으로 활용하기 위해서는 적절한 조리 방법이 필요하다. 대부분의 경우에는 경험적으로 알아낸 조리법을 이용한다. 독성 물질이 포함되어 있는 부분을 물리적으로 제거하는 방법이 많이 이용된다. 복어의 내장과 체액을 제거하거나 보라색으로 변한 감자의 껍질을 벗겨내는 것이 대표적인 예가 된다. 화학적인 방법으로 독성을 제거하기도 한다. 그러나 우리 몸속의 면역체계를 믿고 독성 물질이 포함된 자연산 식품을 그냥 먹는 경우도 적지 않다. 균형적인 식이요법도 음식에 포함된 독성 물질의 피해를 줄이는 방법이 된다. 적은 양의 독성 물질이 포함된 음식을 집중적으로 섭취하는 경우에 발생할 수 있는 면역체계의 부담을 완화시키는 효과를 기대할 수 있기 때문이다.

일반적으로 독성 물질로 분류되지 않는 성분이 문제를 일으키는 경우도 있다. 땅콩이 대표적인 경우가 된다. 탄수화물과 단백질이 풍부하고, 리놀렌산과 같은 불포화지방산이 많아서 혈관에 콜레스테롤이 달라붙지 않도록 해주는 효능을 가진 땅콩은 훌륭한 식품임에 틀림이 없다. 고혈압이나 동맥경화의 예방은 물론 치료제로도 효과가 있고, 인 · 마그네슘 · 포타슘과 같은 미네랄도 많고, 비타민도 풍부하다고 한다. 『타임』지가 선정한 10대 건강식품에 포함되기도 했다. 그런 땅콩이 목숨을 앗아갈 정도로 치명적인 독성을 나타내는 경우도 있다. 인체의 면역체계가 땅콩에 극미량으로 들어 있는 화학물질을 항원으로 잘못 인식해서 지나치게 민감하게 반응하기 때문이다. 기침 · 두드러기 · 발진 · 가려움 · 콧물 정도의 가벼운 알레르기성 증세를 나타내지만, 심한 천식이 나타나기도 하고, 목숨이 위태롭게 되는 경우도 있다. 어떤 사람이 어떤 식품에 과민반응을 나타낼 것인지를 미리 알아낼 수 있는 분명한 방법이 있는 것도 아니다. 음식에 들어 있는 어떤 화학성분이 문제가 되는지를 알아내기도 어렵다.

독특한 맛과 향기 때문에 독성을 기꺼이 감수하는 경우도 있다. 새우젓과 같이 염도가 높은 젓갈이 대표적인 예가 된다. 수산물을 소금에 절인 젓갈은 동아시아 지역의 많은 사람들이 좋아하는 전통식품이다. 그러나 세계보건기구(WHO)의 산하기구인 국제암연구소(IARC)의 분류에 따르면, 지나치게 짠 젓갈은 술 · 담배와 함께 사람에게 암을 일으키는 것으로 분명하게 확인된 '1군'(Group 1)에 속하는 발암물질이다. 그렇다고 해서 젓갈을 우리의 건강을 해치는 독성 음식이라고 인식하는 사람은 많지 않다. 적어도 우리나라 · 중국 · 베트남 등의 나라에서는 그렇다.

전통적인 방법으로 음식을 조리하는 과정에서 독성 물질이 만들어지기도 한다. 기름기가 많은 육류나 생선을 숯불에 직접 굽는 경우에는 벤조피렌을 포함한 발암물질이 만들어질 가능성이 매우 높다. 뜨거운 연기를 이용해서 훈제를 하는 경우에도 벤조피렌이 만들어진다. 라면 스프에서 검출된 벤조피렌도 스프의 원료로 사용했던 훈제 가다랑어포(가츠오부시)에 들어 있던 것이었다. 훈제 가다랑어포를 생산하는 과정에서 비린내를 제거하기 위해 가열 온도를 지나치게 높여서 생긴 일이었다. 숯불에 굽거나 훈제를 하는 과정에서 만들어지는 독특한 맛과 향기를 좋아하는 사람들은 벤조피렌의 위험성을 기꺼이 감수한다. 음식의 맛과 향기에 대한 개인적인 취향이 건강에 대한 우려보다 훨씬 더 중요다고 생각하는 사람들이 적지 않다는 뜻이다.

3. 식품의 안전성에 대한 사회적 불안감[2]

식품에 대한 사회적 불안의 근본적인 원인은 산업화 · 도시화 · 세계화에 따르는 식품 생산의 소비의 분리에서 근본적인 원인을 찾을 수 있다. 오늘날 우리는 대부분의 먹거리를 직접 생산하던 농업 사회에서 완전히 벗어난 삶을 살고 있다. 소비자의 입장에서는 자신들이 소비하는 식품의 정체를 파악하는 일부터 쉽지 않다. 생산 과정에 대한 정보가 지극히 제한되어 있고, 심지어 우리 땅에서 생산되지 않는 낯선 이국적인 식품도 많아졌다. 식품의 생산은 물론이고 가공과 유통의 과정도 복잡해졌다. 식품의 생산과 소비 사이의 거리를 나타내는 '푸드 마일리지'가 늘어나면서 생산자의 입장에서는 낯선 소비자에 대해 느끼는 윤리적 부담도 크게 줄어든 것이 사실이다. 식품의 대량 생산과 대량 소비도 식품 안전에 대한 불안을 증폭시키는 요인으로 작용하고 있다.

식품 안전에 대한 논란에서도 우리 사회의 고질적인 소통의 단절이 문제의 핵심으로 지적되고 있다. 소비자는 식품 안전에 대한 정보가 턱없이 부족하다고 느끼고, 자신들의 안전을 무시하는 생산자와 유통업자는 물론이고 식품의 안전을 보장해주지 못하는 정부와 식품 전문가를 원망한다. 정부와 전문가들의 입장도 크게 다르지 않다. 소비자가 자신들이 제공하는 정확한 과학 정보를 신뢰하지 않는 것이 문제라고 생각한다. 과학적 근거를 찾을 수 없는 괴담 수준의 소문을 무책임하게 확산시키는 언론의 선정성도 식품 안전에 대한 소통을 어렵게 만드는 요인으로 지적된다. 식품의 성분과 안전성에 대한 정보가 넘쳐나고 있는 것이 사실이지만 정

2 이 부분은 농림식품안전교육문화정보원의 e-포럼(2012)에 사용한 글을 수정하고 보완한 것임.

작 소비자들이 원하는 정확한 정보를 찾아내는 일은 결코 쉽지 않은 것이 현실이다.

식품의 대량 생산과 대량 소비가 일반화되고 있는 현대 사회에서 식품의 안전 관리는 사회적 리스크(risk) 관리 차원에서도 중요한 과제다. 작년 여름 독일에서 불거진 장출혈성 대장균이 유럽 사회 전체를 공포에 떨게 만들었던 것이 대표적인 경우였다. 아무 잘못이 없었던 스페인 안달루시아 지역의 유기농 단지가 문제의 원인으로 잘못 지목되면서 심각한 외교적 마찰이 일어나기도 했다. 2008년에 우리 사회를 극심한 혼란에 빠뜨렸던 광우병 소동의 경우도 현대 사회에서 식품의 리스크 관리가 얼마나 중요한 과제인지를 분명하게 보여주는 사례였다.

음식과 관련된 소통의 문제는 결코 단순하게 해결될 일이 아니다. 많은 경우에 식품 안전에 관한 정확한 정보의 제공이 문제를 해결하는 수단으로 제시된다. 그래서 모든 가공식품에 법적으로 '표시제도'가 적용되고 있다. 오늘날 가공식품에는 법적 요구에 따라 적지 않은 분량의 정보가 표시된다. 대부분 식품의 성분과 함량에 대한 정보와 특이 체질에 대한 경고도 함께 제공된다. 음식점에서도 사용하는 재료의 원산지를 반드시 표시하도록 제도화되어 있다. 그러나 과연 그런 정보가 소비자에게 도움이 되는지는 분명하지 않다. 식품의 포장에 표시되는 내용에서는 어쩔 수 없이 일상생활에서 자주 사용하지 않는 전문용어를 쓸 수밖에 없다는 것이 소통의 심각한 걸림돌이 된다. 지나치게 많은 정보 중에서 정작 소비자가 알고 싶어 하는 정보를 찾아내는 일도 쉽지 않고, 그런 정보가 충분한 설득력을 발휘하는 경우도 찾아보기 쉽지 않다. 식약청을 비롯한 정부기관이나 소비자 단체가 제공해주는 정보의 가치도 의심스럽기는 마찬가지다.

정확한 정보를 충분히 제공함으로써 소비자의 인식을 개선하겠다는 노력은 1970년대 '과학대중화' 분야에서 경험했던 '결핍모형'(deficit model)의 실패 경험을 무시한 것이다. 일반적으로 소비자들은 자신들이 관심을 정확하게 이해하지 못하고 있는 것처럼 보이는 전문가들의 비판을 쉽게 받아들이지 않고, 오히려 자신들도 경험에서 비롯된 상당한 수준의 정보를 가지고 있다고 믿는다. 전문가들이 자신들의 그런 경험과 능력을 무시한다고 인식하는 상황에서는 전문가들이 제공하는 정보가 아무 효과도 발휘할 수 없게 된다.

4. 리스크 관리를 어렵게 만드는 소통의 장애 요소

음식의 안전성에 대한 불안은 사회적으로 심각한 부담이 될 수밖에 없다. 식품의 정체와 안전성을 확인할 수 있는 정보가 필요하다는 목소리가 높은 것은 사실이다. 그러나 가공식품의 포장지와 다양한 인터넷 홈페이지를 통해 제공되는 적지 않은 양의 정보가 소비자의 불안을 해소시키는 일에 크게 기여한다고 보기는 어려운 형편이다. 생산자 · 정부 · 전문가 · 소비자 사이의 원활한 소통을 통해 음식의 안전성에 대한 사회적 불안을 효율적으로 해소하기 위해서는 단순히 정보를 제공하는 것 이상의 노력이 필요하다는 사실이 확인된 셈이다.

1) 음식의 기능성에 대한 인식

전문가들이 앞장서서 식품의 기능성을 지나치게 강조하는 것은 분명히 잘못된 관행이다. 식품의 일차적인 목적이 영양 공급이라는 사실과 균형잡힌 식이요법의 중요성을 강조하는 것이 훨씬 더 중요하다. 음식의 문화적 가치도 중요하다. 실제로 우리는 식품의 생리적 기능을 함부로 광고하지 못하도록 법으로 엄격하게 규제하고 있다. 정부로부터 기능성 식품으로 인정을 받은 경우가 아닌 일반 식품의 경우에는 '질병의 예방 및 치료에 효능이 있다는 표시 광고를 금지한다'는 식품위생법 제13조가 적용된다. 실제로 순진한 생각에서 인터넷 홈페이지를 통해 약효를 강조하던 특용 작물을 생산하는 농민들이 식품위생법에 처벌을 받았다. 그런데도 불구하고 식품 전문가들은 언론이나 어설픈 연구논문을 통해 실정법 위반 가능성이 매우 높은 주장을 마구 쏟아내고 있는 것이다. 이런 상황에서는 소비자들이 식품 · 의약품 · 건강보조식품을 분명하게 구별하는 일이 결코 쉽지 않다.

낮은 수준의 생리효과를 가지고 있는 식품의 기능성을 지나치게 강조하는 과정에서 식품의 소비자에게는 불필요하거나 정확하지 않은 과학 정보가 과도하게 제공되고, 과학 정보에 익숙하지 않은 소비자들은 넘쳐나는 식품 관련 과학 정보 때문에 심각한 혼란을 겪게 된다. 더욱이 식품 전문가들이 제공하는 기능성 관련 정보는 매우 어설픈 것이다. 식품 전문가들이 우리 몸에서 일어나는 생리현상이나 건강과 관련된 의학 지식이 턱없이 부족한 것이 사실이기 때문이다.

엉터리 과학 정보를 이용해서 부당한 상업적 이익을 챙기는 경우도 있어서 문제가 더욱 심각해진다. 비윤리적인 기업들이 어설픈 전문가의 흉내를 내면서 엉터리 과학용어를 마구 사용하고 있다. 우리 소비자들은 '화학적 첨가물', '알칼리', '효소', '항산화', '이온', '수소 이온' 등의 간단한 과학 용어에 대해서도 정확한 의미를 이해하지 못하고 심각한 혼란을 느끼고 있다.

2) 식품첨가물에 대한 인식

식품첨가물에 대한 소비자의 인식도 심각한 문제가 되고 있다. 대부분의 소비자들은 식품첨가물을 현대 과학기술의 산물이라고 인식한다. 과거에는 사용하지 않았던 물질을 현대 과학기술의 힘을 빌려 인공적으로 생산하여 식품에 첨가하고 있다고 믿는다. 그런 식품첨가물을 사용하는 가장 중요한 이유는 식품가공업체가 소비자를 현혹해서 부당한 이익을 챙기려는 것이고, 우리 정부가 그런 기업을 제대로 관리해주지 못하고 있다고 생각한다. 그런 인식이 확산된 이유는 매우 복잡하다. 전문성과 사명감이 부족한 언론이 그런 소문을 증폭시키는 데에 큰 기여를 하고 있다. 전문가들의 역할도 충분하지 못하고, 무엇보다도 정부가 소비자의 신뢰를 얻지 못하고 있다. 특히 낯선 화학물질의 이름과 효능을 직접 연결시키는 전문가들이 만들어내는 오해가 심각한 문제가 되고 있다.

식품첨가물에 대한 부정적인 인식은 가공식품이나 음식점의 음식에 대한 거부감으로 확대되기도 한다. 오늘날 가공식품은 선택의 대상이 아니다. 가공식품의 소비를 줄이기 위해 노력할 수는 있겠지만 가공식품을 완전히 외면한 삶은 불가능한 것이 현실이다. 식품의 가공을 단순히 소비자를 현혹하기 위한 수단으로만 여길 수는 없는 상황이다. 충분한 식량을 확보하는 일은 인류의 생존과 번영에 가장 중요한 과제가 되었기 때문이다. 오늘날 우리가 비교적 넉넉한 삶을 살고 있는 것은 사실이지만, 그런 형편이 앞으로도 계속될 것이라고 보장할 수는 없다. 어렵게 생산한 식품을 최대한 효율적으로 활용해야 하는 것은 앞으로도 영원히 변할 수 없는 막중한 과제일 수밖에 없다. 식품첨가물을 이용한 식품의 가공이 식품 소비의 효율을 향상시키는 가장 중요한 수단 중 하나임에 틀림이 없다는 사실이 더욱 강조되어야만 한다.

3) '천연'과 '인공'의 구분

우리 사회에서는 글루탐산나트륨(MSG)을 비롯한 아미노산 계열의 식품첨가제가 '화학조미료' 또는 '인공조미료'로 낙인이 찍혀버렸다. 1970년대에 시작된 조미료 생산 회사들 사이의 치열한 광고 경쟁과 정부의 잘못된 분류가 문제의 원인이었다. 생산 기술의 차이에서 시작된 과도한 광고 전쟁이 결국에는 '천연'과 '인공'에 대한 논쟁으로 번졌고, 결국에는 우리 사회에서 조미료 생산 산업 자체가 사라지도록 만들어버렸다. 그렇다고 MSG가 우리 사회에서 완전히 퇴출된 것은 아니다. 오늘날 동남아시아에서 대량으로 MSG를 생산하는 우리 기업들은 국제적으로 비윤리적이라는 비판을 받고 있다. 우리 소비자들에게는 위험하다고 강조하는 조미료를 제3세계 국가의 소비자들에게는 적극적으로 공급을 하고 있고, 역수입한 MSG가 은밀한 방법으로 엄청나게 소비되고 있기 때문이다. 심지어 MSG와 다른 점이 없는 아미노산계와 핵산계 조미료를 사용하면서도 '무(無)MSG'를 앞세우는 비양심적인 기업도 있다.

식약청에서 식품첨가물 분류에 사용하는 '화학적 첨가물'과 '천연 첨가물'의 구분이 소비자들을 혼란스럽게 만드는 가장 중요한 요인이다. 톨루엔에서 화학적으로 합성한 '사카린'은 화학적 합성품이라고 부를 수밖에 없다. 그러나 천연 식품에서 간단한 분리 공정을 거쳐서 생산한 글루탐산나트륨과 카제인나트륨을 '화학적 합성품'이라고 부르는 것은 옳지 않다. 그런 용어는 글루탐산이나 카제인을 화학적으로 합성했을 경우에나 사용할 수 있는 것이다. 화학적으로 합성한 식품첨가제의 경우에도 안전성에 대한 정확한 과학적 정보와 함께 그런 첨가제를 사용할 수밖에 없는 이유도 함께 밝혀주어야 한다. 사카린의 경우에는 산업폐기물인 콜타르에서 분리한 톨루엔으로 합성을 한 식품첨가제이기는 하지만 단것을 전혀 먹을 수 없는 당뇨병 환자에게는 무엇보다 중요한 효과를 발휘한다는 점을 강조할 필요가 있다.

'천연'과 '합성'의 대립은 식품에서만 문제가 되는 것이 아니다. 19세기 중반에 처음 등장한 합성염료와 합성의약품에서 이미 충분히 경험한 문제다. 합성염료 · 의약품 · 식품에 대한 거부감의 원인은 의외로 복잡하다. 물론 합성 물질이 천연 물질보다 강한 독성이나 부작용을 나타내는 경우가 없는 것은 아니지만 소비자들이 그런 이유 때문에 합성 물질을 거부하는 것이라고 보기는 어렵다. 합성 물질에 대한 거부감이 천연 물질에 대한 맹목적인 집착으로 나타나기도 한다. 오늘날 우리 사회에 널리 확산되고 있는 '천연' 또는 '자연산'에 대한 관심이 그런 경우라고 할 수 있다.

천연 물질에 대한 집착은 단순히 자연에 대한 애착에서 비롯되는 것이라고 보기 어렵다. 천연 물질의 희소성이 더 큰 역할을 한다. 실제로 1990년대부터 본격적으로 양식 기술이 보급되면서 '광어'와 '도다리'에 대한 소비자의 인기가 완전히 뒤바뀌어버린 경우를 주목할 필요가 있다. 양식 기술이 개발되기 전까지는 소비자들이 광어가 도다리보다 훨씬 더 맛이 좋은 것으로 평가를 했었다. 그러나 양식 광어가 쏟아져 나오면서 사정이 완전히 달라져버렸다. 소비자들의 입맛도 '천연'과 '인공'의 구분에 따라 달라진다는 사실이 확인된 것이다.

식품을 천연과 합성으로 구분하는 일이 언제나 가능한 것도 아니다. 식약청에서는 가수분해 이상의 공정을 사용한 식품첨가물은 모두 '합성'으로 분류하고 있다. 그런 이유 때문에 현실적으로 경제적인 합성이 불가능한 글루탐산과 같은 아미노산이나 카제인과 같은 단백질의 염(鹽)을 합성 첨가물로 분류하는 것은 철학적으로도 옳지 않다.

4) 과학적 상식에 대한 사회적 인식

과학적 사실을 의도적으로 왜곡하는 경우도 있다. 식품 광고에서 많이 이용하고 있는 '알칼리'가 대표적인 예가 된다. 알칼리성 식품이 몸에 좋다는 근거 없는 소문이 과학의 탈을 쓰고 확산되어 있는 것이 사실이고, '알칼리수(水)'라는 엉터리 책이 베스트셀러가 된 적도 있었다. 알칼리를 이용해 아들과 딸을 마음대로 가려 낳을 수 있다는 주장도 있다. 본래 '알칼리'는 나트륨(소듐)이나 칼륨(포타슘)이 들어 있는 식물을 태운 재를 뜻하는 희랍어다. 비누가 본격적으로 보급되기 전에 우리 조상이 쓰던 잿물을 만들던 '재'가 대표적인 알칼리인 셈이다. 요즘의 알칼리는 조금 더 넓은 뜻을 가지고 있다. '알칼리족'이라고 하는 리튬 · 나트륨 · 칼륨과 같은 금속을 물에 넣으면 만들어지는 수산화물을 뜻한다. 칼슘 · 스트론튬 · 바륨 등의 알칼리 토금속의 수산화물도 알칼리라고 부른다. '가성소다'나 '양잿물'이라고 부르는 수산화나트륨(NaOH)이 대표적인 알칼리인 셈이다.

알칼리는 건조한 사막의 침출액이나 나무나 해초를 태운 재에서 얻었던 귀한 물질이었다. 요즘에는 광산이나 사막에서 채취하는 천연 소다회(탄산소다)를 변환시키거나 19세기 말에 개발된 기술을 이용해 대량으로 생산한다. 보통 알칼리는 물에 잘 녹는 흰색 고체이고 금속이나 유기물을 부식시킬 정도로 반응성이 크다. 알칼리는 유리 · 비누 · 세제 · 레이온 · 셀로판 · 종이 · 펄프 등의 제조에 꼭 필요한 산업 원료다.

그런데 대부분의 식품 광고에서 '알칼리'는 수산화이온의 농도가 수소이온의 농도보다 큰 상태를 나타내는 '염기성'이라는 뜻으로 사용된다. 그러나 사람의 체질을 '산성'과 '알칼리성'으로 분류하는 것은 의미가 없다. 사람 혈액의 수소이온 농도는 인종 · 성별 · 나이에 상관없이 똑같다. 그렇지 않다면 링거액도 사람마다 다른 것을 사용해야 할 것이다. 그런데 수혈할 때 혈액형을 꼼꼼하게 따지는 병원에서도 링거액은 누구에게나 똑같은 것을 사용한다. 실제로 우리 혈액의 수소이온 농도 지수(pH)는 누구나 7.4이고, 그 값이 0.2만 달라지면 생명이 위험해진다.

식품을 산성과 알칼리성으로 구분하는 것도 과학적으로 아무런 의미가 없는 일이다. 그런 구분은 식품이 완전 연소됐을 때 만들어지는 부산물을 근거로 하는 것으로 알칼리 금속이나 질소 화합물이 많으면 알칼리성이라고 한다. 그러나 우리가 섭취한 식품이 몸속에서 모두 '연소'되는 것은 아니다. 더욱이 화학적으로 산성인 것이 분명한 식초를 알칼리성 식품이라고 우기는 어처구니없는 일도 벌어지고 있다.

우리가 마시는 물도 화학적으로는 중성에 가까워야 한다. 정부에서 정한 마시는 물의 수질 기준에서도 수소이온 농도 지수는 5.8에서 8.5 사이가 돼야 한다고 분명하게 밝히고 있다. 너무 심하게 산성이거나 염기성(알칼리성)인 물은 맛도 나쁘고, 실제로 건강에도 도움이 되지 않는다는 뜻이다. '알칼리 이온 음료'라는 광고는 '나트륨 양이온'이 녹아 있다는 뜻이다. 우리 몸에 꼭 필요한 나트륨 양이온은 조금만 부족해도 심한 갈증이 생긴다. 땀을 많이 흘린 뒤 물을 아무리 마셔도 갈증이 가시지 않는 것은 나트륨 이온이 부족하기 때문이다. 그런 경우에는 소금을 조금만 먹으면 갈증이 씻은 듯이 사라진다. 알칼리 이온 음료는 그런 소금물에 단맛을 내는 성분을 넣은 것이다. 실제로 알칼리 이온 음료는 화학적으로 산성이다.

알칼리가 건강에 좋다는 주장은 낯선 어감의 과학 용어로 신비감을 불러일으켜 부당한 이익을 챙기려는 얄팍한 상술일 뿐이다. 그런 상술에 속아 넘어가 금전적으로 손해를 보고, 귀중한 건강을 해치는 것은 안타까운 일이다.

5) 허용기준에 대한 인식

유해 성분의 '허용기준'에 대한 인식도 혼란스럽다. 대부분의 전문가들도 허용기준의 의미를 정확하게 이해하지 못하고 있다. 식약청에서 제시하는 '일일섭취허용량'(ADI)은 소비자를 위해 통계를 기반으로 정해놓은 사회적 합의일 뿐이지 실제 개인에게 나타날 위험의 정도를 나타내는 지표가 아니다. 정부가 ADI를 비롯한 허용기준을 정하는 것은 소비자에게 미치는 유해성을 판단하기 위해서가 아니라 생산과 유통을 규제하기 위해서라는 뜻이다. 만약 허용기준이 실제 위험을 나타내는 기준이라면 인종이나 국가별로 허용기준이 달라야 할 이유는 없다. 인종이나 국가에 따라 위험 성분에 노출되었을 때의 반응이 다르다는 주장은 일반적으로 성립되지 않는다. 국가별로 허용기준을 다르게 결정하는 이유는 국가별로 위험에 대한 유해성 수준이 달라서가 아니라 식품의 생산과 유통에 대한 사회적 규제의 수준이 다르기 때문이다. 허용기준을 지키지 않은 식품이 생산되거나 유통되는 경우의 문제는 정부의 규제가 당초 의도처럼 시행되지 않고 있다는 것이다. 허용기준을 지키지 않았다는 사실 자체가 소비자의 안전에 직접적으로 위협이 되는 것은 아니라는 뜻이다. 고속도로의 속도제한과의 비유를 심각하게 받아들여야 한다.

허용기준을 넘었다고 곧바로 소비자의 건강에 문제가 되는 것도 아니고, 허용기준을 넘지 않았다고 반드시 안전한 것도 아니다. 허용기준이 정해져 있지 않다고 해서 100% 안전하다는 주장도 사실과 크게 다르다. 허용기준이 통계적 개념이라는 사실도 중요하다. 소비자 개인의 생리적 특성에 따라서 유해성이 매우 다르게 나타날 수 있다는 뜻이다. 실제로 대부분의 사람들은 땅콩 · 복숭아 · 새우를 많이 먹어도 아무런 문제가 없다. 그러나 알레르기 반응을 보이는 사람의 경우에는 사정이 달라진다. 누구나 먹어도 되는 땅콩이나 복숭아를 먹고 목숨을 잃어버리는 경우도 있는 것이 현실이다. 소비자의 생리적 다양성을 완전히 무시해버리고 모든 소비자에 대해 100% 안전성을 보장해야 한다는 주장은 현실적으로 가능하지 않은 것이다. 유해성에 대한 정보가 통계적 특성을 가지고 있다는 사실을 인식하지 못한 전문가들의 주장도 무책임한 것이 될 수도 있다.

5. 원활한 소통을 위한 노력

식품에 대한 부정적인 인식을 개선하기 위한 노력은 단순히 정확한 정보를 제공하는 수준을 넘어서야만 한다. 물론 정확한 정보의 제공이 무의미하다는 뜻은 아니다. 잘못된 과학 상식을 바로잡으려는 노력은 반드시 필요하다. 그런 목적을 위해 정확한 과학 정보를 제공하고 소비자를 설득하려는 노력은 더욱 강화되어야만 한다.

소비자의 부정적인 인식을 바로잡기 위한 근원적인 노력이 필요하다. 소비자가 음식의 유해성에 대해 심각한 관심을 가지고 있다는 사실 자체는 심각하게 받아들여야 한다. 이유가 무엇이거나 상관없이 자신들의 두려움을 인정해주지 않는 전문가들의 노력을 긍정적인 시각으로 평가해줄 것을 기대할 수는 없다. 소비자가 느끼는 두려움의 정체와 두려움을 느끼는 이유를 정확하게 파악하려는 노력이 전제되어야만 한다. 소비자와의 진정한 소통을 위한 쌍방향 커뮤니케이션이 필요하다는 뜻이다.

식품첨가물의 정체에 대한 전혀 새로운 접근이 필요하다. 식품첨가물은 전통적으로 사용해왔던 '양념'이나 '향료'를 뜻하는 새로운 용어다. 대부분의 식품첨가물은 영양학적으로 특별한 가치가 있는 것도 아니고, 과학적으로 특별한 생리 효과를 나타내는 것도 아니다. 심지어 사카린의 경우처럼 우리가 음식과 함께 섭취하더라도 소화 과정에서 몸속으로 흡수되지 않는 경우도 있다. 그런데도 불구하고 식품첨가물을 사용하는 데는 분명한 이유가 있다. 식품의 가공 과정에서 저장성을 향상시키고, 품질이 낮은 식품의 단점을 보완해주는 역할을 한다. 식품첨가물의 분류 체계를 확실하게 개선해야 하고, 정부나 전문가들이 비양심적인 기업이 아니라 소비자의 입장에 서 있다는 사실을 분명하게 보여주기 위한 노력이 필요하다.

선정적인 보도를 일삼는 언론, 기능성만 강조하는 전문가, 안전성에만 집착하는 정부가 모두 달라져야 한다. 식품과 요리법이 과학의 산물이 아니라 문화의 산물이라는 인식을 출발점으로 삼을 필요가 있다. 식품의 기능성과 과학성을 지나치게 강조하는 과정에서 만들어진 거품을 제거하기 위해서는 그런 노력이 반드시 필요하다. 실제로 외국에서는 우리의 경우처럼 식품의 기능성을 앞세우는 경우를 찾아보기 어렵다. 식품 원료의 생산 과정을 자세하게 소개해주고, 식품이나 요리법이 어떤 문화적 환경에서 등장하게 되었고, 우리의 실생활에 어떤 영향을 주었는지에 대한 인문학적 설명이 필요하다.

모든 식품이 안전해야 한다는 것은 우리의 희망일 뿐이다. 그렇다고 모든 식품이 위험하다고 주장할 수는 없다. 식품의 위험성에 대한 사회적 인식도 개선할 필요가 있다. 식품첨가물을 '천연'이나 '인공'으로 분류하는 것은 식품의 위험성과는 아무 상관이 없는 것이다. 천연 식품이라고 모두 안전한 것도 아니고, 인공 첨가물이라고 모두 위험한 것도 아니다. 식품을 구성하고 있는 모든 화학 성분은 그것이 무엇이거나 상관없이 지나치게 많이 섭취하면 반드시 생리적으로 문제가 되는 법이다.

문진연구센터 소개

개요

인문사회와 과학기술의 융합이 필요하다는 주장이 힘을 얻고 있다. 인문학적 상상력과 과학적 합리성, 그리고 예술의 창의력이 합쳐져야만 우리 사회가 추구하는 창조적이고 합리적인 사회를 향한 새로운 도약이 가능하다는 뜻이다. 그런 융합의 필요성은 모두가 공감한다. 그러나 과연 어떤 길을 따라가야만 우리 사회가 요구하는 진정한 의미의 융합이 가능할 것인지를 파악해야 한다. 문진연구센터는 '문진'(問津)과 '문진'(問診) 및 '문진'(文鎭)하는 자세로 우리 사회가 요구하는 진정한 융합의 길을 찾아내는 역할을 담당한다.

문진연구센터의 목표

인문학과 자연과학의 단절은 단순한 이유에서 시작되고 심화되는 것은 아니다. 상당한 기간에 걸쳐 매우 다양하고 복잡한 이유를 걸쳐 나타난 것이다. 그 결과로 인문학과 과학기술은 서로의 가치를 인정하지 않고 반목하고 갈등하는 관계로 변해버렸다. 그러나 이러한 단절의 문제만을 고민할 것이 아니라 이제는 서로가 모여 상생하는 해결책을 모색해야만 한다. 더 이상 인문학과 과학기술의 불편한 관계가 용납될 수 없는 한계에 이르렀기 때문이다. 무엇보다도 과학기술에만 의존한 우리 삶의 질 향상은 기대할 수 없는 수준에 이르렀다. 포화상태에 이르게 된 66억 지구촌에서 인구가 지속 가능한 성장을 계속하는 일은 인문학과 과학기술이 함께 힘을 모아 해결할 수밖에 없는 가장 중대한 과제가 되었다.

이러한 절박한 인식에서 문진연구센터는 급격하게 변화하는 현대 사회에서 미래에 대한 합리적 대응을 위해 단계별의 과정을 점검해봄으로써 합리적인 해결책을 찾는다. 이를 위한 구체적인 방안으로는 각 분야의 전문가를 초빙하여 집중 토론회를 거쳐 우리 사회의 미래상에 대한 진지한 사회적 진단과 합의를 도출한다. 당장 해결해야 할 현안에 천착하기보다는 장기적이고 궁극적인 비전에 대한 합의를 도출하는 것이 우선적이라고 할 수 있다. 궁극적으로는 선도적인 연구방법론 개발과 다양한 소통 방법을 통해 연구 성과를 공유하고 연구 성과의 확산을 위해 함께 노력하는 구심점 역할을 담당하는 것이다.

핵심 사업

- 문진토론회 개최: 다양한 분야의 전문가를 확보하여 토론을 통해 사회적 진단과 합의 도출.
- 문진총서 발간: 문진토론회의 성과의 공유와 확산.
- 융합 심포지엄 개최: 융합적 시각을 통해 우리 사회의 바람직하고 궁극적인 비전 제시.
- 성과확산 총괄센터: 인문사회－과학기술 학제간 융합연구 지원사업의 성과 확산

문진연구센터 기획위원

성명	소속	성명	소속
엄정식	서강대학교 철학과	이대일	명지대학교 디자인학부
이덕환	서강대학교 화학과	이승종	서울대학교 화공생명공학부
최재천	이화여자대학교 에코과학부	이정모	성균관대학교 심리학과
정 민	한양대학교 국문과	한경구	서울대학교 자유전공학부